H. TAINE

SA VIE

ET SA

CORRESPONDANCE

TOME III

L'Historien. — (1870-1875)

DEUXIÈME ÉDITION

PARIS
LIBRAIRIE HACHETTE ET Cie
79, BOULEVARD SAINT-GERMAIN, 79

1905

H. TAINE

SA VIE

ET SA

CORRESPONDANCE

OUVRAGES DU MÊME AUTEUR

PUBLIÉS PAR LA LIBRAIRIE HACHETTE ET Cie

Essai sur Tite-Live; 8e édition. Un vol. in-16, broché. . . . 3 fr. 50
Ouvrage couronné par l'Académie française.

Essais de critique et d'histoire; 9e édition. Un vol. in-16, broché. . . . 3 fr. 50

Nouveaux Essais de critique et d'histoire; 7e édition. Un vol. in-16, broché. . . . 3 fr. 50

Derniers Essais de critique et d'histoire; 3e édition. Un vol. in-16, broché . . . . 3 fr. 50

Histoire de la littérature anglaise; 11e édition. Cinq vol. in-16, brochés. . . . 17 fr. 50

La Fontaine et ses fables; 16e édition. Un vol. in-16, broché. 3 fr. 50

Les Philosophes classiques du xixe siècle en France; 9e édition. Un vol. in-16, broché. . . . 3 fr. 50

Voyage aux Pyrénées; 18e édition. Un vol. in-16, broché. . . 3 fr. 50

Le même, avec gravures. Un vol. in-16, broché. . . . 4 fr. »

Le même, illustré. Un vol. grand in-8, broché. . . . 10 fr. »

Notes sur l'Angleterre; 12e édition. Un vol. in-16, broché. 3 fr. 50

Le même, avec gravures. Un vol. in-16, broché. . . . 4 fr. »

Notes sur Paris, vie et opinions de M. Fréd.-Th. Graindorge; 15e édition. Un vol. in-16, broché. . . . 3 fr. 50

Carnets de voyage : notes sur la province. Un vol. in-16, br. 3 fr. 50

Un Séjour en France de 1792 a 1795; 6e édition. Un vol. in-16, broché. . . . 3 fr. 50

Voyage en Italie; 12e édition. Deux vol. in-16, brochés . . . 7 fr. »

Le même, avec gravures. Deux vol. in-16, brochés. . . . 8 fr. »

De l'Intelligence; 11e édition. Deux vol. in-16, brochés . . . 7 fr. »

Philosophie de l'art; 10e édition. Deux vol. in-16, brochés.. 7 fr. »

Les Origines de la France contemporaine; 25e édition. Douze volumes . . . . 39 fr. 50

1re partie. — L'Ancien Régime. Deux volumes. . . . 7 fr. »

2e partie. — La Révolution. Six volumes . . . . 21 fr. »
L'Anarchie. Deux volumes.
La Conquête jacobine. Deux volumes.
Le Gouvernement révolutionnaire. Deux volumes.

3e partie. — Le Régime moderne. Trois volumes. . . . 10 fr. 50
Napoléon Bonaparte. Deux volumes.
L'Eglise, l'École. Un volume.

Table analytique. Un vol. . . . . 1 fr. »

Du Suffrage universel et de la manière de voter. Brochure in-16. . . . » 50

H. Taine : Sa Vie, sa Correspondance. Deux volumes . . . 7 fr. »

54081. — Imprimerie Lahure, 9, rue de Fleurus, à Paris.

H. TAINE

SA VIE

ET SA

CORRESPONDANCE

TOME III

L'Historien. — (1870-1875)

PARIS
LIBRAIRIE HACHETTE ET Cie
79, BOULEVARD SAINT-GERMAIN, 79

1905

AVANT-PROPOS

Nous pensions qu'un volume suffirait pour contenir les vingt-trois dernières années de la Correspondance *de M. Taine*[1]*; mais nous avons reçu au cours de cette publication de nouvelles lettres intéressantes que nous n'avons pas cru devoir sacrifier, et un volume de plus sera nécessaire pour terminer l'œuvre entreprise. Celui-ci s'arrête à la fin de* 1875, *lorsque M. Taine, ayant achevé la préparation des* Origines de la France contemporaine, *venait d'en faire paraître la première partie,* l'Ancien Régime.

Il nous reste, ici encore, à remercier tous ceux qui ont consenti à nous prêter les lettres qu'ils possédaient. Nous accueillerons avec la plus vive reconnaissance toutes les communications nouvelles qu'on voudrait bien nous faire.

1. Voir tome II : *Avant-propos.*

H. TAINE

SA VIE ET SA CORRESPONDANCE

CHAPITRE I

LA GUERRE

I. La déclaration de guerre. — II. Les premières défaites. — III. Tours. — IV. Travaux pour la délégation de la Défense nationale. — V. Pau. — VI. Les notes sur l'Angleterre. — VII. Retour à Paris. — VIII. Correspondance.

M. Taine revenait d'Allemagne, le 12 juillet 1870, l'esprit très préoccupé. Élevé dans un milieu purement civil, il ignorait tout des choses militaires; pendant les quatre années où il avait été examinateur d'admission à l'École de Saint-Cyr, il avait vu passer devant lui des jeunes gens instruits, bien élevés, représentant la bonne moyenne de la jeunesse française; mais il ne connaissait pas les chefs. Il avait eu quelques détails alarmants sur la campagne d'Italie par son ami le baron de Champlouis[1], sur les expéditions coloniales par son beau-frère M. Chevrillon[2], et c'était tout. — Quand la guerre éclata comme un coup de foudre, il croyait, comme

1. Le lieutenant-colonel Victor de Champlouis, officier d'état-major, qui avait été grièvement blessé à la bataille de Melegnano (1833-1878).
2. Officier d'artillerie de marine.

presque tous les Français, que nos généraux seraient à la hauteur de leur tâche et que la préparation matérielle était complète; cependant, même avec cette espérance, il connaissait assez le sérieux et la ténacité de nos adversaires pour n'être pas entièrement rassuré sur l'issue finale. Surtout il redoutait l'instabilité de nos institutions politiques; l'histoire lui avait appris à discerner les éléments de désordre, contenus avec peine par un gouvernement fort, et prêts à faire irruption aux premiers revers ou au moindre signe de faiblesse.

Lors de son retour à Châtenay[1], il était rentré dans une famille plongée dans le deuil: lui-même était épuisé, presque malade à la suite d'un voyage trop rapide; outre ses anxiétés patriotiques, il avait aussi le chagrin de voir son travail sur l'Allemagne interrompu dans des conditions telles qu'il devait renoncer définitivement à traiter le sujet. — Il était, de plus, si inquiet des nouvelles de la frontière que, pendant ces derniers jours de juillet, il allait presque chaque après-midi de Châtenay à Paris. Il en revenait écœuré par le spectacle des boulevards, par les bandes de gamins soudoyés criant : « A Berlin », par le grossier chauvinisme des officieux, par la légèreté impudente de certains journalistes: d'un autre côté, presque tous ses amis, doués de la perspicacité que donne une haute culture, tous les rédacteurs des *Débats* et du *Temps*, les seuls journaux informés et sincères, étaient comme lui très attristés : il était visible que, dans le monde des affaires et parmi les gens laborieux, la déclaration de guerre était accueillie comme une grave imprudence, et même comme une véritable calamité. Dans les salles d'attente, dans les voitures publiques, les bourgeois, rendus si prudents par dix-huit années de police impériale, traitaient tout haut le souverain de « brigand »; les artisans et les gens du peuple se servaient d'expressions plus énergiques encore.

1. Où était située la maison de campagne de M. Denuelle.

Tous ces symptômes rendaient chaque jour M. Taine plus soucieux; bientôt des nouvelles alarmantes commencèrent à filtrer à travers les mailles du mensonge officiel, et enfin les tristes journées de Wissembourg et de Reichsoffen[1] ouvrirent les yeux aux plus optimistes. En apprenant ces désastres, la première pensée de M. Taine fut de rentrer à Paris avec tous les siens, pour y subir le sort commun; il alla se présenter à la place pour demander, malgré sa mauvaise vue, à être incorporé dans la garde nationale; mais il était en ce moment tellement souffrant que le médecin-major refusa de le prendre et l'engagea à s'éloigner de Paris. Châtenay n'était pas possible comme séjour définitif; en cas de siège, on y était pris entre les lignes ennemies et les feux du fort de Châtillon; de plus, le village est dans le département de la Seine: tous les hommes valides reçurent bientôt l'ordre de rentrer à Paris pour la garde nationale, et leurs familles les suivirent; le pays fut complètement déserté et devint inhabitable vers la fin d'août. Cependant M. Taine et son beau-père, qui avaient offert à la Croix-Rouge la maison de Châtenay et leurs services personnels, songèrent un moment à y revenir; mais la Croix-Rouge, elle-même, renonça à toute installation hospitalière de ce côté, par suite de l'évacuation générale.

Dans les derniers jours d'août, après la capitulation de Vitry-le-François (25 août), ces messieurs décidèrent de conduire les femmes de leur famille à Tours, où un proche parent de Mme Taine, M. Le Libon[2], allait prendre, sous les ordres de M. Steenackers, la direction du service des postes. M. Taine pensait revenir à Paris pour essayer de s'y rendre utile, malgré le triste état de sa santé; la maladie d'un membre de sa famille le retint, et quand il partit enfin le

1. 4 et 6 août.

2. M. Albert Le Libon, dit Libon, ancien inspecteur des finances, administrateur, puis directeur général des postes (1830-1877).

17 septembre avec son beau-père, ils furent arrêtés à la gare par un ordre formel : on tirait sur les trains et il était interdit de prendre des voyageurs.

La période de l'investissement fut une des plus douloureuses de la vie de M. Taine; il était sans espérance : il n'avait pas confiance dans le gouvernement de rencontre que Paris s'était donné; il prévoyait pour les assiégés l'affolement de la défaite et les violences qui devaient s'ensuivre; bien qu'il parût croire à la formation d'une armée de défense, son instinct historique lui disait que si, avec une population nombreuse et brave comme la nôtre, on peut improviser des armées, le succès en est bien douteux quand on a devant soi des corps aussi bien organisés que les troupes prussiennes. La tradition des armées de la République ne lui faisait pas illusion; il savait en historien quelles étaient à cette époque les divisions et la faiblesse de l'ennemi, et quelles forces vives subsistaient encore dans les rangs inférieurs de l'armée française. Mais, en octobre 1870, tous nos officiers et nos soldats instruits étaient prisonniers ou enfermés dans Metz et il fallait du temps pour former de nouveaux cadres. M. Taine suivait donc d'un œil navré, et cependant avec un patriotique orgueil, les efforts des hommes courageux qui, de cette poussière de bonnes volontés, de courage et d'ignorance, cherchaient à pétrir l'armée nouvelle qui sauverait peut-être la France.

Pendant ces premières semaines d'exil, M. Taine rencontra à Tours deux jeunes diplomates qui devinrent depuis ses amis intimes : MM. Delaroche-Vernet[1] et Albert Sorel[2]. Il fut présenté par eux à M. de Chaudordy[3], délégué du ministère des Affaires étrangères, et s'empressa de lui offrir ses

1. M. Philippe Delaroche-Vernet, ministre plénipotentiaire, fils de Paul Delaroche (1841-1882).

2. M. Albert Sorel, de l'Académie française.

3. J.-B. Alexandre-Damaze, comte de Chaudordy, ambassadeur de France (1826-1899).

services. C'est ainsi qu'il écrivit deux grands articles destinés aux journaux anglais; il s'agissait de présenter aux étrangers, alors si sévères pour nos fautes et nos revers, un certain nombre d'idées qui permissent de leur faire comprendre le point de vue de notre diplomatie. Ces articles, dont le canevas était fourni par la Délégation, furent traduits à Tours, sous les yeux mêmes de M. Taine; ils ont depuis été recueillis en volumes[1]. Il écrivit, également à la requête de M. de Chaudordy, une ou deux proclamations destinées à être traduites en allemand et distribuées, ou lancées par des ballons, aux soldats de l'armée prussienne[2] : elles ont été publiées dans divers journaux français et allemands, mais nous ne croyons pas qu'on ait usé d'autres moyens de diffusion. Pendant ces semaines troublées, M. Taine avait la triste satisfaction d'être au centre des informations; il se rappela toujours certaines scènes dont il fut alors témoin, par exemple M. Crémieux présentant le général Uhrich au peuple, le 2 octobre, à une fenêtre de l'Archevêché[3], et près d'eux, le fin profil du cardinal Guibert à l'attitude réservée, résignée et bienveillante, qui se tenait modestement en arrière dans son propre logis; plus tard Gambetta, sur un balcon de la Préfecture, proclamant la victoire de Coulmiers; le jeune tribun, si fier, si éloquent, si confiant dans le succès final, infusait à ses auditeurs son ardeur et ses espérances: bien d'autres fois encore, on revit Gambetta sur ce même balcon, annonçant des bulletins de victoire que le triste réveil du lendemain venait démentir.

Il put, à cette époque et pendant les mois qui suivirent, grâce à l'amitié de M. Le Libon, rendre de grands services

1. *L'Opinion en Allemagne et les conditions de la Paix.* — *L'Intervention des Neutres.* Recueillis dans les *Derniers Essais de Critique et d'Histoire*, édition définitive.

2. Voir p. 18, la lettre du 15 octobre 1870.

3. L'archevêque y donnait l'hospitalité à M. Crémieux, délégué de la Défense nationale.

à ses amis séparés de leurs familles. Les dépêches par pigeons, si incomplètes qu'elles fussent, étaient un bien inexprimable après tant de jours de silence, et M. Taine put en faire passer quelques-unes.

Le plus dur de l'exil allait venir; l'ennemi avançait et Tours était menacé à son tour de l'envahissement; il était inutile d'y exposer des femmes et des enfants étrangers à la ville. M. Taine songea d'abord à se rendre à Nantes ou à Bordeaux; des amis le décidèrent à aller jusqu'à Pau, dont le climat paraissait plus favorable aux vieillards et aux malades dont il avait la charge. Mais là, l'absence de nouvelles était une terrible épreuve; on ne pouvait se fier à aucune information de source française : tous les journaux mentaient consciemment ou inconsciemment et les télégrammes officiels n'étaient guère plus sincères. A Tours, M. Taine avait eu communication des feuilles anglaises, grâce à la complaisance de MM. Sorel et Delaroche-Vernet; dès que la Délégation fut installée à Bordeaux, ces messieurs lui envoyèrent fréquemment des numéros du *Times* et du *Daily News*. Il put donc suivre par la pensée, grâce à ces témoins sévères, mais véridiques, la lutte suprême où la France agonisait.

Il avait été encore assez gravement malade à son arrivée à Pau; malgré tout, il continuait le travail qu'il avait entrepris lorsqu'il avait renoncé à ses études sur l'Allemagne, c'est-à-dire la rédaction des *Notes sur l'Angleterre*. Il s'agissait de donner une forme définitive aux petits cahiers dans lesquels il avait recueilli jour par jour toutes les impressions ressenties pendant ses différents voyages en Angleterre; M. Templier, son éditeur et son ami, avait été si charmé de ce premier jet qu'il proposait de les imprimer tels quels; mais M. Taine était plus sévère pour lui-même, il voulut leur donner une forme plus châtiée et aussi les mettre au point, car les premiers cahiers avaient déjà douze années de date. Les bibliothèques de Pau contenaient heureusement beaucoup de livres anglais : histoire, littérature classique, romans; dans les heures trop douloureuses où la plume lui tombait des doigts, M. Taine eut donc la ressource de quelques lectures.

L'armistice, la reddition de Paris, les élections à l'Assemblée nationale, en posant les graves questions de la paix et du régime sous lequel la France allait tâcher de reprendre la vie normale, firent sortir M. Taine de la réserve qu'il s'était toujours imposée sur les questions politiques. Déjà pendant les dernières semaines, il avait entretenu quelques relations courtoises avec M. Anatole de la Forge[1], le préfet de la Défense nationale; mais celui-ci était un chaud partisan de Gambetta, et dans le conflit qui s'éleva bientôt entre Jules Simon et l'illustre tribun, à propos du décret d'inéligibilité, M. Taine prit énergiquement parti pour son ancien maître et ami. Il rédigea une protestation[2] contre le décret de Gambetta

1. M. Anatole de la Forge (1820-1892), publiciste et homme politique, préfet de l'Aisne après le 4 septembre, blessé en défendant la ville de Saint-Quentin, venait d'être nommé préfet des Basses-Pyrénées.

2. Ce décret de Gambetta frappait d'inéligibilité les fonctionnaires et les candidats officiels sous l'Empire. Voici le texte de la protestation : « Les électeurs soussignés du département des Basses-Pyrénées, à propos du dissentiment qui s'est élevé, au sujet du décret électoral, entre le Gouvernement de la Défense nationale siégeant à Paris et la Délégation de Bordeaux;

Considérant que la Délégation de Bordeaux n'a de pouvoirs que ceux qu'elle a reçus du Gouvernement de la Défense nationale;

Que dans le cas en question le Gouvernement de la Défense nationale s'est prononcé expressément par l'organe d'un de ses membres, M. Jules Simon, chargé à cet effet de pleins pouvoirs;

Que le décret électoral, tel que l'a rendu le Gouvernement de la Défense nationale, est le seul libéral et démocratique, puisqu'il est le seul qui respecte complètement l'initiative et la liberté des électeurs;

Déclarent adhérer à ce décret, protestent contre le décret contraire, et voteront selon leur conscience, sans s'arrêter aux prétendues incompatibilités édictées par la Délégation de Bordeaux. »

et la fit circuler à Pau où elle recueillit de nombreuses signatures; le retrait du décret la rendit du reste superflue. M. Taine se mit également d'accord avec un groupe de ses amis et voisins sur le vote[1] au scrutin de liste pour les députés de Paris; ils eurent la satisfaction de voir passer un certain nombre de leurs candidats.

Après les premiers actes de l'Assemblée nationale et la conclusion de la paix, M. Taine n'attendit plus que le rétablissement des communications pour rentrer à Paris. Il avait hâte de reprendre ses cours de l'École des Beaux-Arts, d'autant plus qu'il désirait les terminer avant le 15 mai. Il avait accepté, en effet, une invitation du *Taylor-Institute*[2] d'Oxford, transmise par le professeur Max Müller, pour y faire une série de conférences sur un sujet littéraire. Ces conférences devaient commencer à la fin de mai. Il rentra donc à Paris le 12 mars et de là se rendit à Châtenay où il put constater les ravages de l'invasion; la maison de son beau-père, qu'il habitait, avait cependant été relativement épargnée; les Bavarrois y avaient établi leur état-major et il semble que quelques-uns des officiers aient eu connaissance du nom de M. Taine, car les livres en particulier furent respectés; la population y était revenue en masse, chacun s'efforçait de réparer les dégâts de la guerre, lorsque, le 18 mars, l'insurrection de la Commune vint de nouveau troubler profondément l'ordre renaissant et exposer la France au plus extrême péril.

1. Le vote avait été autorisé au lieu de la résidence provisoire, beaucoup d'électeurs se trouvant, par le fait de la guerre, éloignés de leur circonscription électorale.

2. La fondation Taylor, destinée à l'étude des langues et littératures européennes modernes, comprend en outre une bibliothèque: elle est gérée par des curateurs.

A SA MÈRE

Châtenay, 9 août 1870

Tu sais les tristes nouvelles de l'armée ; elle est mal commandée, le courage des soldats ne suffit pas, nous n'avons pas de tacticien, ni de tête supérieure dirigeante. L'impression de tous les gens que j'ai vus est mauvaise, il est possible que les Prussiens viennent jusqu'à Paris. — En ce cas il est probable que nous quitterons la campagne pour revenir rue Vaneau et rue Barbet-de-Jouy. S'il y a une bataille perdue près de Metz, nous partirons tout de suite, nous ne voulons pas laisser nos femmes à la merci d'une occupation militaire. Plusieurs personnes ici et aux environs feront de même.

Je suis allé hier à Paris pour me munir d'argent ; il faut en avoir chez soi pour un cas semblable, si Paris est assiégé, si les affaires sont trop troublées. — X. et Y. sont pris pour la garde mobile ; la mère du premier est dans les larmes, celle du second, au contraire, est très brave et très patriote.

Bien des gens pensent que si les revers continuent, il y aura des troubles à Paris, peut-être une révolution ; on parle de demander l'abdication de l'Empereur ; mais, à mon sens, il n'y a pas d'homme qui puisse rallier l'opinion, être chef ; nous n'avons devant nous que du noir absolu ; personne ne sait ce que vont devenir les affaires ; en tout cas, la passion nationale exaspérée commence à s'en prendre à l'Empereur et à tout son gouvernement de la mauvaise conduite de la guerre. Nouvelle raison pour que tu ne reviennes pas à Paris[1]; si nous n'y revenons pas tout de suite, si nous hésitons encore, c'est pour ce motif.

Ce grand malheur public et le désarroi général nous occupent sans cesse; on attend des nouvelles toute la journée, il est bien difficile de travailler, tout le monde est désolé et morne. Du deuil et des malheurs partout.

A SA MÈRE

Tours, 28 août 1870

.... Nous venons d'arriver à Tours, hôtel de Bordeaux; M. Denuelle nous y rejoindra probablement lundi. Vous savez que le prince royal marche sur Paris[2], ses courriers pourront être dans la banlieue dans deux ou trois jours, lui-même sous les forts dans six jours.

Ainsi pas de délai, partez[3]. Remarquez que la loi militaire affichée ces jours-ci permet d'exclure de Paris les bouches inutiles, notamment les femmes. Ainsi, venez nous rejoindre à Tours. Prévenez-moi par un télégramme pour que j'aie des chambres. Le train venant de Paris était énorme aujourd'hui; on sent que le danger est imminent.

1. Madame Taine était à Brest chez sa fille, Madame Chevrillon.
2. On sait que ce mouvement fut arrêté par suite de la retraite de l'Empereur sur Sedan.
3. D'Orsay où Madame Taine avait rejoint sa fille aînée.

A M. ALEXANDRE DENUELLE

Tours, 30 août 1870

Nous avons loué hier un appartement et des meubles, place du Palais-de-Justice ; nous ne pouvions rester à l'hôtel, nous étions très mal, très à l'étroit, table d'hôte encombrée, et l'on ne voulait pas nous garder si nous ne nous engagions pour un temps déterminé ; on y a refusé hier deux cents personnes ; tous les appartements sont pris, il a fallu nous presser, sans quoi nous étions sur le pavé.

Quant à votre idée, nous ne l'acceptons pas ; vivre avec des malades, des blessés, des mourants, votre état de santé ne s'en accommoderait pas ; c'est moi qui dois être à Châtenay et attitré par l'Internationale [1] ; j'entends l'allemand, j'ai quelque connaissance des mœurs et des idées de ces gens-là ; je suis plus jeune que vous, vous savez que j'ai assez d'empire sur mes paroles et sur mes gestes ; je vous prie donc sérieusement et instamment de me laisser la place. Venez ici, où l'on aura besoin de quelqu'un. Si Mac-Mahon et Bazaine sont battus, les Prussiens reviendront, et je tâcherai d'être utile aux blessés et au pays. — C'est déjà trop que d'être exempt de la garde nationale ; laissez-moi donc faire quelque chose.

1. M. Taine désigne sous ce nom la Croix-Rouge.

A SA MÈRE

Tours, 2 septembre 1870

... En ce moment l'émigration de Paris est ralentie ; mais si elle reprend, vous ne trouveriez place dans aucun hôtel, ni ici, ni dans aucune autre ville de l'Ouest ou du Midi. Un monsieur de Fontainebleau avec qui j'ai causé chez le tapissier et qui est venu avec ses six enfants, sa femme et quatre bonnes, a mis dix-huit heures pour arriver à Tours, a passé la première nuit sur des bancs dans la gare, la seconde dans un appartement vide, sur des serviettes, la troisième sur de simples matelas.

J'ai été présenté au bibliothécaire qui me prête des livres, à M. Sensier, frère de celui de Barbizon, qui me prête des albums anglais[1] ; et je vais me mettre au travail, si je puis....

Notre maison de Châtenay court grand risque, si nous sommes vaincus dans le Nord, où les grandes affaires vont se décider. M. Denuelle a renoncé à s'y établir comme infirmier, et je ne pense pas y aller à sa place. Sceaux est un quartier central pour l'Internationale[2] et le maire de Châtenay, M. Sédille, en sera le correspondant.

... Les journaux anglais nous sont défavorables et inquiétants. — Ici l'on dit que Mac-Mahon est parti avec

1. Pour les *Notes sur l'Angleterre*.
2. La Croix-Rouge.

250000 hommes, et qu'il y a 400000 Français dans le Nord. Si cela est, et qu'il n'y ait pas de trop grosses fautes stratégiques, nous pouvons avoir bon espoir.

A SA MÈRE

Tours, 4 septembre 1870

Vous avez reçu la terrible nouvelle, Mac-Mahon blessé et défait, 40000 Français prisonniers, l'Empereur pris; elle est officielle, l'ennemi va être dans quelques jours sous les murs de Paris. Partez vite soit pour Brest, soit pour ici. Bien entendu, en aucun cas n'allez à Paris; voyez comme les Prussiens bombardent et brûlent Strasbourg; à Orsay, ce serait la famine et tout le désordre d'une occupation; mais pour Dieu, pas de retard.

... Il est probable que M. Denuelle ou moi nous retournerons à Paris pour tâcher d'être utiles en quelque chose.... J'ai le cœur serré, comme vous; si j'étais à Paris, je ne pourrais servir qu'aux écritures dans un bureau quelconque; mon pouls bat trop vite pour que je puisse servir physiquement et de mes bras. Mais je suis mal à l'aise d'être ici, inutile, dans un grand danger public.

A M. JOHN DURAND

Tours, 7 septembre 1870

Mon cher monsieur Durand[1],

Quand votre lettre m'est arrivée, nos malheurs avaient commencé; ils n'ont fait que multiplier et grandir: en ce moment l'ennemi est sous Paris, et il me faut faire un effort pour vous répondre; la préoccupation et le chagrin sont si grands qu'on passe tout son temps à s'informer, à lire des journaux, à songer à l'avenir.

J'étais à la campagne à Châtenay, près de Sceaux, dans la maison de mon beau-père; nous venons d'emmener nos femmes, ma mère, ma sœur, ma nièce, ma femme, ma fille; et, comme vous le voyez par la date de cette lettre, nous les avons mises en sûreté à Tours.

Vos journaux nous sont bien malveillants; je m'en afflige, car votre opinion compte dans le monde; nous espérions autre chose de vous; la France a aidé les États-Unis à naître, et la Prusse n'a rien fait pour vous. Certainement notre gouvernement peut paraître l'agresseur, il a tout mal préparé, mal conduit; son imprudence nous a jetés dans des calamités effroyables et il mérite sa chute. Mais le véritable agresseur est celui

1. Voir tome II, p. 349.

qui rend la guerre inévitable; nous n'avions que 500000 soldats, et la Prusse 1100000: quand vous voyez quatre fusils braqués sur vous, vous êtes en droit de tirer le vôtre, surtout lorsque, visiblement, on essaie d'en armer un cinquième contre vous, ce qui était l'intention manifeste de la Prusse par son candidat au trône d'Espagne. Le roi Guillaume et M. de Bismarck avec leur énorme armée, le fanatisme de leurs sujets, leurs annexions et leurs procédés violents, jouent en ce moment le rôle de Napoléon Ier en Europe, rôle détestable et qui aboutira peut-être un jour pour eux comme pour Napoléon Ier à une grande chute, lorsque l'Europe reconnaîtra, comme en 1815, que le voisin ambitieux, tyrannique et prépondérant est l'ennemi commun.

La sottise de nos gouvernants est inexprimable. Ils ignoraient tout, ils ne savaient ni le chiffre des soldats prussiens, ni l'état et la préparation de cette immense armée, ni la passion nationale des Allemands. A dire vrai, ceux-ci sont plus orgueilleux encore que les Français de 1807; ils se croient le peuple élu, la race privilégiée, supérieure, et depuis cinquante ans tous leurs professeurs, tous leurs savants leur prêchent cet orgueil intraitable et inhumain. Par un mélange monstrueux, ils le consacrent, et se croient appelés d'en haut pour régenter l'Europe; c'est ce qu'ils appellent « la mission historique de l'Allemagne »; selon eux, elle leur a été donnée parce qu'ils sont « plus vertueux »; vous n'imaginez pas à quel point ils méconnaissent et diffament les mœurs françaises.

J'étais à Dresde, quand la guerre s'est annoncée; j'étudiais le pays, je prenais des notes; au retour, le 12, j'ai écrit à une personne influente[1], pour lui dire que nous allions avoir contre nous les passions de 1813, que la guerre était imprudente; presque tous les hommes cultivés pensaient comme moi. — Mais nous étions aux mains d'un joueur qui a fait de la guerre sa dernière carte, qui a perdu, et qui nous a perdus.

J'espère que nous aurons toujours un pot-au-feu à vous offrir quand vous viendrez à Paris; ma mère va bien, ainsi que tous les miens; pour mon compte je suis assez souffrant, et en ce moment hors d'état de rien faire. C'est probablement le chagrin et l'anxiété qui me donnent la fièvre.— J'ai commencé à rédiger des *Notes sur l'Angleterre*, d'après le journal des voyages que j'y ai faits. Les comptes rendus qu'on a donnés de l'*Intelligence* sont bienveillants; le suffrage de M. Stuart Mill entre autres m'a été très précieux. En France on a vendu en un mois la première édition; la seconde est en train ; j'aurai quelques additions à faire à la troisième. Si ma santé est suffisante, j'entreprendrai un travail semblable sur *les Émotions et la Volonté*. — Quant aux détails que vous me donnez sur nos traductions, je ne puis rien dire sinon que tout est très bien entre vos mains. J'espère que dans votre nouvelle campagne vous êtes heureux et *indépendant*. Vivre avec des

1. Probablement la princesse Mathilde.

livres au milieu des arbres et des fleurs, est ce qu'il y a de mieux au monde.

Au revoir, cher monsieur; hâtez votre retour en France, et acceptez une cordiale poignée de main.

H. Taine.

On m'a envoyé l'article d'un journal américain, disant que j'étais borgne, que j'allais être aveugle, que je venais d'épouser la fille d'un riche boucher, que ma femme avait imprimé un volume de vers.—Voilà quatre belles vérités américaines, j'espère que vous n'y croyez pas.

A M. ALEXANDRE DENUELLE

Tours, 15 octobre 1870

Mon cher père, les Prussiens sont à Orléans après une victoire[1].... Les journaux disent qu'ils ont brûlé la gare et lancé quelques bombes sur la ville. Ceci nous donne à réfléchir pour Tours. Libon et M. Sorel, que je viens de voir, ne paraissent pas inquiets; ils me promettent de me tenir exactement au courant pour que j'avise. — Libon dit que, si le gouvernement s'en va au sud, il laissera sa mère ici. Avant de rien décider, je veux que mes craintes et mes informations soient précises. Je ne redoute pas, pour nos femmes, une occupation prus-

1. La bataille d'Artenay (10 octobre).

sienne : le danger ne serait réel que si on livrait bataille aux environs de Tours, ville ouverte comme Orléans.

A M. ALEXANDRE DENUELLE

Tours, 15 octobre 1870

La sortie que les Parisiens ont faite, et que vous voyez célébrer dans la proclamation de Gambetta, ne paraît pas avoir été très avantageuse ; on ne parle ni de prisonniers, ni de canons encloués. — De plus, les Prussiens, qui sont maîtres d'Orléans, ne rebroussent pas chemin, ils avancent ; Libon croit que c'est plutôt vers Bourges. — Après avoir bien réfléchi, je pense que s'ils viennent à Blois, il nous faudra quitter Tours et aller à Bordeaux.

Je viens d'écrire une proclamation aux Prussiens pour le ministère des Affaires étrangères ; on la traduira en allemand. Les derniers renseignements que me donne en ce moment Libon sont plutôt rassurants et ajoutent à nos chances de rester.

A SA MÈRE

Tours, 15 octobre 1870

Les Prussiens ont pris Orléans et un de leurs détachements a passé la Loire. S'ils viennent à Blois, probablement je m'en irai à Bordeaux; ma raison est qu'ils ont jeté des bombes dans Orléans, et imposé une contribution de 8 millions avec menaces de pillage. S'ils en font autant ici, je serais en peine de mes femmes. Cependant il est possible qu'ils marchent sur Bourges; de plus, il y a, derrière la Loire, 100 000 Français (chiffre officiel); le général Bourbaki vient de nous arriver, et nos troupes augmentent sans cesse; enfin, ils ont eu deux échecs sous Paris; ils ont été refoulés par des sorties. Ainsi, il y a de l'espérance pour nous.

Selon plusieurs personnes bien informées, il leur sera difficile de canonner Paris et même les forts. La grosse artillerie de marine démolit tout de suite leurs travaux de terre, et ne leur laisse installer aucun canon; donc la batterie de mon beau-frère n'est pas exposée en ce moment; ma sœur peut compter sur mes renseignements, je vois Libon et les gens des Affaires étrangères: je viens aujourd'hui de faire pour eux une adresse aux soldats allemands qu'on va publier en français et en allemand.

J'ai reçu par ballon une lettre de mon oncle Alexandre, datée du 1er octobre. Il dit que les dispositions de Paris sont très bonnes et qu'il y a des vivres pour longtemps. Il paraît que neuf ballons sont prêts à partir de Paris en s'échelonnant de jour en jour. Le gouvernement d'ici correspond avec Paris par des pigeons que les ballons apportent (trois paires dans chaque ballon).

.... Le siège durera certainement encore deux mois.

A SA MÈRE

Tours, 28 octobre 1870

.... Gabriel Monod, que j'ai connu à Paris, est passé ici; il est infirmier volontaire, il a pansé les blessés aux batailles de Metz et de Sedan.

Toujours la même incertitude ici; nous partirons si les Prussiens occupent Vendôme ou Blois.

.... Je vous ai dit que j'avais écrit à M. Questel[1]. La lettre lui sera remise en mains propres par M. Lefèvre-Pontalis, député de Seine-et-Oise, mon ancien collègue des *Débats*, qui a une passe prussienne. Dans ma lettre à M. Questel, il y en avait une pour mon beau-frère Letorsay, avec prière instante de la faire remettre soit par M. Maurice, médecin à Versailles, soit par un paysan, un marchand ambulant.... Je suis bien chagrin de ne pas trouver d'autre moyen; Libon n'envoie rien à Paris que des pigeons pour le gouvernement. On essaie, dit-on, un ballon aujourd'hui, lancé du Mans; mais c'est comme si on lançait un duvet de chardon en l'air avec l'espérance qu'il ira à 40 lieues de là passer juste au-dessus de tel point. Et encore je ne vois pas comment Paris peut avoir communication avec Orsay, puisque les sorties ne vont pas au delà de Bourg-la-Reine et que tout le reste est occupé par les Prussiens. Je vais causer encore avec

1. Questel (Charles-Auguste), architecte du palais de Versailles, membre de l'Institut (1807-1888).

Libon, mais de ce côté je n'espère rien, sauf peut-être faire parvenir une deuxième lettre à Versailles.

L'Angleterre, la Russie et les neutres demandent de leur chef à la Prusse un armistice pour convoquer une Constituante, sans préjuger en rien des bases de la paix. J'ai causé ici avec le directeur des Affaires étrangères; il y a quelque chance de ce côté. Si vous apprenez par les journaux que M. Thiers a reçu un sauf-conduit prussien pour aller de Tours à Paris, ayez bonne espérance de la paix. Ce fait sera significatif; mais le sauf-conduit n'a pas encore été donné. Je viens d'écrire pour le ministère des Affaires étrangères un article sur l'armistice et la situation[1], qu'on publiera en anglais à Londres. Je tâche de rendre service dans la mesure de mes moyens.

A SA MÈRE

Tours, 4 novembre 1870

Vous savez les troubles de Paris[2]; j'ai quelques espérances de paix, à cause de l'intervention des Puissances et du vote de Paris qui a eu lieu hier[3], et qui, certainement, donnera une majorité énorme à Trochu, Favre, etc. — Ici, je sais les nouvelles à la source. Gam-

1. Reproduit dans les *Derniers Essais de Critique et d'histoire.*
2. Le soulèvement du 31 octobre.
3. Plébiscite du 3 novembre qui donna au gouvernement 558 000 *oui* contre 62000 *non*.

betta et les autres sont découragés, sentent qu'il faut céder. M. Thiers a porté à Paris toutes les nouvelles de la province et dépeint l'état des choses. Il négocie en ce moment, je pense qu'il y a chance pour un armistice; Trochu, Favre, etc., étant autorisés, appuyés par le nouveau vote, comprendront, je crois, la nécessité.— Il y a 120000 Français au Mans; mais les Prussiens sont trop nombreux, trop bien disciplinés pour qu'on puisse espérer une victoire; nous serions dévorés ville à ville. — Provisoirement, il faut se résigner. La paix dépend du degré de bon sens qui se trouvera dans Paris.

J'écrirai demain à Virginie[1]; c'est malgré moi qu'elle est allée à Nevers; avant de la laisser partir pour Brest, il faut que je m'informe de la sécurité de la voie. Pour Bordeaux, qui est fort agité, je ne le lui conseillerai pas; Nevers étant une ville ouverte, je crois qu'elle ferait bien d'y rester. Si notre armée ne se replie pas sur Tours et n'expose pas la ville aux chances d'un bombardement, nous y resterons.

Sur Bazaine, rien de certain encore; il faudra une enquête contradictoire pour savoir s'il a trahi effectivement.

Je vais mettre à la poste pour le ballon la lettre de Sophie, mais c'est tout à fait vain.... Cependant il arrive parfois que Libon peut insérer dans une feuille portée par pigeon une adresse avec ce mot : « Les vôtres bien portants. » Je vais essayer auprès de lui.

1. Madame Letorsay.

.... Ayez bon courage, chacun de nous a besoin de la patience et de l'énergie de tous les siens. — Chevrillon, Letorsay, M. Denuelle, moi, nous sommes quatre hommes capables de travail, et nos femmes doivent compter sur nous. Plus tard, nous aurons plaisir à nous souvenir de notre vie errante et campée.

A SA MÈRE

Tours, 13 novembre 1870

.... Nous partons le 15, à minuit, pour Pau.... D'après nos renseignements pris et bien vérifiés aux meilleures sources, du conseil de personnes bien placées pour voir, nous croyons qu'il faut partir, et ne pas différer au delà de mardi. Pas de logement à Bordeaux; M. Lehmann[1] a cherché et trouvé pour nous à Pau.

J'ai écrit à Virginie, je lui dis de se décider tout de suite parce que, dans huit jours, peut-être la ligne par le Mans et aussi la ligne par Nantes seront coupées.

Le gâchis devient universel; la Russie vient de rompre officiellement la paix de 1856 et va envahir la Turquie pour prendre Constantinople. La Russie est alliée à la Prusse. L'Angleterre est punie de nous avoir abandonnés. L'Autriche va tenter un grand effort contre la Russie; mais je pense qu'elle va être écrasée et

1. Voir tome II, p. 329[n].

dépecée, sa partie allemande à la Prusse, sa partie polonaise à la Russie. Et l'Angleterre va voir, aux mains des Russes, Constantinople qui est la prunelle de ses yeux.

J'ai envoyé par pigeon un mot sur vos santés à Chevrillon; je ne sais si le message est arrivé. — Je suis bien triste d'être loin de vous pendant ces horribles malheurs. Dis à Sophie que, d'après les dernières nouvelles, les batteries prussiennes, les grandes attaques sont entre la capsulerie de Sèvres et Bourg-la-Reine. Chevrillon à Auteuil n'est pas en face.

Le meilleur journal à lire est le *Français*.

A M. HECTOR MALOT[1]

Pau (Basses-Pyrénées), hôtel Victoria, 16 novembre 1870

Mon cher monsieur, votre lettre m'est arrivée à Tours au moment où je me mettais en route pour Pau; une grande bataille était imminente sous Orléans; dans l'état où étaient les dames de ma maison, j'étais forcé de les mettre à l'abri. — Je suis fort contrarié de n'avoir pu vous rendre ce petit service; mais rien, je crois, n'est perdu. De Bellegarde, ou d'Aigle, vous ne pouvez envoyer une dépêche; mais vous pouvez en insérer une, munie de timbres, dans une lettre que

1. Voir tome II, p. 278.

vous adresserez à Tours au directeur de la Poste, rue de Guerche, le priant de l'expédier. — J'en ai envoyé trois pour des amis et pour moi-même; je crains bien qu'elles n'arrivent pas; pendant dix jours, aucun pigeon n'est parvenu à Paris; les Prussiens les tuent ou ils s'égarent. — Cependant il vaut mieux courir cette chance, et je vous engage à prendre le procédé que je vous ai indiqué.

Je vous remercie des renseignements très intéressants et très précis que vous voulez bien me donner sur les dispositions des ouvriers et des paysans que vous avez vus. A un homme de notre métier, c'est le meilleur cadeau. J'ai bien peu de chose à vous offrir en échange, sauf quelques indications qui viendront sans doute trop tard et que l'effet démentira peut-être. Les espérances qu'on fonde sur l'armée de la Loire sont bonnes. Dans l'affaire du 9[1], les Prussiens ont perdu 2500 prisonniers, en tout environ 8000 hommes. A ce moment, notre armée était de 110 000 hommes. 60 000 étaient en train de la rejoindre, soit par Vierzon, soit par le Mans. M. de Thann avait environ 80 000 hommes; le prince Frédéric-Charles lui en amenait 60 000, ou 70 000. (Tous ces documents sont pris à des sources que je crois très bonnes.)

Le Général X. à Tours, très spécial et placé aussi bien que possible pour voir, très pessimiste depuis le commencement de la guerre, disait, en revenant d'Orléans et en conversation intime, qu'il était plein de confiance :

1. La victoire de Coulmiers.

nombreuse artillerie bien servie, général froid et calculateur, bon esprit et bonne discipline des troupes, excellentes positions; bref, en cas d'attaque par les Prussiens, il croyait sincèrement à notre victoire. — En ce moment, Trochu doit avoir les 1400 ou 1500 canons qu'il fait fabriquer depuis le commencement, afin de faire la sortie écrasante qu'on considère comme son plan. Voilà nos ressources et nos espérances. Mais je suis si peu politique et si peu diplomate que je me considère comme un passager sur un grand navire; j'entends des cris hurlés par des porte-voix; je vois une foule fourmillante; on donne des coups de poing au gouvernail, la machine siffle et ronfle; allons-nous échouer ou passer heureusement? je n'en sais rien, je ne puis que rester dans mon coin, et tout mon jugement n'aboutit qu'à m'interdire un jugement quelconque. Je porte envie aux enfants trouvés et aux célibataires, voilà ma seule conclusion.

Adieu, et bien cordialement à vous.

A SA MÈRE

Pau, 19 novembre

... J'ai reçu hier soir ta lettre du 15, ce que tu me dis de l'explosion de Brest est effrayant; on n'est donc en sûreté nulle part. J'ai écrit encore à Virginie. Si nous perdions une bataille aux environs de Gien ou d'Orléans, la voie sera interceptée, les Prussiens iront certainement à Vierzon et probablement à Tours....

Quant à mon travail, tu sais que je n'ai jamais produit facilement, et certainement les circonstances ne sont pas de nature à rendre les idées plus coulantes. Cependant j'ai avancé mon livre. — Moi aussi, je sens que la jeunesse m'a quitté; l'entrain, la verve, l'espérance faiblissent; je voudrais du repos, ne plus vivre à Paris, être à la campagne à demeure en pays tranquille et dans une maison à moi... ne revenir que six semaines par an à Paris pour faire mon cours.

Pour la description de Pau et des environs, voir le *Voyage aux Pyrénées*. Singulière coïncidence qu'après quinze ans je me retrouve ici. — La ville est sur une colline, notre maison est à mi-côte, à droite sous nos fenêtres un grand parc, en face, par-dessus les maisons, les crêtes, les saillies, les cassures neigeuses des Pyrénées. Le soleil entre dès le matin dans ma chambre, et la vallée est verte, ombragée comme aux environs de Paris en septembre. — Mais pour moi le sentiment des maux publics est si vif que je ne sens plus véritablement le beau; je me dis seulement qu'en d'autres circonstances, j'aurais eu un vif plaisir devant toutes ces belles choses.

A M. ALBERT SOREL

Pau, le 22 novembre 1870

Mon cher Monsieur,

Je viens de passer une semaine au lit avec la fièvre; je vais mieux, mais je garde encore la chambre, et je ne trouve guère à faire rechercher que le *Petit Journal*. — Jugez de ma disette politique; j'ai faim et soif de correspondances et renseignements sérieux; aurez-vous l'obligeance de vous rappeler votre promesse et de m'envoyer par-ci par-là quelque journal anglais? Je ne crois guère aux journaux, mais je crois à ceux-là plus qu'aux autres.

J'y trouverais peut-être des renseignements sur notre armée de la Loire et sur les causes de son retard. Le silence qu'on garde à son endroit m'alarme beaucoup; des précautions et des obscurités de ce genre ont précédé la bataille de Sedan. Vous rappelez-vous les réticences de Palikao? Consolidés à 91 $^7/_8$. Voilà un fait authentique. Combien j'en voudrais de semblables à celui-là!

Je suppose que quand je sortirai, le pays me paraîtra beau; je l'ai vu et décrit il y a vingt ans, mais j'étais jeune, je ne le suis plus et trois mois comme les derniers vieillissent fort. J'espère que M. Delaroche et vous, vous vous portez bien.

Naturellement, je ne vous demande aucune nouvelle,

aucune opinion personnelle ; tout cela me serait bien précieux, mais la discrétion est dans votre état.

Croyez, mon cher Monsieur, à mes sentiments les plus sympatiques et les plus dévoués pour vous et pour M. Delaroche.

A M. ALBERT SOREL

Pau, 29 novembre 1870

Mon cher Monsieur Sorel,

Vous avez été bien aimable et bien obligeant ; j'espérais tout au plus un journal anglais, et vous m'en avez envoyé quatre. Ma fièvre est passée, tout mon monde va assez bien, nous commençons à nous promener : je vous remercie de l'intérêt que vous voulez bien prendre à tout ce qui nous concerne.

Écrire un voyage aux Pyrénées en hiver ! Cela pourrait être tentant ; mais la verve est passée et d'ailleurs on ne fait jamais bien les *duplicata*. Soyez sûr d'une chose : un homme n'a dans la tête qu'un certain nombre de formes et d'idées ; quand il les a tirées, le meilleur pour lui est de passer la plume à d'autres. — J'avais un certain sentiment personnel en décrivant ces paysages ; celui qui les décrira maintenant doit avoir un autre sentiment personnel. De même dans le reste ; j'ai fait une histoire de la littérature

Anglaise; donc c'est à un autre d'écrire l'histoire de la littérature Française, ou Italienne, ou Grecque. Jamais un moule ne doit servir deux fois. Si j'ai la santé et le loisir, j'écrirai sur la Volonté pour compléter ce que j'ai fait sur l'Intelligence. Mon désir et mes aptitudes s'arrêtent là.

Je vais avoir l'air de faire une phrase; pourtant ça n'est pas une phrase; à mon âge, et après vingt ans d'écriture, c'est vers la génération nouvelle, vers les hommes comme vous, qu'on aime à tourner les regards. — Nous voyons d'avance ce que nous pouvons faire encore; nous avons conscience de nos limites; mais nous ignorons les vôtres, et nous comptons sur les formes et les idées que vous pouvez mettre au jour. Il y a là un monde jeune, indéfini, que nous attendons et dont l'éclosion nous fera plaisir. Prenez ce que nous avons fait de bon, repensez-le avec votre originalité propre. Vous n'imaginez pas avec quelle sympathie nous saluerons l'enfant nouveau-né.

Nous attendons tous les jours avec anxiété les nouvelles d'Orléans et du Mans. On parle ce soir d'un succès, de la reprise de Montargis[1]; mais aussi d'un revers; de la perte d'Amiens et de la Fère[2]. Combien ne donnerais-je pas pour avoir ici comme ami un officier d'État-Major intelligent! Les espérances de M. B... sur Trochu et ses 1 500 canons semblent ajournées! Amitiés

1. La nouvelle était erronée.
2. La citadelle d'Amiens ne capitula que le 30 novembre. La capitulation de La Fère est du 27.

à M. Delaroche; je n'ose plus proposer ma plume à M. de Chaudordy; elle est en ce moment tout à fait engourdie. Merci encore et ma bien cordiale poignée de main.

A SA MÈRE

Pau, 2 décembre 1870

... Rien de nouveau ici. J'ai renoncé à travailler, j'étais trop fatigué; le parc est sous nos fenêtres; ordinairement le temps est doux; mais il y a des veines de froid pénibles, surtout lorsque le ciel est clair et que le soleil luit. — Je lis beaucoup de livres anglais que je loue au cabinet de lecture; j'ai commencé à recevoir les épreuves de la traduction anglaise de l'*Intelligence*; je suis obligé de faire venir de Bordeaux mon propre livre pour faire les corrections. — J'ai fait deux ou trois visites à M. Lehmann qui est à un quart de lieue d'ici, et une visite à M. Alfred Hachette, qui vit à Pau depuis huit ans. J'ai vu à la promenade Mme B... et ses filles. Mme B... et Mme de C..., enceinte, ont mis onze jours pour venir de Granville ici. Quel voyage pour des femmes dans cet état! — D'après notre conversation, M. B..., à leur départ, était hors de lui, et elles sont fort inquiètes de sa santé. Frédéric Seillière, étant à Senones, a été arrêté par les Prussiens, ils ont manqué de le fusiller comme chef d'une compagnie de francs-tireurs; il avait beau donner toutes les preuves que non, c'est à grand'peine qu'on l'a épargné et relâché[1]. Mme Seillière ignore cet incident.

Bonnes nouvelles de Trochu aujourd'hui[2], il semble qu'il y ait des chances pour que d'Aurelles et lui puissent se rejoindre.

A SA MÈRE

Pau, 8 décembre 1870

... Je regarderais comme très imprudent un départ de Virginie pour Orsay; je ne crois pas qu'elle pourrait arriver; il faudrait des sauf-conduits. Même avec des sauf-conduits, je vois par les journaux anglais qu'il est extrêmement difficile de passer d'une ligne à la ligne ennemie, qu'on a mille retards, des frais énormes, des incommodités, des dangers. Les correspondants des journaux anglais donnent là-dessus, et d'après leur propre expérience, les détails les plus concluants. Comment Virginie veut-elle aller au Mans, centre de l'armée française, et de là traverser des corps prussiens et aller jusqu'à Montléry par Orléans ou jusqu'à Versailles par Chartres? Cela est presque impossible à un homme et tout à fait impossible à une femme.

1. Le baron F. Seillière dirigeait la manufacture de Senones; il ne dut son salut qu'à l'insistance qu'il mit à demander un prêtre; aucun n'était présent, et on lui accorda un sursis qui lui permit de démontrer la fausseté de l'accusation.

2. La sortie des Parisiens du 30 novembre, qui se termina par la bataille de Champigny.

Depuis quatre jours tout ici est blanc de neige; en outre dégel, on patauge dans une boue liquide. Mme B... est venue nous voir, ses grandes inquiétudes sont pour son mari qui est si ébranlé. M. de C..., à la Jonchère, a caché des farines; le village en vit, on fait du pain quand les Prussiens sont passés, sans quoi on mourrait de faim; ils ont volé tout, jusqu'aux jouets d'enfants. Mauvaises nouvelles sur la Loire[1]; notre armée a été battue et s'est retirée sur la rive gauche. Je ne crois pas que Paris puisse maintenant être débloqué.

Jusqu'où tiendra-t-il? Peut-être jusqu'au milieu de janvier. Si alors il capitule, et que l'armée de la Loire soit dispersée, il est probable que Favre, Trochu, etc., stipuleront la convocation d'une Constituante et les Prussiens auront intérêt à l'accorder, afin d'avoir un traité légal. — Les chances en ce cas seraient de pouvoir rentrer vers le commencement de février. Tout ceci est pure conjecture.... Probablement M. Denuelle ou moi, un de nous partira en avant pour voir les éventualités. J'ai besoin d'être là pour faire mon cours. Au total, nous sommes toujours dans le noir absolu.

Je ne parle pas de mon chagrin. Je fais effort pour me tenir droit. J'espère pouvoir bientôt reprendre mon travail, mais que c'est difficile! Je me promène même dans la neige, par santé: je vais bien maintenant.

1. 2 décembre, bataille de Loigny : 4 décembre, évacuation d'Orléans.

A M. ALBERT SOREL

Pau, 16 décembre 1870

Mon cher Monsieur,

Vous êtes trop obligeant; puisque vous voulez bien chaque semaine m'envoyer de l'anglais, ne mettez à la poste qu'un journal, le plus récent en date; cela suffira largement.

Je les lis avec courage, pour avoir des impressions moins fausses; mais il est essentiel de savoir la vérité, même quand cette connaissance ne sert qu'à vous affliger. Décidément, on nous ment trop, M. Gambetta autant que Palikao. Il est clair que la sortie des Parisiens a échoué[1], et du côté d'Orléans, la dernière lueur d'espoir est éteinte; je n'avais pas pris grande confiance, je n'en ai plus la moindre; nous sommes sur la roue, les quatre membres brisés, et nous attendons sur la poitrine le dernier coup de barre, qui sera la capitulation de Paris. M. de Chaudordy a fait une très belle dépêche sur les barbaries prussiennes; on parle d'une entremise de l'Angleterre: tout cela est vain. Le seul fait que la Prusse vient de dénoncer la neutralité du Luxembourg, prouve que M. de Bismarck se moque parfaitement de l'opinion européenne, et qu'il est décidé à faire tout ce qui lui plaira, à prendre tout ce qui lui

1. 30 novembre et 2 décembre.

conviendra. Quant à l'état des armées allemandes, la *Gazette de Cologne* donne un chiffre de 80 000 tués et blessés; mettez un chiffre égal pour les morts de maladie; reste 700 à 800 000 hommes. Si ces chiffres sont exacts, ceux de M. B... sont bien loin de la vérité, et nous n'avons plus la moindre chance.

Je ne sais si le chagrin et la préoccupation incessante m'ont usé; mais j'essaie en vain de travailler; je ne puis plus écrire. Je vous félicite d'être jeune; c'est à votre génération de réparer tout; puissiez-vous y réussir, au moins à demi! Vos parents du Havre sont encore en sûreté, et j'espère que l'âge et la profession non politique de M. votre père le mettront en tout cas à l'abri. Vous sortirez de la bagarre avec vos forces intactes. Si le gouvernement qui nous est réservé n'est pas trop antilibéral, je crois que notre devoir à tous sera de faire des articles, conférences, etc., instructives et désagréables, pour exposer et confesser publiquement nos fautes, pour montrer dans nos défauts la cause de nos revers, pour propager la connaissance des langues, de la tactique, des nations étrangères et de l'histoire, pour persuader aux gens qu'il faut travailler, obéir, vivre régulièrement, ne pas être exigeant en fait de bonheur; un notaire, un droguiste sont raillés et ridicules en France; on leur préfère un amateur oisif. Croyez-vous qu'on puisse renverser cette préférence? Hélas! je n'ose le croire, et cependant pour que notre pays se relevât, il faudrait le renouveler.

Un seul journal de temps en temps, n'est-ce pas?

Cela est bien assez, et mes remerciements n'en sont pas moins vifs.

Bien cordialement à vous.

A SA MÈRE

Pau, 17 décembre 1870

.... J'ai essayé de me remettre au travail, mais sans y réussir. L'anxiété et le chagrin ont émoussé ma verve; je lis le matin, l'après-midi je sors, le soir nous jouons aux dominos, c'est tuer le temps. Tous les huit jours, mes jeunes attachés d'ambassade m'envoient des journaux anglais, ils sont désolants; il est clair que nos gazettes françaises nous mentent de toutes façons, par omission et commission. Ainsi la bataille perdue sous Orléans nous a coûté 7000 prisonniers. Il me semble que pour quelqu'un qui juge de sang-froid, toute espérance est perdue; l'armée de la Loire ne peut délivrer Paris, et Paris ne peut se délivrer lui-même.

Après huit jours de neige et de froid, nous avons eu le sirocco, et nous avons encore une température de juin. Le soleil frappe si fort qu'il fait mal à la tête; beaucoup d'hommes ont des parasols. Vers cinq heures, le crépuscule est froid et très humide, ce contraste exige des précautions. Sol argileux, collant; on ne peut se promener à pied que sur la promenade ou dans les deux allées du parc; le reste est un bourbier, ce pays n'est agréable que pour les gens en voiture....

Je suis las, et je ne sais pas si je retrouverai la force d'écrire.

A SA MÈRE

Pau, 25 décembre 1870

... C'est la première fois depuis bien longtemps qu'au jour de l'an, je ne serai pas avec vous. Qui nous eût dit, il y a six mois, qu'au 1er janvier nous serions à Pau? Nous aurions cru peut-être que quelqu'un de nous serait malade de la poitrine. — Et certes le climat est mauvais pour les poitrinaires; depuis trois jours, il neige de nouveau, et les promenades sont bien tristes; nous ne sortons que par raison de santé, pour changer d'air.

Vous voyez que je n'avais pas tort de vous faire quitter Tours. Les Prussiens y ont jeté des obus; il y a eu des dégâts, des blessés, des morts[1]. Madame Libon s'est obstinée à y rester, malgré les supplications de son fils. En ce moment, nous n'avons aucune nouvelle d'elle.... Ajoutez que si Tours est occupé ou réoccupé par les Prussiens, on ne pourra recevoir d'elle aucune lettre. — Mes pressentiments sur la durée de la guerre se sont trop vérifiés. D'après les renseignements de Madame Léon Say, qui reçoit beaucoup de lettres de Paris (son mari,

1. La reddition de Tours est du 21 décembre.

tous ses parents des *Débats* sont aux meilleures sources), Paris a de la viande salée ou autre jusqu'au 5 février, du vin pour deux ans, du pain indéfiniment; il est résolu à résister quand même; les journaux anglais disent que les Prussiens n'espèrent pas le faire capituler avant le 15 février.

... Il faut nous attendre à passer l'hiver où nous sommes. — Hier, les nouvelles de l'armée du Nord et de l'Est étaient assez favorables[1]. Je manque toujours d'espérance, mais je me défie de toutes mes conjectures: je n'ai pas d'éléments assez précis pour juger. Il n'y a qu'à se résigner et patienter. — En tout cas, même si nous sommes écrasés, l'honneur sera sauf; la France aura montré qu'elle est capable de résistance, d'organisation; elle en sera plus respectée à l'avenir; on essaiera moins facilement de la traiter comme une Pologne; on ne croira pas qu'elle est pourrie, bonne à être une proie, ce qu'on eût cru, si elle avait cédé tout de suite après Sedan. — Voilà le gain le plus clair, peut-être le seul bon résultat de la défense prolongée. Mais par combien de milliards et de vies sera-t-il acheté?

Nous avons le moyen de faire parvenir, par la Suisse, une lettre à M. Questel, de Versailles.... Avez-vous des nouvelles de Chevrillon? Le ballon du 17 ne nous a rien apporté ici, mais plusieurs personnes de notre connaissance ont reçu des lettres de Paris. — Vous pouvez envoyer un télégramme à Paris en allant au télégraphe de

1. Le général Faidherbe avait gagné le 23 la bataille de Pont-de-Noyelles.

Brest; le service par pigeons est organisé, quoique toujours très chanceux.

Je vous ai dit l'emploi de mes journées. Il m'arrive de temps en temps des épreuves de la traduction en anglais de mon *Intelligence*.

A SA MÈRE

Pau, 28 décembre 1870

... Les nouvelles deviennent de plus en plus tristes. Il y a des jours où j'ai l'âme comme une plaie; je ne savais pas qu'on tenait tant à sa patrie. Les journaux anglais, qui ne déguisent pas la vérité, sont désolants quoique sympathiques. Il y a des tentatives de révolution à Paris, et je crains qu'il ne doive bientôt tomber.

J'ai trouvé, à la bibliothèque d'ici, le grand ouvrage de Demogeot sur l'instruction secondaire en Angleterre. Cela me permettra de presque finir le livre auquel je travaille [1].

A SA MÈRE

Pau, 31 décembre 1870

... Il m'arrive une lettre de Chevrillon, mais du 26 novembre, après un mois de retard. Vous en avez

1. Les *Notes sur l'Angleterre*.

reçu de plus récentes. Je lui ai envoyé il y a trois jours un télégramme. Pour avoir un tour de faveur s'il est possible, je l'ai expédié à Libon. Mais il y a un arriéré de télégrammes, tous ceux qu'on a depuis le 1er décembre. Je ne sais donc quand le mien partira. Chevrillon dit qu'il va bien, qu'il est chef d'escadron de la mobile de la Seine; il compte qu'on tiendra aisément deux mois, ce qui nous mènerait au 26 février. D'après les renseignements que je vous ai donnés la dernière fois, il paraît qu'on pourra tenir plus longtemps. — Vous avez vu que le 25 décembre, les Prussiens fatigués de geler tout vifs ont attaqué les forts, mais ce sont ceux de Nogent, etc., du côté de Vincennes, à l'opposé de Chevrillon.

Neige épaisse depuis huit jours; pour ne pas geler dans ces appartements mal clos, nous nous enveloppons de couvertures à table et partout.

Il paraît que le camp de Conlie[1] est levé; cela a bien l'air d'être un échec. Je n'ai plus de journaux anglais depuis deux semaines; ne pouvez-vous en avoir de loin en loin? Tâchez toujours d'avoir un journal étranger, par exemple l'*Indépendance belge* que reçoivent la plupart des grands cafés. Nos journaux mentent trop, ceux des Prussiens aussi, il faut lire les neutres. — Ce qui est certain, c'est que les succès des Prussiens ne vont pas aussi grand train qu'en août, septembre, octobre. Ils trouvent plus de résistance, ils ont un trop grand

1. Camp fortifié en avant du Mans.

espace à occuper, le mauvais temps doit en tuer beaucoup. Je crois, d'après divers renseignements, qu'ils ont dû perdre (maladie et combats) environ 200 000 hommes. Mais il en reste encore beaucoup trop, et mes espérances sont toujours bien petites.

A SA MÈRE

Pau, 11 janvier 1871

Je comprends vos inquiétudes en apprenant que le bombardement des forts a commencé[1], heureusement il semble jusqu'à présent que les boulets prussiens ne nous font pas beaucoup de mal et probablement Trochu va faire quelque grande sortie. — Il est clair que les Prussiens n'ont pas osé attendre davantage; ils veulent brusquer la capitulation de Paris, ils craignent nos armées de province. Autre preuve bien évidente, ils appellent les dernières réserves de leur Landwehr; ils ont évacué Dijon et quitté Langres; Bourbaki vient d'avoir un grand succès dans le Doubs[2], près de Belfort qui peut-être va être délivré. — Paris, ayant eu trois mois pour compléter et multiplier ses fortifications, a chance de résister à l'attaque ouverte, et si Bourbaki et Faidherbe continuent à avancer sur l'Est, il est possible que les Prussiens, pour ne pas être coupés de l'Alle-

1. Le bombardement de Paris avait commencé le 8 janvier.
2. La bataille de Villersexel, le 9 janvier.

magne, se décident à lever le siège. Voilà le côté brillant, mais je suis si ignorant en matière de guerre, que je me défie tout à fait de mon opinion.

La vie est bien triste; je n'ai pu retrouver ma faculté de travail, je n'ai plus de verve, aucun attrait pour écrire, mon travail n'avance pas.... J'ai trouvé un assez bon assortiment de livres anglais et même allemands; je lis et je bouche des vides dans mon instruction; il y avait bien des années que je n'avais renouvelé mon fonds intellectuel.

Marcelin est à Toulouse avec sa mère, il a été pris à l'improviste et n'a pu rentrer à Paris; ses perspectives d'avenir sont bien compromises, il dit qu'il reprend la vie frugale et laborieuse de sa jeunesse, et qu'il se sent fait pour cela. — Nous en sommes tous au même point, et avec le même avenir. Tristes nouvelles de Paris, retrouverons-nous nos maisons? — J'ai écrit à Letorsay par la Suisse, en lui demandant réponse par la même voie, sous le couvert de notre ami Ormond[1]. Si tu veux écrire à Reims, mets sur l'adresse « par la voie de Belgique ».

A SA MÈRE

Pau, 19 janvier 1871

Ta lettre de dimanche n'est point arrivée, je suppose que ce retard ou ce manque est un effet de la prise du

1. M. Louis Ormond, grand industriel Vaudois qui résidait à Clarens.

Mans[1]; les lettres doivent maintenant passer par Nantes et la Charente.

Chevrillon m'a écrit un mot le 1er janvier, très court, croyant à une sortie. Il n'avait pas reçu de dépêche de nous depuis le 8 novembre. Mon oncle Alexandre et tous nos parents de Paris étaient en ce moment en bonne santé.

C'est depuis ma dernière lettre que les forts sont canonnés et la ville bombardée. Madame Say qui reçoit de son mari des lettres fréquentes et en outre une feuille pelure du *Journal des Débats* me dit : 1° Que dans l'énumération détaillée des dégâts, on n'en cite aucun dans notre quartier. Le 11 janvier, M. Say a vu Renan aux *Débats*, et il ne paraît pas qu'il ait quitté son logement (rue Vaneau). 2° Que la ville et les forts souffrent très peu. On a peine à empêcher les Parisiens d'aller voir les bombes tomber ; une bombe non éclatée se vend vingt-cinq francs, un éclat d'obus vingt ou trente sous. — La sœur de Madame Lehmann est allée faire ses dévotions à Saint-Étienne-du-Mont, à Paris, sans plus s'inquiéter des bombes.

Je pense (et c'est l'opinion commune), que la guerre continuera même si Paris est pris. Il ne faut pas nous attendre à rentrer chez nous avant le printemps. — A Orsay, les choses vont passablement, sauf les vivres qui deviennent rares.

L'Angleterre est le meilleur moyen pour communi-

1. La ville du Mans avait été prise le 12 janvier.

quer avec la portion envahie de la France. Sophie n'a pas besoin de chercher l'adresse de l'amiral Wiseman. Qu'elle écrive à Galland[1] de faire insérer une note dans le *Times*. Son mari s'est sans doute assuré les moyens de lire ces annonces, qui sont fréquentes.

J'ai recommencé à travailler un peu, mais les documents me manquent. Mes prévisions politiques sont toujours bien tristes. Bourbaki ne peut pas avancer ; je crains que Paris ne soit forcé de capituler. Je ne puis rien vous dire, sinon d'avoir courage, de patienter, d'espérer. Nous nous soutiendrons. Avec de la volonté et de l'affection, on vient à bout de bien des maux.

A SA MÈRE

Pau, 27 janvier 1871

Ci-joint une lettre de Letorsay du 17 décembre qui m'a fait bien plaisir. Elle m'est envoyée par M. Aubruel, consul de France à Genève, qui m'offre son intermédiaire pour m'en envoyer d'autres, ma sœur peut employer ce moyen. J'ai écrit à M. Haye, mon traducteur de Londres, pour qu'il fasse mettre dans le *Times* l'annonce suivante : « Prière à M. Washburne (Ministre des États-Unis) de vouloir bien envoyer la dépêche suivante : A M. B., etc. » Le *Times* arrive à Paris à

1. M. Victor Galland, peintre (1822-1892), beau-frère de M. Chevrillon, et qui était alors réfugié à Londres.

M. Washburne qui envoie obligeamment ces sortes de notes au destinataire.

Je n'ose faire aucune conjecture sur l'avenir, il me semble certain que Paris ne peut maintenant ni se délivrer ni être secouru; il y a peut-être encore deux mois de vivres, l'artillerie prussienne sera-t-elle assez puissante pour faire entrer l'ennemi de vive force? Même Paris pris, je crois que la guerre continuera. Je ne vois qu'une chance, le vieux roi tué par une bombe ou un franc-tireur, le czar mourant et remplacé par son fils qui déteste les Allemands et peut-être nous tendrait la main. La guerre continuant, Brest est-il en danger? J'espère que non, il est trop loin et les Prussiens n'ont pas de marine. D'ailleurs, je le crois bien défendu du côté de la terre. Informe-toi; en tout cas, si vous avez besoin de moi, je viendrai à Brest.

Tous les journaux étrangers louent et admirent la résistance prolongée de la France et de Paris. Il est clair qu'on a sauvé l'honneur, et l'Europe nous est sympathique; mais ces sympathies sont sans effet positif.

A SA MÈRE

Pau, 4 février

J'ai reçu une lettre de Chevrillon datée du 20 janvier, il allait bien, m'annonçait la capitulation prochaine. Remarquez que le 20 était le lendemain de la dernière sortie, celle du 19. Je crois qu'à partir de ce moment le feu ennemi s'est ralenti, nous avons donc tout lieu de compter qu'il est sain et sauf; l'armée est prisonnière, mais reste à Paris; ainsi il ne sera pas envoyé en Allemagne. Dans sa lettre, il me disait que le général Pélissier l'avait proposé pour la croix d'officier et pour le grade de chef de bataillon, auquel, du reste, il avait droit par ancienneté. Il avait déjeuné la veille avec Sarcey.

Gambetta a promulgué une loi électorale injuste et dangereuse[1]; l'intervention malencontreuse de M. de Bismarck la fera passer. En ce cas, et dans le gâchis où nous sommes, quelle sera la Chambre? Depuis la ruine de Bourbaki, toute espérance est perdue; s'il continue la guerre, ce sera en dépit du plus simple bon sens: nous n'en perdrons que plus de territoire et d'argent.

Marcelin et sa mère ont été malades à Toulouse, seuls, sans domestiques, presque sans argent. — Plus je vois de gens, plus il me semble que notre chance est passable; c'est une grâce que d'échapper à la ruine complète ou à la mort.

A SA MÈRE

Pau, 7 février

Les Prussiens en ce moment interdisent absolument l'*entrée* de Paris, ils ne laissent que sortir, et peu de

1. Le décret sur les inéligibilités : Voir page 7.

personnes. Certainement cette défense d'entrer durera jusqu'à la fin de l'armistice, peut-être jusqu'à la conclusion de la paix. Les Prussiens n'ont laissé les lettres partir de Paris qu'avant-hier. Les Parisiens arrivent ici, disent que les dégâts sur la rive gauche sont petits; ils ne parlent pas d'une seule maison effondrée.

Nous avons voté hier ici pour Paris; nous sommes bien contents que Gambetta ait cédé, cela nous évite pour le moment la guerre civile. — Mais personne ne peut dire si après le 19 nous aurons la paix, ou si la guerre continuera. Tout dépendra du degré d'exigence et d'énormité des propositions prussiennes.

Nous n'avons pas de parti pris au cas où la paix se ferait. Nous sommes très bien ici, la maison est grande, confortable; le jardin joli. Belle vue, le parc est en face. Peut être y laisserons-nous ces dames un ou deux mois de plus. M. Denuelle et moi nous retournerions à Paris pour nos affaires, et moi en outre pour mon cours.

A M. ÉMILE PLANAT (MARCELIN)

Pau, 7 février 1871

Mon cher Émile, j'ai reçu ta lettre qui m'a fort attristé; je n'imaginais pas que la maladie fût venue en surcroît chez vous; par malheur le capital le plus clair qui nous reste à tous, c'est notre santé et notre travail futur. Je suis rassuré à peu près sur mon frère Letorsay;

mais depuis le 20 janvier je n'ai pas de nouvelles de Chevrillon, qui ce jour-là, sur ses deux bastions, avait eu sept tués ou blessés. Tu imagines notre inquiétude. — Aucune nouvelle de nos trois logements de Paris : le mien, celui de ma mère, celui de mon beau-père ; ils étaient au plus fort des bombes; quant à notre maison de Châtenay, nous ne savons pas s'il en reste les quatre murs. — Mais toi, tu ne me dis rien de Paul[1], ni de ton journal. Les ballons ont dû t'en apporter des nouvelles; parle-moi de cela dans ta prochaine lettre.

Je finis mes *Notes sur l'Angleterre*, j'y ai laissé les lacunes que le manque de livres m'empêchait de combler. Je n'écrirai rien sur l'Allemagne ; mon voyage a été subitement interrompu le 10 juillet, et les sentiments que nous éprouvons tous sont tels que je ne crois pas qu'un Français, d'ici à dix ans, veuille y voyager ou en écrire. — Il est bien probable qu'à mon retour, je ferai à Paris des articles politiques de fond, malgré ma répugnance et mon insuffisance ; il faut maintenant que tout le monde mette la main à l'œuvre ; mais la parole est si peu de chose contre les institutions et le caractère national ! Enfin je ferai ce que je pourrai, malheureusement avec peu d'espoir; tu sais ce que je pense de notre pays, et cela depuis des années. — Pour moi il est clair que les Allemands veulent faire de la France une Italie, comme l'Italie de l'Autriche entre 1815 et 1848, c'est-à-dire un pays envahissable à leur gré et

1. M. Paul Planat, ingénieur civil, frère d'Émile Planat.

tout à fait sous leur main; peut-être à force de misères et d'humiliations, finirons-nous par nous organiser, comme eux en 1813; peut-être à force de succès et de conquêtes, finiront-ils par avoir le sort de Napoléon Ier. Je ne vois pas d'autres chances.

Il est vrai, la *Vie parisienne* restera un document d'histoire, et je crois que le recueil complété de tes articles fera un livre vrai et intéressant. — J'espère aussi que tu continueras le journal; si quelqu'un peut rendre amusantes les choses sérieuses, c'est toi. — Mais notre grande faute c'est d'avoir voulu que tout fût amusant; l'art et le talent de s'ennuyer ont fait la force des Allemands; ils ont pu accepter toutes les corvées, les besognes les plus longues et les plus monotones que personne chez nous ne voulait supporter. Par contre la guerre a mis à jour le mauvais et vilain côté de leur caractère que recouvrait une écorce de civilisation. L'animal germanique est au fond brutal, dur, despotique, barbare; et l'animal allemand est de plus économe et grapilleur. Tout cela vient d'apparaître à la lumière et fait horreur.

Je travaille, mais avec un effort énorme et sans avancer guère. — S'il faut recommencer tout, ma plume ne suffira pas à nourrir ma famille; au cas où la vie deviendrait impossible à Paris, j'ai pensé à chercher une place de professeur ou de conférencier en Suisse; mais j'ai 43 ans dans deux mois, et je n'ai plus que la volonté sans la verve.

Nous apprenons aujourd'hui que Gambetta se démet

et que nous n'aurons pas la guerre civile ; voilà un grand malheur de moins ; mais je compte que les prétentions des Prussiens seront énormes ; il est probable que l'Assemblée les rejettera : en ce cas nous serons conquis, probablement les Napoléons seront restaurés, ce qui nous conduira défininitivement à la guerre civile ; il n'y aura pas plus d'issue pour nous que pour l'Italie au xvie siècle.

Tout cela est trop triste à penser ; j'ai l'âme en deuil depuis six mois. — Une poignée de main, mon vieux, cela me fait plaisir de penser à toi.

A SA MÈRE

Pau, 12 février

J'insiste toujours pour que vous attendiez pour partir. Il faut voir si l'Assemblée qui se réunit à Bordeaux aujourd'hui fera la paix. — Les chemins de fer ne sont employés qu'au ravitaillement, et il faut avoir deux passeports, les faire viser plusieurs fois en route aux différents postes, etc. Les espérances sont aujourd'hui du côté de la paix, on peut parier trois contre un qu'elle se fera. Paris est très malsain, surtout pour les femmes et les enfants. Cela est officiel, annoncé dans les journaux par les médecins de Paris, et ici par tous les voyageurs qui en arrivent. Il y mourait dans les derniers temps quatre à cinq mille personnes par semaine, et tout aux environs, les morts ont été enterrés à fleur de terre.

L'Assemblée est composée presque tout entière de modérés, beaucoup d'orléanistes, quelques légitimistes, pas mal de républicains couleur Cavaignac, quelques exagérés. — Elle ressemblera à celle de 1848 où était mon oncle[1]. A mon avis s'il y a paix, les chances sont pour une République modérée plus ou moins longue, qui finira sans secousse par une monarchie constitutionnelle sous les Orléans. Les rouges sont discrédités à Paris, on a vu leur petit nombre. Le seul danger sera le mécontentement des soixante ou quatre-vingt mille gens du peuple, qu'on nourrissait gratuitement pendant le siège, et qui vont se trouver sans ouvrage et sans pain. Voudront-ils tenter de nouvelles journées de juin? En ce moment, la grande anxiété est de savoir quelles seront les propositions de la Prusse, et si elles seront acceptables. On compte sur l'influence des puissances pour les modérer.

A SA MÈRE

Pau, 26 février

Il faut attendre pour rentrer à Orsay la signature de la paix, qui me semble certaine; les chevaux doivent

1. M. Adolphe Bezanson. Voir tome I, p. 10.

manquer dans tout le département, car à Paris on ne peut en avoir. M. Lameire voulant aller à Châtenay le 18 février, on lui a demandé 85 francs aller et retour pour une voiture, nos domestiques y sont allés à pied. Les routes ne sont pas encore sûres, la gendarmerie n'est pas rétablie. Il faut compter sur des émeutes à Paris, sur de nouvelles journées de juin.

Si la paix est conclue, ratifiée par l'Assemblée le 4 mars, mon beau-père partira tout de suite pour Paris. Moi j'attends une réponse de M. Guillaume, directeur de l'École des Beaux-Arts, à qui j'ai écrit pour savoir si je pourrais reprendre mon cours.

J'ai fini mon livre sur l'Angleterre contemporaine; je commence aussi à écrire ou à préparer des articles politiques, par exemple sur le suffrage à deux degrés[1]. — Je suis un peu las d'avoir fini mon volume qui aura cinq à six cents pages.

Les Bavarois quittent Châtenay samedi. Est-ce pour faire place à d'autres troupes? En tout cas, le moment du départ des Allemands sera dangereux, à cause des maraudeurs et du manque de gendarmerie.

1. Voir page 161[o].

A M. MAX MÜLLER[1]

Pau, 1er mars 1871

Monsieur,

Veuillez excuser ma réponse tardive; j'ai reçu seulement hier 28 février votre lettre du 17. La proposition dont vous me parlez est très flatteuse, et si elle m'était faite par MM. les curateurs du Taylor Institute, je crois pouvoir dire que je l'accepterais comme un honneur. — Ces six ou huit leçons seraient en français. A mon sens, le sujet le plus convenable serait une étude sur le théâtre français du XVIIe siècle, Corneille, Racine, Molière. On aurait ainsi l'occasion d'appliquer une méthode de critique moins usitée en Angleterre qu'en France, et qui consiste à chercher dans une littérature la façon dont les hommes du temps concevaient les principaux types de la société humaine, le roi, le père, l'époux, la fille, le sujet, le noble, etc.

Si je comprends bien votre lettre, c'est à Oxford, devant les membres de l'Université, que ces conférences auront lieu. Un délai est-il fixé, et le cours pourrait-il être achevé en trois semaines? Quant à l'époque, j'espère être libre à la fin de mai et en juin, mais j'ai besoin d'être à Paris pour être fixé sur cet article. Je compte partir d'ici dans une semaine. Mon adresse est à Paris, 10 rue Vaneau.

1. M. Max Müller, orientaliste allemand (1823-1900), était professeur de Grammaire comparée à Oxford.

S'il est donné suite à la proposition dont vous avez bien voulu prendre l'initiative, j'espère recevoir de vous une lettre soit ici à Pau, soit à Paris. En attendant, acceptez, Monsieur, tous mes remerciements pour le témoignage d'estime littéraire dont vous m'honorez, et veuillez me croire votre obéissant et dévoué serviteur.

A M. ÉMILE BOUTMY

Pau, 6 mars 1871

Mon cher Émile,

J'ai su de vos nouvelles par votre tante, Madame Reynier, que j'ai eu le plaisir de voir plusieurs fois et qui m'a montré une de vos lettres. Votre genou[1] est-il tout à fait guéri? Donnez-moi des nouvelles de vous, de vos frères, de tous nos amis communs.

Au 26 août nous avions fait une ambulance à Châtenay; tout d'un coup, ordre de l'évacuer; le maire, le garde-champêtre, le boulanger, etc , s'en vont; à l'arrivée de l'ennemi, le village était vide. Nous avons passé près de trois mois à Tours; j'y étais avec ma sœur, ma nièce, ma mère, ma femme, ma fille, la grand'mère de ma femme, une cousine, etc. Mon beau-père et moi nous conduisions ce bataillon. Tours étant

1. M. Boutmy avait eu le genou démis par suite d'une chute dans une tranchée.

menacé, ma sœur, ma nièce et ma mère sont allées à Brest chez ma sœur Chevrillon. Nous sommes venus ici. A Tours, j'ai un peu écrit pour les Affaires étrangères, je m'étais mis à leur service. — A Tours et ici j'ai écrit un volume intitulé *Notes sur l'Angleterre*. Comme depuis six mois j'ai de 90 à 105 pulsations par minute, ma santé est médiocre. — Je viens d'essayer un article de politique; ma cervelle me refuse le service; les angoisses de ces derniers mois et le chagrin sont trop grands.

Vous savez bien que j'ai toujours eu des idées grises à l'endroit de la France. Le gris est devenu noir; je vois d'ici à un an des Journées de Juin et la guerre civile, un peu plus tard une seconde invasion, peut-être à la fin la scission de la France en deux, un avenir semblable aux trois derniers siècles de l'Italie. La stupidité des journaux est énorme; je crois que peu de nations sont aussi remarquables par l'incapacité politique; ceux qui se disent républicains, hommes du progrès, sont pour la plupart des fous furieux. — En somme, il n'y a plus de chefs naturels, la masse oscille au hasard sous l'impulsion tout extérieure de l'intérêt ou de la peur. Ce que j'essaie d'écrire, c'est un article en faveur du suffrage à deux degrés, afin de donner des sous-officiers à cette tourbe.

Je compte revenir à Paris dans une semaine; j'ai un gros rhume, un peu de fièvre, ce qui me retarde; d'ailleurs j'attends toujours une réponse de M. Guillaume et de M. Lenoir à qui j'ai écrit pour savoir si je pouvais reprendre mon cours à l'École. Savez-vous si les cours sont rouverts? Si vous passez rue Bonaparte, informez-vous pour moi.

Faites-vous des projets pour cet été? J'espère que vous allez écrire régulièrement des articles politiques, cela est dans vos aptitudes et dans vos goûts. Je voudrais pouvoir en dire autant; car en ce moment, ce serait un service à rendre. — Moi, probablement, j'imprimerai le livre dont je vous parlais et je vivrai désormais à la campagne, à Châtenay, peut-être ensuite loin de Paris, près de la Suisse, à cause de ma femme et de mon enfant. Nous causerons de tout cela ensemble.

A vous de cœur, mon cher ami.

A M. MAX MÜLLER

Paris, 15 mars 1871

Monsieur,

J'accepte la proposition très honorable que MM. les curateurs de l'Institut Taylor ont bien voulu m'adresser, sur votre initiative, et je vous prie de leur faire agréer mes remerciements. Le cours que je fais à Paris à l'école des Beaux-Arts finira, je pense, le 5 mai. Pour mieux réfléchir aux *lectures* que je dois faire à Oxford, je demande à MM. les curateurs de me permettre de n'arriver que la dernière semaine de mai. Je pourrai faire trois *lectures* par semaine, de cette façon le cours ne se prolongerait pas au delà du terme convenable. J'aurai l'honneur de vous avertir plusieurs semaines à l'avance du jour exact où je pourrai arriver.

Je serai heureux de recevoir de vous des renseignements et des conseils au sujet du public qui m'écoutera et des matières qu'il est à propos de traiter. Je suppose que l'auditoire sera composé pour la plus grande partie de jeunes gens suivant les cours de l'Université, et entendant couramment la langue française. Le théâtre du XVIIe siècle m'a paru un sujet convenable, parce qu'il est intéressant et que nos trois grands auteurs dramatiques sont fort connus.

J'hésiterais un peu à parler de nos philosophes et de nos moralistes, Descartes, Malebranche, Pascal, La Rochefoucauld, La Bruyère; ma raison est qu'une telle exposition, pour n'être pas superficielle, exigerait un examen de plusieurs théories métaphysiques et morales, et partant des études spéciales ou un tour d'esprit tout particulier chez les auditeurs.

Tout dépend de ces auditeurs; il faut que le cours leur soit approprié; et vous me rendriez, Monsieur, un véritable service si vous vouliez bien me dire de quelle façon, à votre avis, le public sera composé. — M. Franz Wœpke a été pendant de longues années mon ami très intime; j'ai écrit sur lui une notice assez longue dans les *Nouveaux essais de critique et d'histoire*. Je n'ai point connu d'homme plus digne d'amitié et de respect, et c'est un plaisir pour moi de penser que son souvenir me servira d'introduction auprès de vous.

Veuillez agréer, Monsieur, les sentiments de considération et de dévouement avec lesquels je suis votre très obligé serviteur.

A MADAME H. TAINE

Paris, 17 mars

Sceaux et Châtenay sont dans un état affreux, un chenil de porcs, une odeur et des tas d'immondices composites et sans nom comme dans un dépotoir de chiffonniers. La maison du curé à Châtenay a l'air d'une écurie de vidangeurs. Partout les meubles brûlés, cassés, les persiennes et les carreaux détruits; cela dépasse l'imagination; il faudra du temps pour que tout cela se nettoie et s'assainisse.

Le commandant prussien nous a dit qu'ils évacuaient le 19, et qu'ils nous rendraient la maison intacte. Nous l'espérons.

Le docteur Curie est venu hier. Il est passionné contre Trochu, Favre, etc. : « Des incapables et peut-être des traîtres. » — Son avis est que l'armée de Paris aurait pu battre et détruire les assiégeants, mais on les retenait toujours aussitôt après le succès, et on sonnait la retraite. Chevrillon est d'avis contraire.

M. Guillaume est venu nous voir hier, mon cours est reculé de huit jours à cause des madriers et de l'énorme quantité de terre non encore déblayée qu'on avait mise dans l'hémicycle pour préserver la fresque de Delaroche. Mais je pourrai faire cours le vendredi saint et le lundi de Pâques, ce qui me permettra de finir au jour dit.

Renan m'a prêté quatre grands articles politiques sur la situation, qu'il ne publiera probablement pas. C'est lâché, abstrait, pas très bon. Il se néglige. Il y a toujours beaucoup d'idées; mais sa thèse rebuterait; très visiblement, il est pour la restauration de la royauté et de la noblesse afin de mieux imiter la Prusse.

CHAPITRE II

LA COMMUNE

I. Le 18 mars. — II. Ce que M. Taine pensait de l'insurrection. — III. Voyage en Angleterre. — IV. Conférences d'Oxford. — V. Correspondance.

On a pu voir par les lettres qui précèdent combien les prévisions de M. Taine étaient sombres; pendant les quelques jours passés à Paris, il avait mesuré l'exaltation des esprits, la profondeur de la désorganisation sociale, et il n'était que trop préparé à voir éclater l'insurrection du 18 mars. Pour être prévue, la secousse ne fut pas moins douloureuse; le spectacle des Français s'armant les uns contre les autres sous les yeux de l'ennemi lui parut jusqu'à son dernier jour un crime inexpiable envers la patrie. La cruelle répression de la semaine sanglante et les jugements sévères qui suivirent, tout en le pénétrant d'horreur et de pitié, ne lui semblaient qu'un acte de justice et de défense sociale contre des parricides et des renégats. — Après la guerre, il ne put jamais se décider à reprendre ses relations antérieures avec ses amis allemands; il rompit ainsi une ou deux amitiés anciennes et précieuses; il aimait trop la France pour pardonner aux ennemis de la France. — Un sentiment analogue l'animait contre les insurgés de la Commune, doublé d'un grief plus général. Au crime de lèse-patrie s'ajoutait à ses yeux le crime de lèse-civilisation; il savait par son éducation historique ce qu'il faut d'efforts et de sacrifices séculaires pour édifier une société à peu près équitable; il ne pouvait se résigner à voir abolir ainsi, par l'ambition ou la démence d'un petit nombre d'individus, l'œuvre de cinquante générations d'ouvriers laborieux et dévoués, précieux dépôt reçu des ancêtres et que nous devions rendre accru à nos descendants. « Chacun de nous doit apporter sa part à l'édifice commun », disait-il parfois; « celui-ci une belle pierre taillée, celui-là son grain de sable: l'essentiel est d'avoir accompli sa tâche et collaboré à l'œuvre dans la mesure de ses forces. » Il était très modeste pour lui-même et regardait comme son égal le plus humble de ces ouvriers consciencieux; mais il considérait comme des ennemis publics ceux qui, par la violence, cherchent à anéantir la forteresse où s'abrite l'humanité.

Pendant les mornes journées qui suivirent le 18 mars, M. Taine, demeuré aux environs de Paris chez sa sœur Mme Letorsay, allait régulièrement à la ville pour chercher des nouvelles et pour faire son cours de l'École des Beaux-Arts; il le continua jusqu'au 3 avril; mais à partir du 4, les communications devinrent dangereuses et difficiles, on risquait d'être arrêté par les insurgés : de plus, il n'y avait plus sur les bancs de l'École que quelques rares élèves étrangers, et le directeur, M. Eugène Guillaume, fut le premier à décider que le cours serait ajourné.

La famille de M. Taine avait quitté Pau au milieu de mars et s'était de nouveau réfugiée à Tours, en attendant que la fin de l'insurrection lui permît de rentrer à Châtenay. N'ayant plus rien à faire à Paris, il alla passer auprès d'elle les quelques semaines qui précédèrent ses conférences d'Oxford; il connaissait les ressources de la bibliothèque de Tours et trouvait là les livres, du reste peu nombreux, qui étaient nécessaires à sa préparation. Comme on l'a vu précédemment[1], ce cours moitié littéraire, moitié historique, avait pour sujet les deux grands tragiques du XVIIe siècle, Corneille et Racine[2]; il lui suffisait de lire quelques mémoires, de feuilleter quelques estampes, pour raviver ses sensations. Le plus difficile était d'abstraire sa pensée au milieu des angoisses présentes et d'affronter, parmi des étrangers, les douloureuses émotions de la fin de mai. Arrivé le 20 mai à Londres, après un voyage difficile, M. Taine se rendit le 24 à Oxford et y fit sa première leçon[3] le 26, devant un public d'autant plus bienveillant que les terribles incendies avaient éclaté à Paris et que les auditeurs tenaient à témoigner à un Français la part qu'ils prenaient à nos malheurs. M. Taine ne rencontra pendant ces jours

1. Voir p. 53, lettre du 1er mars 1871.

2. Voir l'étude sur *Racine* dans *les Nouveaux Essais de Critique et d'Histoire.*

3. M. Taine fit en tout six conférences sur ce sujet : *Corneille et Racine, et les Mœurs sous Louis XIII et sous Louis XIV.*

1re *Leçon.* — Loi générale : les personnages du théâtre manifestent avec une exactitude supérieure les sentiments régnants. Dieux et héros chez Euripide, personnages correspondants à Athènes en 420. Personnages dans Lope, Calderon, etc., et caractères en Espagne de 1600 à 1700. (*Voyage* de Mme d'Aulnoy; *lettres* de Mme de Villars.)

2e *Leçon.* — Les jeunes héros, les jeunes premiers, les cavaliers dans Corneille et sous Louis XIII et la Fronde, d'après les Mémoires.

3e *Leçon.* — Les dames et les vieux héros dans Corneille et sous Louis XIII.

4e *Leçon.* — Biographies et portraits de Corneille et Racine, très bien préparés par leur caractère et leur vie à peindre ces deux mondes très différents. — Les jeunes premiers dans Racine et sous Louis XIV.

5e *Leçon.* — Le roi dans Racine et Louis XIV. — Les confidents dans Racine et les courtisans sous Louis XIV.

6e *Leçon.* — L'idéal dans Racine et dans la société sous Louis XIV. Deux sortes de talents et d'excellences particulières à ce théâtre et à cette société : 1° l'art de bien parler; 2° l'héroïsme délicat et discret (*Revue des cours littéraires* du 29 juillet 1871).

cruels, parmi cette population d'Oxford si choisie et si cultivée, que la plus cordiale et la plus respectueuse sympathie. Si, au début de la guerre, trompés par les apparences, les Anglais nous avaient attribué l'initiative des hostilités et nous traitaient, en conséquence, avec sévérité, ils étaient revenus à des sentiments plus équitables et tenaient avec soin la balance égale entre nous et nos adversaires; les autorités universitaires d'Oxford en donnèrent une marque de plus lorsqu'elles désignèrent à la fois pour le titre très apprécié de « doctor in jure civili, honoris causa », M. Taine et le chanoine Dœllinger[1]. M. Taine reçut officiellement le grade le 8 juin. Rentré en France quelques jours après, il put enfin s'installer à Châtenay où les siens venaient de rentrer, et il y reprit le cours régulier de sa vie laborieuse et féconde.

A MADAME H. TAINE

Dimanche 19 mars 1871, 10 heures du matin

Depuis la lettre de votre père d'hier au soir[2] la situation s'est fort empirée. — Nous sommes avec votre père au bureau des *Débats*, qui est vide, nous venons de lire tous les journaux, de causer avec diverses personnes. Nous ne savons rien au juste. L'émeute semble

1. Le Chanoine Jean-Joseph-Ignace *Dœllinger*, célèbre théologien bavarois (1799-1890), chef du vieux catholicisme allemand, était alors au plus fort de sa polémique contre le dogme de l'Infaillibilité du Pape et s'était concilié, par l'indépendance de ses idées religieuses, les sympathies très vives des protestants et particulièrement des Anglicans.

2. M. Denuelle annonçait dans cette lettre le début de l'insurrection et l'assasinat des généraux Lecomte et Clément Thomas.

avoir le dessus, beaucoup de soldats ont mis la crosse en l'air. On m'apprend que le Gouvernement de Thiers, etc., vient de retourner à Versailles avec les troupes. — Paris est tranquille dans notre quartier, il a sa physionomie ordinaire; s'il y a des barricades, c'est du côté de Montmartre. Cet événement est désolant, je n'ai pas besoin de vous en dire les conséquences. Le train venant de Tours a été arrêté hier à la gare de Paris; on a fait descendre et on a emmené le général Chanzy[1]; on a visité les wagons, on voulait couper les rails.

Nous vous écrirons ce soir, les événements marchent, et peuvent modifier la situation d'heure en heure.

A MADAME H. TAINE

19 mars, 4 heures du soir

Un Gouvernement nouveau s'est installé à l'Hôtel de Ville, et appelle les citoyens à de nouvelles élections communales. Les noms de ces intrus sont tout à fait inconnus, sauf Assi[2], l'ouvrier meneur du Creusot et Lullier[3], le lieutenant de marine fou. L'Assemblée et tous les ministres sont à Versailles avec des troupes. Aucune nouvelle d'eux; il est probable que les insurgés

1. Le général Chanzy, conduit à la prison de la Santé à travers mille dangers, ne fut élargi que le 25 mars.
2. Assi (Adolphe-Alphonse), membre de la Commune de Paris, né en 1840, mort à Nouméa en 1886.
3. Lullier (Charles-Ernest), 1838-1891.

ont coupé les communications. Je viens de voir le secrétaire général de l'Instruction publique[1], il n'avait reçu aucune instruction de Versailles.

L'infanterie de ligne est très mauvaise, et fraternise tout de suite avec les émeutiers. Nous avons causé avec des gardes nationaux du premier arrondissement, à la Mairie. Ils ne pactisent pas avec l'émeute, mais refusent d'accepter d'Aurelle de Paladines[2], un chef nommé par le Gouvernement, ils veulent élire leur chef. — Il y a connivence ou étourdissement général de ceux qui ne sont pas insurgés. Le siège de Paris a troublé, exalté toutes les têtes.

Barricades à Montmartre et autour de l'Hôtel de Ville; mais tout le reste de la ville, chez nous, les quais, rue Richelieu, rue Lafayette, les boulevards, etc., sont comme à l'ordinaire : gais, animés; marchands, femmes en toilette, enfants, groupes bavards, flâneurs.

J'ai vu quantité de personnes, l'impression est plutôt que ce gouvernement impromptu va s'user, que Montmartre est divisé en plusieurs factions, que les noms affichés sont des comparses indiquant l'hésitation des vrais chefs, Blanqui[3], Flourens[4], peut-être Victor Hugo, Louis Blanc. — Le danger est que les Prussiens qui sont à Saint-Denis ne veuillent entrer.

1. M. Saint-René-Taillandier, de l'Académie française (1817-1879).

2. Le général d'Aurelle de Paladines (1804-1877), le vainqueur de Coulmiers.

3. Blanqui (Louis-Auguste), 1805-1881.

4. Flourens (Gustave), né en 1838, tué à Chatou le 3 avril 1871.

Que fera l'Assemblée? — La conclusion visible, c'est Paris déchu de son titre de capitale et la République perdue; — la droite de l'Assemblée va imposer au Gouvernement une répression violente.

Il faut quarante-huit heures pour que la couleur des choses se décide.

A MADAME H. TAINE

Paris, lundi 20 mars, 1 heure

L'émeute s'est installée à l'Hôtel de Ville et aux ministères. — Elle convoque les électeurs de Paris pour nommer des conseillers, administrateurs municipaux, bref, une commune. — Ils parlent d'un ton doux, accusant beaucoup l'Assemblée et le Pouvoir exécutif, mais leurs projets précis sont inconnus. — Aucune nouvelle instruction n'a été envoyée de Versailles. Libon [1], que nous venons de voir, ne sait rien.

Dans Paris, rien d'inusité; nous venons d'aller boulevard Saint-Denis; on circule et on cause, les boutiques sont ouvertes. La garde nationale et l'armée [2] ont tout à fait lâché pied, et laissent faire. Anarchie tranquille et complète. Les deux gouvernements ont l'air d'avoir peur l'un de l'autre; la Poste a reçu le conseil d'expé-

1. Administrateur des Postes. Voir p. 5.
2. Pour l'armée régulière, il ne s'agit que des soldats : tous les officiers étaient fidèles à la discipline, sauf Rossel.

dier l'*Officiel* qui est depuis ce matin aux mains de l'émeute et porte ses proclamations. — Le gâchis est parfait, c'est une dissolution spontanée de la France. La cause de la situation présente et du succès des émeutiers (tous de l'Internationale), c'est la rancune extraordinaire des Parisiens ignorants et même éclairés contre Trochu, etc., qu'ils considèrent comme des traîtres; l'Assemblée nationale qui les renferme, qui renchérit sur eux, et dont la majorité veut transporter la capitale ailleurs, leur est presque aussi odieuse. — Ils sont dégoûtés de leurs chefs et de tout chef. En ce moment, personne ne semble ici avoir une idée du pouvoir légitime, de l'obéissance; le siège les a rendus fous. Cependant tous les journaux, moins le *Rappel*, le *Patriote*, et quelques autres *ultras*, prêchent pour l'Assemblée.

Plusieurs personnes croient que ce gouvernement d'inconnus va se dissoudre dans le mépris. Moi, je crois à l'emploi de la force, peut-être à une rentrée des Prussiens, aux vivres coupés à Paris, etc.; c'est pourquoi nous nous en allons.

D'ailleurs, le sentiment de notre impuissance et de la *déraison* générale nous désole.

Orsay, lundi 20, soir

Je suis arrivé depuis trois heures; je trouve Orsay fort tranquille et presque sans trace de guerre.

J'ai le cœur mort dans la poitrine; il me semble que je vis parmi des fous et que le gendarme prussien est en route avec sa trique pour les mettre à la raison. J'ai même perdu le sentiment de l'indignation.

A SA MÈRE

Orsay, 21 mars, le matin

Vous savez l'état de Paris : il est désolant, on ne sait ce qui va advenir; aucune nouvelle du Gouvernement de Versailles. La garde nationale et l'armée ont laissé faire, c'est une dissolution complète de tout.

Chevrillon[1] espérait en avoir fini hier avec son ministère, avoir ses papiers signés. Tous les ministères ont été hier matin évacués sur Versailles, je crois donc qu'il va rester à Paris jusqu'à ce que les événements se décident dans un sens ou dans un autre.

Je vais cette après-midi à Châtenay qui devait être évacué aujourd'hui, et ne le sera sans doute pas à cause des événements. — Je ne sais si mon cours ouvrira le 27, comme le journal l'annonçait ; cette révolution est comme un tremblement de terre, on ne sent plus rien de solide, on ne peut plus rien prévoir, ni annoncer.

Je suis bien triste et bien découragé ; je vois l'avenir bien noir, et ce qu'il y a de pis, c'est qu'on ne peut deviner ce qui se cache sous ce noir. La bêtise inouïe de

1. M. Chevrillon, qui avait commandé un bastion pendant le siège de Paris, avait reçu l'ordre de rejoindre, à Brest, le poste qu'il occupait au début de la guerre.

la Garde nationale et la trahison de l'armée nous mettent aux mains des gens du ruisseau.

A MADAME H. TAINE

Orsay, 21 mars, le soir

Je crois que vous savez mieux que moi la situation politique; — aujourd'hui en revenant de Châtenay à la station de Berny, j'ai arrêté une voiture venant de Versailles, et dans le train j'ai causé avec des gens venant de Paris. L'Assemblée tient bon, elle a 50000 à 60000 hommes de troupes, les zouaves pontificaux. — Seine-et-Oise est en état de siège. Les maires et députés de Paris sont pour elle. Elle déclare l'urgence pour la loi sur les élections communales. Il y a des espérances d'arrangement. Beaucoup de gardes nationaux commencent à comprendre qu'ils font une sottise. — Cependant les barricades se multiplient dans Paris, et le désordre est parfait.

Les gardes nationaux jouent au bouchon; plusieurs n'ont pas de pain, et font des quêtes pour acheter du saucisson et une goutte. Ils ont occupé les forts. — En somme, il est possible que, par dégoût et lassitude, ils laissent l'ordre se rétablir. Mais j'espère que l'Assemblée ne fera pas la folie de revenir à Paris; si elle y eût été, l'émeute l'eût prise comme dans une souricière, et tout était perdu.

J'arrive de Châtenay; les Allemands l'ont évacué hier. Les meubles ont été forcés; les livres dans la bibliothèque et dans mon cabinet paraissent intacts, quoique en désordre. Nous avons ouvert toutes les portes et fenêtres pour donner de l'air; je fais acheter du chlore; on en mettra dans toutes les chambres. Le jardinier commence à entasser les ordures : il a un homme pour l'aider; avec un cheval et un tombereau, ils vont transporter dehors tous les détritus. On me dit que tous ces détritus vont être employés dans les champs comme fumier, qu'il y a eu très peu de chevaux et d'hommes enterrés dans le pays. Châtenay se repeuple.

A MADAME H. TAINE

Paris, jeudi 23 mars

J'arrive à Paris et je vais retourner à Orsay.... La ville peut être écrasée par les Prussiens qui, le 21, ont menacé officiellement de la traiter en ennemie. — Je viens de lire les journaux. L'émeute a tiré sur une manifestation inoffensive[1], place Vendôme, tué vingt-deux personnes. Elle prend des allures de Comité de salut public et va essayer de la Terreur.

Madame Barthe[2] est partie avec ses domestiques. Tout le monde fuit.

1. Le 23 mars.
2. Veuve du premier Président de la Cour des Comptes, qui habitait la même maison que M. Denuelle.

Orsay, 24 mars

Je suis allé hier à Paris pour tâcher d'avoir des lettres de vous. Orsay a quarante-huit heures de retard; le service se fait par Palaiseau, Versailles et par piétons.

C'est le désespoir dans l'âme qu'on lit les journaux en ce moment et qu'on voit Paris. Jamais décomposition sociale n'a été si manifeste. La majeure partie des gardes nationaux est, je crois, pour l'Assemblée; mais autour de quel centre peuvent-ils se réunir? Il y a peut-être cinquante mille casse-cou, socialistes, terroristes, gens sans aveu, déclassés de tous genres à trente sous par jour; soldats enrôlés à quarante sous avec la promesse d'un grade, etc. Le sang a coulé, il coulera encore. Personne ne voit une issue; peut-être la meilleure serait un décret de l'Assemblée convoquant les électeurs de Paris pour élire la commission municipale, et les convoquant très vite, car les émeutiers de l'Hôtel de Ville les convoquent pour dimanche. Le centre de Paris (Banque, Bourse, Saint-Germain-l'Auxerrois) est occupé par les bataillons honnêtes, qui défendent leurs mairies et empêchent les insurgés de s'en emparer. Mais ils sont en moindre nombre, et peuvent être enlevés d'un moment à l'autre. — Lullier le fou est nommé commandant général de la garde nationale. Un tel chef peut tout hasarder. Notre quartier est le plus tranquille et sera, je crois, le moins exposé. Libon est à Versailles; peut-être pourrez vous m'écrire par lui. Le chemin de fer vient et va quatre fois par jour de

Paris à Orsay et ne porte pas encore les lettres. Libon devrait nous rendre le service de rétablir la poste par chemin de fer.

A M. ALEXANDRE DENUELLE

Orsay, 25 mars 1871

... M. Guillaume me répond que, sauf envahissement ou interdiction, mon cours aura lieu le lundi 27 à deux heures, que beaucoup de personnes ont déjà demandé des cartes, etc. Je ferai donc ma leçon et j'en suis bien aise ; vous comprenez pourquoi. — Si les troubles continuent, je reviendrai le soir à Orsay, à cause des miens, mais ne leur dites rien de cette leçon ; quoi qu'il n'y ait rien à redouter j'aurais peur qu'on n'en prît alarme.

La poste a ici quarante-huit heures de retard, je ne puis vous rien dire des affaires. — Hier, à l'arrivée du train à six heures, on craignait des violences ; les bataillons honnêtes autour de la Bourse sont menacés par les insurgés. — S'il n'y a pas de coup de main d'ici à dimanche, tant mieux ; on se comptera ce jour-là au scrutin ; il n'y aura qu'une minorité de votants, à moins de falsification des chiffres. Le danger est toujours grand, le comité doit sentir qu'il joue son va-tout.

On a déjà enlevé de notre maison de Châtenay cinq tombereaux d'ordures ; on continue, il y en a encore deux.

Les Allemands avaient trouvé les clefs en forçant le tiroir de votre chambre. Je les y retrouve aujourd'hui et j'ouvre. Tout est presque intact, sauf mes vêtements qu'on a pris.

Je sors de chez l'adjoint Sinet. Des mesures sont prises. Depuis huit jours on travaille à nettoyer l'abattoir encombré, ordre d'enlever toutes les ordures déposées dans les rues pour le 31 mars. On a recouvert de terre épaisse les hommes et les chevaux enterrés çà et là. Je conseille de semer dessus du gazon anglais avec terreau. — Ce soir, nous aurons du chlore. Les odeurs du village ont bien diminué et environ cent habitants sont rentrés. Cela irait plus vite sans les troubles de Paris, qui leur ôtent les conseils et la direction ordinaire venant de l'Hôtel de Ville.

A SA MÈRE

Orsay, 26 mars

La poste entre Paris et Orsay se fait par piétons, quoique le chemin de fer fonctionne, et elle met à cela quarante-huit heures.

Je viens de voir ici diverses personnes qui arrivent hier soir de Paris, et l'une d'elles qui avait causé ce matin avec un député ; M. Thiers ne compte pas sur la fidélité des troupes de Versailles, et, à cause de cela, il n'entreprend rien sur Paris. Il laisse Paris jeter sa fougue, se lasser comme Lyon il y a six mois. Ils espèrent qu'on reviendra ainsi au sens commun. Par malheur, les maires ont cédé hier au Comité des insurgés et appelé aujourd'hui dimanche les habitants aux élections. — Les noms proposés par les journaux rouges sont inouïs. Le danger est qu'un comité de Salut public, une Terreur ne s'établisse à Paris. Alors quelles seront les conséquences?

En tout cas, par la scission, nous sommes toujours au bord de la guerre civile et du massacre. — Tout est arrêté, la Bourse est fermée.

Je suis allé hier à Châtenay, j'ai vu l'adjoint, ils travaillent à l'assainissement; on a enlevé sept tombereaux d'ordures de chez moi. La maison du curé et celle de mon ami le professeur Briot[1] sont ouvertes, abandonnées, ignobles, ce sont des chenils vides.

A MADAME H. TAINE

Dimanche soir, 26 mars, Orsay

Mon chagrin est si profond et mes prévisions sont si tristes que j'aime mieux ne pas en parler. Vous avez assez à supporter sans subir le contre-coup de mes pensées. Pourtant, puisque vous le voulez, voici le second acte; j'attends le troisième, une nouvelle inva-

1. Briot (Charles-Augustin-Albert), mathématicien (1817-1882), entré à l'École Normale en 1838.

sion, un préfet prussien à Paris, et je sais des gens qui l'accepteraient, préférant M. de Moltke à MM. Lullier, Assi et compagnie. — Au 18 mars, l'Europe, après nous avoir raillés comme des écervelés débiles, pouvait nous plaindre à cause de la grandeur de nos maux; maintenant elle a le droit de nous mépriser, et elle en use. Nul sentiment du droit, une vanité exaspérée qui s'en prend aux chefs au lieu de s'en prendre à l'ennemi, Paris aussi fou et aussi vil qu'il a paru héroïque; je dis *paru*; l'opinion de X., que vous connaissez, est celle de mon oncle et des observateurs froids. Il est dur de penser mal de sa patrie; il me semble qu'il s'agit pour moi d'un proche parent, presque d'un père, d'une mère, et qu'après l'avoir jugé incapable, je suis obligé de le trouver grotesque, odieux, bas, absolument incorrigible, et destiné à la prison des malfaiteurs ou au cabanon des fous. — M. Thiers n'ose rien, ne comptant pas sur les troupes; l'amiral Saisset[1] et les maires ont tout accordé; aujourd'hui les gens du ruisseau votent, sont nommés et triomphent; si vous lisiez leurs journaux, la *Nouvelle République*, le *Cri du Peuple*, le *Père Duchêne*! L'Assemblée attend, laisse l'émeute *sfogarsi*, s'éventer à force de désordre et de lassitude. L'instrument de l'ordre, la force armée, est maintenant usé, épointé; c'est un retour à la barbarie et aux hasards des anarchies primitives.

1. Saisset (Jean-Marie-Joseph-Théodore), 1810-1879, avait été nommé commandant supérieur de la Garde Nationale, le 20 mars, par M. Thiers.

Demain à huit heures, je pars pour Paris; j'ajouterai un mot à cette lettre pour vous dire si j'ai parlé devant des bancs vides, ce qui est probable.

27 mars

Environ vingt-cinq personnes au cours, je vais aux *Débats* pour avoir des nouvelles. Je m'ennuie à Orsay, ne pouvant travailler et n'ayant pas de livres. — Si ce n'était la crainte de vous inquiéter, je m'établirais à Paris.

A MADAME H. TAINE

Paris, mardi 28 mars

Aux *Débats*, ils s'attendent à être supprimés et quelques-uns proposent de transporter le journal à Versailles. Ce matin, les rouges couleur Blanqui l'emportent dans dix-sept arrondissements; les trois autres ont élu des anciens adjoints; les journaux du parti triomphant appellent Tirard[1] un réactionnaire! Jugez de la couleur de la nouvelle municipalité. — Hier le drapeau rouge était à la préfecture de police et au ministère de l'intérieur. D'après mes entretiens avec plusieurs personnes bien informées et dont l'une revient de Londres, les menées et l'argent bonapartistes sont pour beaucoup

1. Tirard (Pierre-Emmanuel) député, puis ministre (1827-1893), maire de Paris, deuxième arrondissement; nommé membre de la Commune le 26 mars, il donna sa démission et dut s'enfuir à Versailles.

là-dedans. — Vingt petits faits que j'omets me prouvent que l'assemblée de Versailles ne peut compter sur les troupes qui la gardent. C'est tout au plus si elles la défendraient. Conduites à l'attaque, elles annoncent qu'elles mettraient la crosse en l'air.

... On n'estime pas que la domination du parti exalté puisse durer ici plus de trois semaines. Ils vont être déjà bien embarrassés le 31 pour les paiements du mois. Qu'est-ce qui les remplacera?... L'Assemblée, les Prussiens ou Bonaparte?... Je suis dans un état continu de désespoir sec et de colère muette pour qui toute parole ou écriture est une peine. Hier j'ai cru que je ne pourrais pas desserrer les lèvres pour faire mon cours. Je passe ici la journée, tant j'ai besoin de solitude et de silence. N'ayez pas de crainte, le quartier est tranquille, les omnibus vont; le chemin de fer d'Orsay sera le dernier coupé, et demain matin je le reprendrai. Une dame avec qui j'ai voyagé, ayant le château de Bel-Air à Bièvres, estime les dommages à cent cinquante mille francs; on a pris tous ses tableaux, bijoux, collections d'art, panoplies, vins, linge, et coupé ses arbres par milliers.

A MADAME H. TAINE

28 mars, soir

Toujours la même situation; nous sommes assis dans la boue. Je viens du Journal, nous avons comparé nos renseignements. — Nous connaissons plusieurs des coryphées nouveaux, Bergeret[1], Eudes[2], Assi, Billioray[3], Ranc[4], Tolain[5], Malon[6] Jules Vallès[7], Paschal Grousset[8]; d'autres encore. Des fanatiques étroits, des casse-cou, des ratés, un ou deux filous, des criards de clubs, ce sont là nos chefs. Si le scrutin n'a pas été falsifié, ils ont 150 000 voix. Le principe des électeurs a été celui-ci : « Les hommes célèbres, spéciaux nous ont gouverné aussi mal que possible. Essayons de la méthode inverse, prenons des inconnus ; ils ne feront pas pis. » On calcule qu'avec cinq cent mille francs par jour pour la garde nationale, et les autres dépenses, il leur faut un million par jour. Comment le trouveront-ils? Des assignats, ou des contributions forcées sur le Crédit Foncier, les agents de change, les grands banquiers, les riches, lesdites contributions devant être payées, sous peine d'être fusillé ; c'est le procédé qui a réussi aux Prussiens.

1. Bergeret (H.-J.-M.), né en 1830, commis voyageur, commandant de la place de Paris sous la Commune.
2. Eudes, né en 1843, délégué à la Guerre, ancien garçon pharmacien, avait habité la même maison que M. Taine, rue Bretonvilliers et lui avait fait plusieurs visites.
3. Billioray (Alfred-Édouard), né à Naples en 1840.
4. M. Ranc donna sa démission le 6 avril.
5. M. Tolain ne fit pas partie de la Commune.
6. Malon (Benoit) né en 1841, membre de la Commune, maire du XIe arrondissement.
7. Vallès (Jules-Louis-Joseph), 1832-1885, était également connu de M. Taine qui considéra les trois volumes de *Jacques Vingtras* comme l'un des symptômes les plus inquiétants sur l'état psychologique de nos contemporains.
8. M. Paschal Grousset, né en 1844, fut pendant la Commune délégué aux Relations extérieures.

Que votre père tâche de se procurer leurs journaux; je vous envoie dix lignes de l'*Officiel* sur le duc d'Aumale, qu'on dit à Versailles. Mais les journaux dont se nourrissent les faubourgs sont encore pires.

Rencontré au Journal Hector Malot, Villetard[1], Alloury[2], Bapst[3] qui revient de Versailles. Malot a suivi l'armée de Bourbaki, a eu la petite vérole, nettoie sa maison de Fontenay-sous-Bois. Les soldats de Bourbaki mouraient par tas, épuisés dans la neige.

... Laissons toutes ces horreurs et toutes ces ordures.... Je reviendrai vendredi pour faire mon cours, mais je crois que je ne coucherai plus; après le 31, personne ne sait ce que va faire la Commune pour avoir de l'argent.... Évidemment la politique de M. Thiers est de les laisser se ruiner en nous ruinant. Les gens aisés quittent Paris, repeuplent la campagne ou l'étranger, Boutmy vient de partir pour Genève, M. Bertin, pour Amélie-les-Bains. Mlle Bertin, à Bièvres, a été saccagée, pourtant elle vient de retrouver ses deux pianos dans des fermes ou maisons voisines. — Il est possible que le plan de M. Thiers soit bon; il paraît que les gens du Comité se disputent déjà. Les trois ou quatre honnêtes gens nommés avec eux ont refusé le mandat. Peut-être cela finira-t-il comme à Lyon?

1. Voir tome I, p. 112ⁿ.
2. Ib. II, p. 196.
3. M. Bapst, neveu de M. Édouard Bertin, et qui devint Directeur du *Journal des Débats* après la mort de son oncle.

A MADAME H. TAINE

Jeudi 30, Orsay

Beaucoup de gens reviennent à Châtenay, j'en ai vu une douzaine en redingote et chapeau noir hier, entre autres le maire.

Au lavoir il y avait six ou sept blanchisseuses. Le boucher répare sa boutique et rouvrira bientôt. Sceaux est repeuplé, on peut s'y fournir. — L'Administration des Ponts et Chaussées a envoyé ses agents, il n'y a plus d'exhumations et d'enterrements à nouveau, qu'à Bry, à 2 kilomètres.

Il y a encore bien des ordures dans le village, il faudra longtemps pour que les portes et fenêtres défoncées soient rétablies; mais le 10 avril je compte toujours que Châtenay sera habitable. Hier, chez les sœurs, les habitants venaient reconnaître et emporter les objets transportés et entassés dans la cour. J'ai vu là le maire et l'adjoint, et ouvert l'idée d'une souscription pour nous procurer les chevaux et tombereaux qui manquent (il n'y en a que cinq dans le village). Cette idée a pris, quatre personnes ont déjà donné leur nom, la chose sera présentée aujourd'hui au Conseil municipal; si le 31, malgré l'arrêté, toutes les ordures n'ont pu être évacuées dans les fossés de la grande route, j'espère qu'on appliquera mon idée.

Le Dr Marchandon[1] est absent, j'ai vu son beau-père,

1. Médecin de Sceaux.

notaire, au milieu des débris de son étude, avec un seul menuisier; — on manque d'ouvriers, de bois et même d'outils, à cause des troubles de Paris....

A mon sens, les maisons particulières ne courent pas grand risque d'être pillées à Paris; mais le moment de la crise approche; l'argent va manquer à la Commune; on parlait hier de menaces contre la Banque; il y aura des violences contre les grands établissements de crédit, contre les financiers, les riches; la Commune les forcera à signer des traites, en emmènera plusieurs comme otages; elle va se trouver acculée à des crimes; probablement on compte là-dessus à Versailles, et sur l'indignation qui s'ensuivra.

Chevrillon est à Brest, ayant passé avec peine, un sac de nuit à la main, à travers les insurgés qui arrêtent les militaires à l'embarcadère. Dans Paris les omnibus circulent, on voit des fiacres, c'est aux gares et dans les faubourgs que sont les barricades.

A MADAME H. TAINE

Paris, 31 mars, vendredi matin

... Quant aux nouvelles politiques, la poste passe aux mains de la Commune. Je ne puis plus vous en parler. Voyez les *Débats*, le *Temps*, et, si vous pouvez, les journaux de la Commune, entre autres l'*Officiel* nouveau — les *Débats* en donnent des extraits — cela vous montrera ce qu'on dit à Belleville, Montmartre, et dans les vingt-cinq bataillons de marche que la Commune vient d'organiser, à cinquante sous par homme et par jour. Trois termes de loyer, depuis octobre 70, viennent d'être supprimés par arrêté, et qui veut peut résilier.

En ce moment nous sommes sur un bateau qui fait naufrage, il ne faut songer qu'au sauvetage. Les troupes s'accumulent toujours à Versailles: nous en voyons passer par masses sur la route d'Orsay. Sauf Marseille, l'Assemblée est reconnue par toute la France et aussi par l'étranger. Je vais faire ma leçon et savoir si j'en ferai d'autres. Les deux doyens des facultés de droit et de médecine ont été destitués, et remplacés par Acollas[1] et Naquet[2]; je suppose que M. Guillaume sera remplacé par Courbet. Ce soir à Orsay j'aurai des nouvelles de Versailles, par MM. Flury-Hérard[3] et Pont[4], qui y sont.

Je crois toujours que le pillage des maisons privées n'est pas à craindre. Le danger ce sont des contributions énormes sur tel ou tel pris pour otage.

4 heures. *Journal des Débats*

Les lettres ne partent plus pour la province; la poste à Paris est désorganisée: les trains sont arrêtés entre

1. M. Acollas (Émile), 1826-1891, était absent de Paris lors de cette nomination.
2. M. Naquet (Alfred), chimiste (1834), également absent de Paris.
3. Banquier à Paris.
4. M. Pont, membre de l'Institut, conseiller à la Cour de Cassation (1808-1888).

Paris et Versailles; je crois qu'on ne part plus pour l'Ouest. On parle d'interdire la sortie de Paris; j'ai mon billet d'aller et retour, je puis en tout cas revenir à Orsay.

Les nouvelles que j'apprends changent tout à fait la situation, les événements vont s'aggraver, il est possible que je ne revienne pas lundi à Paris; j'avais quinze personnes à mon cours. Cette lettre vous arrivera quarante-huit heures trop tard, parce qu'elle doit passer par Versailles.

A MADAME H. TAINE

Orsay, 31 mars, soir

Demain peut-être, il se passera un grave événement; il est très probable que les vingt-cinq bataillons de marche de la Commune attaqueront Versailles[1], comptant sur la défection des troupes. Arrivé ici à six heures, j'ai su par MM. Flury et Pont qu'on paraissait ne se douter de rien à Versailles; je suis allé chez le brigadier de gendarmerie qui, j'espère, va faire porter ce soir une lettre de moi à Jules Simon[2]. M. Bréton[3] avait envoyé un homme à Versailles dans l'après-midi; mais les chemins de fer sur Versailles ne partant plus, l'homme était à pied; est-il arrivé? — Enfin, j'espère

1. On sait que l'attaque n'eut lieu que le 2 avril.
2. M. Jules Simon était ministre de l'Instruction publique.
3. M. Louis Bréton, associé de la maison Hachette.

que d'autres avis ont été envoyés, et qu'ils ne se laisseront pas surprendre.

Le Comité n'a plus d'argent, il a volé les caisses des cinq grandes compagnies d'assurance, cent cinquante mille personnes sont parties de Paris, il va jouer son va-tout. J'ai prévenu M. Guillaume, je n'irai pas à Paris lundi si le retour n'est pas sûr. Aujourd'hui déjà il paraît certain que la ligne du Nord est barrée. Le développement de la situation les conduira d'ici à quelques jours à clore Paris et à prendre les riches bourgeois comme otages. Le Crédit Foncier est occupé par eux. — Partout le drapeau rouge; si par malheur ils triomphent demain et chassent l'Assemblée, dans huit jours les Prussiens seront à Paris, et, ce qui est pis, bien accueillis comme libérateurs après une Terreur.

A MADAME H. TAINE

1er avril, Orsay

Je n'ai reçu aujourd'hui aucune lettre; pas de journaux, la poste est toujours arrêtée à Paris. — Nous sommes ici comme dans une boîte fermée, je sais moins de nouvelles que vous. — Je vais à la gare à l'arrivée des trains; j'ai vu aujourd'hui des voyageurs venant de Paris; le chemin de l'Est est fermé; les insurgés ont demandé 10 pour 100 de la recette; refus, alors ils ont occupé la gare; — il est clair qu'en fait d'argent, ils sont aux abois; — du reste faire à Paris une Commune indépendante, c'est essayer de faire vivre une tête sans corps.

Un gendarme a porté mon avis à Versailles; mais il n'y a pas eu d'attaques sérieuses; les insurgés n'ont fait que tâter les troupes et ont laissé deux cents prisonniers.

M. Combes, directeur de l'École des Mines, vient d'arriver ici avec sa fille; M. Pont, M. Flury-Hérard ne vont plus à Paris. — Comme banquier, magistrat, etc., ils sont menacés; on parle de quinze cents personnes arrêtées à Paris comme suspectes. — Je crois de plus en plus qu'ils sont acculés; le sang n'arrive plus à la tête coupée, et alors elle meurt; mais avant de mourir elle peut avoir des convulsions.

Je voulais aller demain à Versailles. Impossible, sauf en faisant quatre lieues à pied. Un omnibus part à sept heures du matin de Jouy-en-Josas, à deux lieues d'ici, un autre de Palaiseau à dix heures, et ne va qu'à Bièvres.

A M. DENUELLE

Orsay, 3 avril 1871, matin

Vous devez avoir des nouvelles avant moi. Cependant voici ce que je sais. Hier, de dix heures à midi, nous entendions les coups de canon et la fusillade. A six heures, à l'arrivée du train de Paris, j'ai eu des renseiguements par deux personnes, l'une venant de Paris, l'autre de Versailles. — Engagement non prévu, insurgés mis en fuite par les feux du mont Valérien, bataillons de la Commune vus entrant en désordre dans les Champs-Élysées. Ils ont mis dix mitrailleuses à Courbevoie, dans l'attente d'une attaque pour aujourd'hui. Le médecin du régiment de gendarmerie a été pris par eux; plusieurs marins blessés étaient ramenés à Versailles dans des voitures. On a fait un assez grand nombre de prisonniers. D'après cela, il semble que le dénouement va se hâter. Les trains du Nord et de l'Est ont recommencé à circuler. Ceux d'Orsay ont circulé hier tout au soir.

Je vais ce matin faire ma leçon à Paris; c'est une question d'honneur; sauf empêchement physique, il faut être à son poste.

J'irai demain m'installer à Châtenay. Il est bon que la maison soit occupée maintenant. Si l'Assemblée a le dessous, ou si la solution tarde, il paraît certain que les Prussiens reprendront leurs anciennes positions. Or, ils ne respectent que ce qui est habité par les propriétaires.

D'ailleurs, ayant des livres, je pourrai travailler.

A MADAME H. TAINE

Orsay, lundi 3, 8 heures du soir

Me voici de retour à Orsay, après avoir fait ma leçon à Paris; M. Flury-Hérard revient de Versailles; j'ai vu diverses personnes, voici le résumé de la journée d'aujourd'hui et de celle d'hier :

Un fort coup de lancette vient d'être donné dans l'abcès. Il n'y a pas eu de défection à Versailles ; à 4 heures aujourd'hui la ville était tranquille, joyeuse et applaudissait les marins qui rentraient. Toute la journée, le canon a grondé vers les hauteurs de Châtillon, à Clamart, et probablement vers le Petit-Bicêtre. Le mont Valérien, qui était à nous, a tiré sur la principale colonne des insurgés, l'a coupée en deux ; la queue s'est enfuie en désordre vers Paris, la tête et la grosse moitié se sont trouvées entre le mont Valérien et Versailles ; à Paris et à Versailles on compte qu'en ce moment elle a mis bas les armes.

J'ai vu les quais, la rue de Rivoli, le boulevard Saint-Michel, d'autres ont vu Montmartre, Charonne, les Champs-Élysées. Partout des gardes nationaux par deux, par trois, quelques-uns portant plusieurs fusils, tous l'air déconfit, et la mine longue. De même sur la gauche du chemin de fer entre Sceaux-Ceinture et Bourg-la-Reine ; ils couraient à la débandade, et beaucoup de femmes avec eux ; ce sont leurs mégères qui les excitent. Une femme est montée en wagon ; elle était venue de Clamart où les boutiques étaient fermées. On se battait vers le moulin de Châtillon ; selon elle les gardes nationaux fuyaient.

Vous aurez des nouvelles des journaux avant cette lettre ; cependant, je vous donne ces détails en manière de confirmation ; je crois maintenant que Paris sera soumis dans huit jours. On parlait de dix mille, trente mille gardes nationaux prisonniers, d'un grand massacre fait par le mont Valérien. Cependant la Commune prodigue les décrets violents; Thiers et les ministres accusés, leurs biens séquestrés, le budget des cultes supprimé, les biens des corporations religieuses confisqués. — Ils s'arrangent de façon à discréditer pour toujours la République. Leurs journaux, notamment la *Montagne*, demandent la guillotine. Cependant les omnibus circulent dans Paris, les chemins de fer fonctionnent, on voit des dames et des enfants dans les rues.

Je ne fais pas de leçon vendredi. J'irai à Châtenay dans quelques jours pour m'y établir.

Aucune lettre de vous depuis trois jours; je sais que pas une lettre n'est arrivée de Versailles, ni de Paris.

A MADAME H. TAINE

Mardi 4, Orsay

Pas de lettre de vous encore; elles sont arrêtées à Paris ou restent à Versailles; écrivez-moi par Libon ou par M. Questel; pour moi, j'espère que mes lettres vous arrivent, le facteur part tous les matins pour Palaiseau, et de là pour Versailles.

Je viens de Châtenay où je ne m'établirai pas avant quelques jours. — Il n'y a de poste ni là, ni à Sceaux. Un facteur envoyé de Versailles stationne depuis quatre jours à Berny attendant des courriers, ils n'arrivent pas, il est les bras ballants. Tout est désorganisé.

A partir d'aujourd'hui, par avis affiché dans les chemins de fer, aucun homme valide ne peut sortir de Paris. On ne délivre plus de billets. Goumy[1], qui avait son aller et retour, a passé à grand'peine et par une complaisance du capitaine du poste de Sceaux-Ceinture. — Naturellement, je n'irai plus à Paris avant le rétablissement de l'ordre.

Les insurgés ont saisi la caisse des pompes funèbres, et reçoivent en son lieu et place. Ils font des visites domiciliaires, et enrôlent de force les gardes nationaux du parti contraire ou tiède. Ils appliquent leurs décrets sur les biens du clergé, et ont saisi la maison des Jésuites, rue des Postes. — Ils ont emprisonné Assi[2] qui voulait traiter avec l'Assemblée. On peut estimer leur armée à cent vingt mille hommes, dont quarante mille résolus. A Versailles quatre-vingt mille hommes au moins, et qui s'accroissent tous les jours, surtout par la rentrée de l'armée de Metz; tous très résolus, très irrités, très *montés*, et disant tout haut aux voyageurs qu'ils vont *taper dur*.

Trois mille cinq cents gardes nationaux prisonniers à Versailles, Flourens tué d'un coup de sabre; Henry[3] et

1. Voir tome II, p. 206.

2. Assi, amené au Dépôt le 1er avril et relâché le 11, devint ensuite directeur du Comité des subsistances. Voir page 64, note, et Maxime du Camp, les *Convulsions de Paris*, I, 108.

3. Henry (Lucien), né vers 1850, chargé par la Commune de l'organisation de l'infanterie.

Duval[1] les généraux improvisés, prisonniers, l'un d'eux fusillé. Leur déroute hier a été complète. A Châtenay, ils se sauvaient jetant leurs fusils qu'on a portés à la Mairie.

Ils ont Vanves, Issy, Montrouge. Ce matin, à 9 heures, ils étaient tout à fait chassés de Châtillon, qu'ils ont canonné toute l'après-midi. Du jardin, à 3 heures, j'entendais les explosions continues et les grincements des mitrailleuses. Je les crois refoulés dans Paris et dans les forts. — Châtenay est à l'abri, mais ce matin leurs obus tombaient sur Robinson, tous les gens de cet endroit ont dû fuir.

Mes renseignements sont sérieux. M. Paul Flury revient de Versailles, Goumy et cinq autres de Paris pour la dernière fois.

J'ai rapporté de Châtenay quelques volumes. Ma vie est bien vide, et j'ai le cœur triste. J'essaie en vain de travailler. J'ébauche en pensée mon futur livre sur la France contemporaine.

A MADAME H. TAINE

Mercredi 5, Orsay

Les lettres manquent toujours : un de mes amis hier à Versailles a vu le bureau encombré; on nous promet

1. Duval (Émile), ouvrier fondeur, né en 1830, membre de la Commission militaire, fusillé le 3 avril.

une distribution prochaine, mais qui peut y compter? Pourvu que les miennes vous arrivent! On n'ose me l'assurer absolument. Demain j'irai à Versailles, à pied s'il le faut, plus probablement en voiture; mon beau-frère me conduira tout à fait, ou jusqu'à Saclé; je trouverai bien un fiacre pour revenir jusqu'à Jouy. — J'irai voir Libon, M. Questel, de Witt[1].

Toute cette journée encore le canon a grondé, et toute la nuit dernière; voilà soixante heures que cela dure; cette après-midi, sur la colline, on entendait surtout des feux de pelotons et des mitrailleuses; il semble que l'affaire est toujours vers Vanves et Châtillon. Selon mes renseignements, les troupes sont pleines de résolution et d'entrain, les insurgés tirent mal leurs grosses pièces, les soldats ne prennent pas même la peine de se garer, et rient. Mais comment, sans artillerie de siège, prendra-t-on les forts et l'enceinte? M. Thiers a attaqué, parce que les Prussiens menaçaient d'entrer; s'ils l'avaient fait, l'Assemblée était à jamais discréditée et la République rouge sanctifiée. On n'emploiera pas la famine, l'arrêt des vivres, car les cent vingt mille furieux de Paris commenceraient par réquisitionner tous les vivres pour eux, et les innocents mourraient de faim. Ils viennent d'ordonner la levée en masse de tous les hommes de 17 à 35 ans; je crains pour votre petit Lucien[2].

Deux cents mégères de Belleville ont voulu partir

1. Voir tome Ier, p. 14.
2. Un jeune élève de M. Denuelle.

hier pour Versailles, le fusil à la main, prétendant que les soldats n'oseraient tirer sur elles; ce sont les folies de 93. Hors de l'équilibre ordinaire, le Français perd la tête; il ne sait pas supporter l'excès de l'attente, de l'excitation ou du malheur. De là le 18 mars. — Trilhe[1] qui est ici et avec qui je partirai demain peut-être pour Versailles, dit que son bataillon, le 9e, passait pour réactionnaire et était appelé le bataillon des bottes vernies. Beaucoup d'hommes de ce bataillon ont été pour les insurgés le 18 mars, et huit jours après s'en lamentaient devant lui.

Presque tous les hommes avec qui je cause ont été au siège; l'impression générale est toujours la même. Les Parisiens, exaltés par les phrases de leurs journaux et par la vanité foncière, se sont persuadés qu'ils pouvaient non seulement se défendre, mais écraser les Allemands; ils ont succombé, donc ils ont été trahis par leurs chefs. Impossible de les faire sortir de ce raisonnement. Quant à l'insurrection actuelle, elle est au fond socialiste. « Le patron, le bourgeois nous exploite, il faut le supprimer. Il n'y a pas de supériorité, ni de spécialité. Moi, ouvrier, je suis capable, si je veux, d'être chef d'entreprise, magistrat, général. Par une belle chance, nous avons les fusils, usons-en, et établissons une République où des ouvriers comme nous soient ministres et présidents. » En ce moment, ils persistent parce qu'ils sentent que, s'ils sont vaincus, Cayenne est

1 Architecte, ami de M. Taine.

là. Ils ont avec eux beaucoup d'étrangers, Italiens, Anglais, Allemands même et autres affiliés de la Jacquerie universelle.

Châtenay hier était bien triste; il faudra bien du temps, bien de l'argent qu'on n'a pas, pour réparer ces pauvres maisons. Quelle misère! Et les bois sont si beaux, pleins de fleurs bleues, d'anémones, les bouleaux sont déjà verts!

Le canon a cessé de tirer ce soir à 4 heures et demie.

Le chemin de fer d'Orsay ne va plus, je ne sais quand e pourrai retourner à Châtenay.

A MADAME H. TAINE

Jeudi 6 avril, Orsay

A Versailles, Libon m'a dit que toutes les lettres de province faisaient encore un monceau dans une chambre encombrée, et qu'on ne pourrait rien avoir avant deux jours au moins. Aujourd'hui nous sommes partis à trois dans une voiture empruntée, avec une rosse. J'ai déjeuné chez M. Questel, vu Libon, passé deux heures avec Guillaume Guizot, rencontré Levasseur l'économiste, du Mesnil, le chef de division, et Saint-René-Taillandier de l'Instruction publique; en outre diverses personnes. — Vous aurez lu, avant de recevoir cette lettre, la dépêche de Thiers affichée à 4 heures. L'ordre rétabli à Marseille, troublé à Limoges, mais ce dernier accident est peu important. On estime à soixante-dix mille hommes les troupes de Versailles; excellent esprit, les municipaux et sergents de ville sur la place d'armes ont la plus belle tenue. En causant avec un artilleur, je lui dis que les insurgés sont les Prussiens de l'intérieur : « C'est bien pis, monsieur ». Des troupes arrivent de tous côtés, entre autres la garnison de Bitche[1]. — Le chemin de fer de l'Ouest est encombré d'artillerie, je vois défiler de grosses pièces de 12 et de 24, et des quantités de mitrailleuses. Campements, tentes, chevaux, soldats partout et sur la route jusqu'à Jouy. Versailles entier ressemble au boulevard Montmartre un beau dimanche : on s'étouffe aux restaurants et aux cafés. — Confiance complète chez tous (les dépêches de Thiers sont exactes, très légèrement chargées en beau). Libon, autrefois optimiste, voit maintenant en noir, et pense qu'on n'aura pas fini avant un mois. Mais il est seul de cette opinion. — Mes amis comptent sur des divisions à Paris, le bruit courait que Delescluze[2] avait coffré tous les autres et s'était proclamé dictateur. J'ai appris sous main qu'une manœuvre *particulière* allait jouer pour provoquer à Paris des défections. Les insurgés jouent le jeu extrême, ont arrêté M. de Guerry[3] et l'archevêque[4], pillé le

1. Bombardée dès le 10 septembre 1870, la petite forteresse de Bitche tint tête aux envahisseurs jusqu'à la paix.

2. Delescluze (Louis-Charles), membre de la Commune, né en 1809, tué le 26 mai 1871.

3. Curé de la Madeleine, né en 1797, fusillé par les insurgés le 27 mai.

4. Mgr Darboy (Georges), né en 1813, fusillé le 27 mai.

collège Rollin, demandent le pillage des maisons de Favre, Picard, Thiers (Rochefort, dans le *Mot d'ordre*). Mais le désordre est grand chez eux. Levasseur, à Neuilly, a rencontré les gardes nationaux bivouaquant depuis quatre jours, sans tentes, sans avoir été relevés. Leurs régiments ont des chassepots, des tabatières, des fusils à pistons, de sorte que lorsqu'on leur envoie des cartouches, celles qui vont aux uns ne vont pas aux autres. S'ils ne se divisent pas, ils pourront tenir assez longtemps, car il faudra beaucoup de grosse artillerie pour prendre les forts, l'enceinte, et fournir par une occupation partielle un point de ralliement aux honnêtes gens.

Demain, je vous conterai au long ma conversation politique avec Guillaume Guizot ; il y a des possibilités de fusion et de légitimité libérale acceptée par les Orléans.

On sort de Paris moyennant deux francs pour un laisser passer, c'est une mesure fiscale. Un seul chemin de fer fonctionne, le Nord, par ordre des Prussiens. Personne n'a pu me dire avec certitude si M. Thiers a versé les cinq cents millions aux Prussiens ; — très probablement les titres déposés à la Banque ont été évacués — les caisses des banquiers sont menacées à Paris.

Madame About est à Saverne avec ses enfants, About est à Versailles ; il a quitté le *Soir* ; il va tous les soirs chez M. Thiers, il veut être préfet ou ambassadeur, même en Perse.

M. Questel sortait, appelé par M. Thiers pour trouver un logement à Mac-Mahon.

A MADAME H. TAINE

Vendredi 7. Orsay

Canonnade aujourd'hui encore dans le lointain, probablement du côté d'Issy et Vanves; — pas un journal ici; nous sommes au fond d'un trou; ce serait à vous à me donner des nouvelles politiques. Le ciel est d'une pureté admirable, et sa beauté semble une ironie. Laissons ces idées trop tristes, voici l'abrégé de la conversation que je vous promettais hier.

Des députés légitimistes[1] sont allés récemment trouver le prince de Joinville, et le sonder sur ses dispositions. Il a répondu ces propres mots : « Si j'avais entre les mains la couronne de France et devant moi le comte de Paris avec le duc de Bordeaux, je mettrais la couronne sur la tête du duc de Bordeaux. » Le duc d'Aumale a approuvé. Ils ont ajouté : « Ceci est notre opinion personnelle ; mais nous ne sommes pas les maîtres de notre parti ; il ne nous obéit pas par principes comme le parti légitimiste. Nous ne pouvons que lui indiquer nos préférences. »

Actuellement, on s'en tient au programme de M. Thiers : rester d'accord, réorganiser, payer les Allemands, remettre la France sur ses pieds, ne point se battre ou s'engager pour une forme quelconque de gouvernement. Les républicains modérés admettent eux-mêmes cet

1. Voir les *Souvenirs politiques* du Vicomte de Meaux.

atermoiement. Louis Blanc ayant proposé à la gauche de demander la reconnaissance définitive de la République a rencontré une opposition décidée, même de la part du colonel Langlois[1]. L'impression est que la Chambre est plus d'accord qu'à Bordeaux, les députés s'étant pratiqués les uns les autres, et étant débarrassés des rouges violents. L'impression est encore que la Chambre actuelle est moins réactionnaire que la province; les députés reçoivent tous les jours des lettres d'avis et même de reproches de leurs commettants qui les blâment de ne pas réprimer plus énergiquement les idées démocratiques. — Les légitimistes notamment, en venant à Versailles, en causant, en lisant, en subissant le voisinage de Paris, se sont modérés, voient mieux les nécessités, sont plus politiques. Presque tous veulent les libertés les plus étendues; — les fusionnistes essayent de faire prévaloir le compromis suivant : Faire toutes les grandes lois essentielles, loi électorale, municipale, etc., puis, l'édifice construit, mettre la clef de voûte, Henri V, appuyé sur tous les Orléans ses héritiers, ministres, et principaux officiers; au besoin et pour donner plus d'autorité à ce choix, se dissoudre, convoquer une nouvelle chambre *ad hoc*, afin qu'il soit bien entendu que la nation est avertie. Comme Constitution deux Chambres, la haute élue, non héréditaire, choisie par, ou dans, les grands intérêts et les grandes corporations, université, clergé, armée, magistrature, Institut, chambres de commerce,

1. Langlois (Amédée-Jérôme) ancien officier de marine, 1819-1902, député de la Seine.

conseils généraux. La première Chambre ne devant avoir que cinq cents membres, les deux cent cinquante places de la seconde offriraient l'espérance d'un siège aux députés non réélus. — Mon objection est toujours l'éducation cléricale, absolutiste, autrichienne du duc de Bordeaux. On me répond qu'on l'enchaînerait par les grandes lois préalables et par la collaboration des Orléans. On ajoute qu'en présence d'une proposition pareille, il accepterait. Le fond du raisonnement est celui-ci : il y a quatre partis en France, il en faut au moins deux ensemble pour empêcher la démagogie et les Bonaparte, la dictature d'en bas ou d'en haut. Je vous conte là tout ce que j'ai pu savoir d'intéressant, j'ai si peu de chose !

J'irai encore un de ces jours à Versailles par le même moyen, peut-être aussi à Châtenay, mais à pied, car je n'aurai par là aucune voiture.

A MADAME H. TAINE

Orsay, 8 avril, Samedi-Saint

Je suis allé aujourd'hui et hier en voiture avec Letorsay ; la campagne est charmante, fine, d'une verdure délicate et pointante sous le plus doux soleil. Mais on entend le canon qui n'a cessé que deux heures aujourd'hui, et cela m'empêche de sentir les choses les plus belles. Je ne les vois que physiquement avec les yeux de la tête. — Probablement, j'irai après-demain lundi, si j'en trouve le moyen, à Versailles. Goumy a dû en revenir aujourd'hui; demain matin j'irai lui demander des nouvelles.

Conversation aujourd'hui avec un professeur de sciences et un vieux peintre. Ils sont tous les deux favorables ou presque favorables aux insurgés. — Cela me confond toujours; on ne comprend pas qu'un homme intelligent ait une si faible notion du droit et de la justice. Après avoir dirigé avec soin la conversation, j'arrive aux conclusions suivantes : 1° Un des grands principes de cette opinion est l'amour-propre. Le peintre me disait : « Je ne veux obéir à personne, personne n'a droit de me commander, ni roi, ni magistrat, ni assemblée; nos députés ne sont que nos serviteurs. » — En 1848, les journaux violents disaient au peuple que les députés n'étaient que ses commis.

2° Dans les matières un peu difficiles, comme les questions de gouvernement, de société, de constitution politique, l'intelligence moyenne du Français est insuffisante ; il est borné, il se paie de mots, il se croit compétent, et ne voit pas même que la question est délicate, abstruse. Et à défaut d'intelligence suffisante, il n'a pas l'instinct de l'Anglais ou en général de l'homme du Nord.

Visite à M. Foissac, le vieux médecin catholique, homme du monde, ami de M. Thiers. Il me prête un Corneille; je prépare mes *lectures* pour Oxford.

Je n'irai pas de quelque temps à Châtenay, faute de

moyens de transport. Par prudence, à cause du voisinage de la canonnade, je n'y veux pas coucher. Si les insurgés réquisitionnent, ils n'y trouveront pas grand'chose. Les dégâts des Prussiens dans le village et aux environs y sont trop nombreux et trop visibles, mais le jardin est intact.

A MADAME H. TAINE

Orsay, dimanche de Pâques, 9 avril

Je ne suis pas allé à Châtenay depuis mardi 4, je n'irai pas avant que l'ordre ne soit rétabli. Il paraît que dans ces derniers jours les insurgés ont parcouru les environs de Sceaux en faisant des réquisitions et en enrôlant de force les hommes valides ; peut-être est-il arrivé malheur à Félix ou à Gilbert[1] ; mais je n'ai aucun moyen de m'en informer.

M. Vavin[2] est venu me voir ce matin, il arrivait de Versailles, il m'a apporté un journal de ce matin même. Il est liquidateur de la liste civile et habite Versailles. Selon lui, nos troupes sont tout près de la porte Maillot : peut-être aujourd'hui la terrible canonnade de ce matin indiquait qu'on prenait le pont d'Asnières. Il pense que la semaine prochaine, peut-être avant diman-

1. Le jardinier et le valet de chambre de M. Denuelle.
2. M. Hippolyte Vavin dont la mère habitait Orsay. Son père avait, après 1848, liquidé de même la liste civile du roi.

che, nous serons dans l'enceinte. Reste à savoir s'il ne faudra pas faire le siège de Belleville, Montmartre, etc., et recommencer les journées de Juin à l'intérieur. Ce qu'il y a d'horrible, c'est que des gens comme Élisée Reclus[1] de la *Revue des Deux Mondes* sont parmi les insurgés. Reclus a été pris avec son frère. Delescluze, à Paris, est de fait dictateur. Les troubles de Limoges sont apaisés. — Je pense que la soumission de Paris n'est plus qu'une affaire de temps — les troupes sont pleines d'entrain. M. Vavin, qui était au siège, dit qu'elles ne sont pas reconnaissables. On a du gros canon.

D'après les pièces de la liste civile, la princesse Mathilde est tout à fait intègre, elle refusait des présents, des vases de Sèvres, disant qu'elle ne voulait avoir chez elle aucun objet qu'elle n'eût payé de son argent. Le prince Napoléon payait ses employés et fournisseurs, mais il était tire-liard et accapareur comme un Italien.

Paris repris, il va y avoir une curée de places ; il est si désagréable d'y prendre part ! Combien je préfère la vie économe et indépendante !

A SA MÈRE

Tours, 17 avril

Je suis arrivé à Tours, le 11 avril. Une occasion m'a conduit d'Orsay à Montléry-Saint-Michel. J'espérais

1. M. Élisée Reclus avait été fait prisonnier le 5 avril, à Châtillon.

pouvoir m'installer avec ma famille à Châtenay : mais les obus pleuvent aux environs, à Fontenay, à Sceaux, à Robinson, et on a dû mettre là des troupes, pour empêcher les réquisitions des insurgés. Je suis donc chassé provisoirement de tous mes domiciles, à Paris et à la campagne. — Tout le monde fuit Paris où l'on enrôle les gens de force, et où les bombes tombent dru. Voyez le *Gaulois*, le *Soir*, l'*Officiel de Versailles*, la *Gazette de France*; ce sont les seuls journaux de Versailles. Les *Débats* et autres, à Paris, ont été supprimés.

J'ai fait ma dernière leçon le 3. Je crois que ce sera la fin du cours pour cette année; je ferai plus long celui de l'an prochain; je vais préparer mes conférences pour Oxford. Inutile et en danger à Paris et à Châtenay, je suis venu passer quelques jours ici.

Je suis loin de penser que les choses soient finies dans une semaine. Le général commandant de l'École polytechnique[1] me disait aujourd'hui que les forts du Sud ne peuvent être pris avant d'avoir été écrasés par l'artillerie. On n'en est pas encore là, on compte surtout sur une défection, sur l'achat d'une porte — et même alors, il y aura une terrible bataille dans Paris; les insurgés ont des chefs très résolus, deux entre autres capables, Rossel[2] et Dombrowski[3]; ils ont eu

1. Le Général Riffault (Just-Frédéric), 1814-1885.
2. Rossel (Louis), ancien élève de l'École polytechnique, délégué à la guerre, fusillé à Satory, le 28 novembre 1871.
3. Dombrowski, commandant la première armée de la Commune, tué le 23 mai 1871.

le temps de faire tous leurs préparatifs; ils ont toutes les munitions nécessaires, ils sentent que leur tête est en jeu, et le pillage des maisons riches entretient les appétits. — A vrai dire, on ne peut rien prévoir de la situation où nous serons dans un mois. — J'ai écrit à M. Vavin, à Versailles, pour avoir des renseignements autres que ceux des journaux. Je ne lis que le *Gaulois*.

A SA MÈRE

Tours, 20 avril

Nous resterons ici plus longtemps que je ne croyais. Les personnes qui viennent de Versailles et les lettres qui nous arrivent disent que l'insurrection ne sera pas de sitôt vaincue. Le gouvernement diffère pour ne pas faire trop de ruines et faire couler trop de sang; contre 100000 hommes armés, tout à fait fous, et munis de toutes les ressources militaires entassées par le siège, il faudrait une bataille terrible dont le succès serait peut-être incertain. Les lettres de Libon à sa mère sont dans ce sens et fort tristes. — Je retournerais tout de suite à Châtenay, si les forts du Sud et les Hautes-Bruyères étaient aux mains de nos troupes, mais en ce moment les bombes tombent sur Sceaux et Fontenay. Je travaille à la Bibliothèque avec des livres qu'on me prête pour mon cours d'Oxford, je lis beaucoup et copie les textes nécessaires.

J'ai rencontré ici un aimable homme, un philologue que j'avais vu à Paris, M. Brachet[1], qui a été le condisciple de Rossel à la Flèche, et le peint comme extrêmement dangereux. — Les avis venus de Versailles disent qu'on ne pourra guère voir l'ordre rétabli avant six semaines.

M. Vavin m'écrit de Versailles que les dépêches de M. Thiers sont sincères, que nos troupes tiennent bien, que la prise de Paris n'est qu'une affaire de temps. Autre lettre de M. Lameire, à Paris, disant que les cours de l'École des Beaux-Arts sont suspendus.

A SA MÈRE

Tours, 30 avril

Je suis bien content que personne de notre famille ne soit plus à Paris ; c'est un pandémonium ; la mère d'une dame qui est ici, sortant de chez elle ces jours-ci en robe très simple, a été apostrophée dans la rue par une mégère : « A bas les aristocrates en toilette ; on vous mettra bientôt à bas. »

Il y en a bien encore pour un mois ; j'espère que nos troupes seront entrées d'ici là ; mais la résistance continuera dans l'intérieur de Paris, et que de ruines ! Je n'ai aucun renseignement précis ni particulier à vous

1. Brachet (Auguste), 1844-1898.

envoyer ; les lettres de M. Libon sont toujours fort sombres. Ce qui est sûr, c'est que les troupes sont nombreuses et bien disposées (cent cinquante mille hommes environ), que les dépêches de M. Thiers sont à peu près vraies. Je ne pense pas que les insurgés aient plus de quarante mille hommes disposés à se battre, les autres marchent par force ; mais leurs chefs sont des fanatiques, des étrangers cosmopolites, des coquins qui risquent tout pour faire la Jacquerie universelle. — Le *Français*, le *Gaulois*, que tu lis, vous diront ce que je sais. Nous sommes un peu inquiets pour nos appartements, que la Commune menace de faire occuper ; nous avons écrit par Libon à M. Lameire pour installer chez nous au besoin les ouvriers de mon beau-père. Mais il faut avant tout se préparer, se résigner, et patienter.

J'ai préparé une bonne partie du cours d'Oxford ; la bibliothèque ici m'a été très utile. Néanmoins ce n'est pas sans quelque appréhension que je vais professer en français devant des Anglais ; un auditoire inconnu et qui sait médiocrement la langue ne comprendra peut-être pas très bien les nuances que j'aurai à lui indiquer.

Nous esquissons des projets vagues ; si les fortifications de Paris sont développées, si on bâtit un fort à Châtillon, Châtenay ne sera plus habitable. Nous pensons toujours à nous établir dans quelque province lointaine, près de la Suisse, pour vivre tranquilles, sauf à revenir quelques mois par an à Paris. Si je vis en

Suisse ou près de la Suisse, je pourrai faire un cours à Genève, en tout cas écrire chez moi.

A SA MÈRE

Tours, 5 mai

Nous avons reçu aujourd'hui deux lettres de Châtenay et de Paris : il y a douze gendarmes dans notre petite maison de Châtenay, avec deux femmes de gendarmes et douze chevaux.

Le jardinier dit qu'ils ont ordre de ne faire aucun dégât ; le village est une sorte de quartier général. — A Paris ordre à tous les locataires absents ou non de payer les contributions de 1870 et 1871.

D'après une personne arrivant de Paris, il y a vingt-cinq mille gardes nationaux décidés à tout et à se faire tuer. Rossel, le délégué de la guerre, est un bon officier, très capable et tout à fait enragé. Mais il y a encore de l'ordre dans Paris, il ne s'y fait pas de pillage, ni d'extorsions privées. — D'après les dépêches, voilà nos troupes maîtresses du Moulin-Sacquet, cela promet bientôt la prise des Hautes-Bruyères qui est l'endroit d'où l'on peut mieux tirer sur Châtenay. Il est possible qu'en ce cas j'y retourne tout de suite pour voir à la maison et tâcher de faire venir mes vêtements de Paris[1].

1. Pour son voyage en Angleterre.

Mais on ne peut rien prévoir ni décider d'avance. Sauf accident, je compte toujours partir vers le 20 pour Oxford; cependant les choses peuvent tourner de telle sorte que je m'excuse et remette ce cours au mois de novembre.

Je t'avoue que cette incertitude me rend triste, j'ai peine à me secouer; je lis à la Bibliothèque, je me suis fait quelques relations; mais l'anxiété et le chagrin sont toujours là. — Je mange et dors bien, mais ma barbe a grisonné; je voudrais avoir dix ans de moins maintenant que j'ai une famille et que l'avenir est si obscur. — Enfin il faut se résigner.

Renan, sa femme, ses enfants, sa belle-mère sont encore à Paris, bien inquiets, mais pas trop inquiétés.

Le général de l'École polytechnique m'a proposé de faire aux élèves quelques leçons, mais c'est une pure corvée que je n'accepte pas. — M. Joseph Bertrand[1] part après-demain et m'écrira de Versailles. M. Vavin, qui s'y trouve, m'a écrit deux fois; on peut croire à peu près aux dépêches. Mais l'ordre ne sera pas rétabli avant la fin de mai.

1. M. Bertrand était venu à Tours faire son cours aux élèves de l'École polytechnique.

A M. MAX MÜLLER

Tours, 10 mai 1871

Monsieur

Je compte partir pour Oxford vers le 19 du présent mois; mais, dans le trouble où sont les divers services des chemins de fer, je ne puis fixer avec une précision parfaite le jour de mon arrivée. Je vous serais très obligé si vous vouliez bien prévenir MM. les curateurs de l'Institut Taylor, et me dire si nul obstacle ne s'oppose à l'ouverture du cours.

Les troubles de Paris ont traversé mes projets, et m'ont empêché de vous écrire plus tôt. J'ai fait mes leçons à l'École des Beaux-Arts jusqu'au dernier moment, et à la fin j'ai rejoint ma famille à Tours. Là, après quelques difficultés, j'ai pu réunir les matériaux nécessaires pour les *lectures* que je dois donner à Oxford.

La préparation est maintenant presque complète, et je n'ai plus qu'à risquer l'expérience. Je souhaite qu'elle soit heureuse, et j'attache le plus grand prix aux renseignements que vous avez bien voulu me donner à ce sujet. Pour ce qui est du logement et de la vie matérielle, vous m'avez offert votre entremise, et vous pouvez mieux que moi décider ce qui est convenable. Mes goûts, aussi bien que les circonstances présentes, me font préférer un train de vie simple, et tout à fait ordinaire. Quand j'étais à Londres, je louais deux chambres et mon hôtesse me faisait mon déjeuner. Mais, en ceci comme dans le reste, vous êtes mon guide, et je ne puis en souhaiter de meilleur.

D'après les dernières nouvelles, il me paraît probable que vers le 20 mai, nos troupes seront dans l'enceinte de Paris, et que les insurgés seront confinés derrière leurs barricades. Mon beau-père qui est ici prendra soin des miens, et les ramènera dans notre maison de campagne. Je me crois donc tout à fait libre. Cependant, dans un désordre si extraordinaire, on ne peut tout prévoir, et si quelque incident, quelque malheur suprême, quelque nécessité subite venait me surprendre au dernier moment, je vous écrirais, et je compterais sur l'indulgence du Comité pour m'excuser.

Agréez, je vous prie, monsieur, l'assurance de toute ma considération et de tout mon dévouement.

A MADAME CHEVRILLON

Tours, 11 mai

J'ai écrit hier en Angleterre, pour dire que je partirai dans huit ou dix jours pour Oxford. La chose est plus difficile que je ne le croyais. Tous les trains sont désorganisés et incertains. Je ne puis obtenir un renseignement précis. Après avoir étudié l'indicateur et causé avec le directeur de la poste, je crois que le plus court est d'aller à Versailles, de là par la diligence à Poissy, de là par Rouen et Dieppe à Newhaven. J'écris au directeur des bateaux à Dieppe, pour savoir si son service fonctionne toujours. Les lettres mettent près de quatre jours entre Londres et Tours.

Les bombes des Hautes-Bruyères tombent en plein sur Antony où notre parent Cadet de Vaux[1] est en garnison.

Chevrillon est plus à même que moi de te dire les suites de la prise du fort d'Issy. Le général de Courson[2] disait hier que cela était décisif, que les révoltés seraient bientôt forcés de se rendre à merci.

A M. MAX MÜLLER

Tours, 15 mai 1871

Monsieur,

Je reçois en ce moment votre lettre si obligeante du 13 mai. Deux jours après l'avoir écrite, vous avez dû en recevoir une seconde de moi. Je vous mandais que j'avançais mon départ, et que je serais à Oxford le 21, afin de commencer le lundi 22. Je vois que l'époque de

1. Le commandant Maurice Cadet de Vaux.
2. Le général de Courson de Villeneuve commandait à Blois. Le fort d'Issy était tombé entre les mains des troupes régulières le 9 mai.

l'ouverture a été reculée au 26; j'accepte parfaitement la liste des jours et des heures que vous m'envoyez, du 26 mai au 9 juin.

Comme j'ai préparé sept leçons au lieu de six, je pourrais en faire une de plus le lundi 29 mai, si ce jour n'est pas jour de fête ou de vacances; là-dessus, le comité décidera.

Je partirai plusieurs jours d'avance afin d'arriver au jour dit : j'espère qu'en raison des circonstances, vos collègues et vous, vous voudrez bien excuser ces incertitudes et ces délais de correspondance. Quand il faut ramasser à droite et à gauche ses notes, ses habits, ses papiers et jusqu'à ses renseignements de voyage, la situation est grotesque. Par malheur ce grotesque est un effet du tragique.

Votre hospitalité est tout à fait anglaise, et c'est là le mot le plus fort que je puisse employer. Mais je ne voudrais pas en abuser, et je pense qu'un *lodging* de deux chambres serait préférable. J'irai donc chez vous au sortir du chemin de fer pour y demander l'adresse du logement que vous m'offrez de retenir pour moi.

Je pense être à Londres le 20 ou le 21. Si vous aviez quelque communication à me faire, je vous prierai de me l'envoyer chez M. Haye, 5, Hare Court, Temple, en indiquant sur l'adresse qu'il doit garder la lettre jusqu'à ce que je vienne la prendre. M. Haye traduit en ce moment mon traité de l'*Intelligence*; j'irai le voir en arrivant.

Agréez encore une fois, Monsieur, les sentiments de

gratitude et de parfaite considération avec lesquels je suis votre dévoué serviteur.

A MADAME H. TAINE

Orsay, 17 mai, 5 heures

J'ai trouvé ma mère[1] au Mans en bonne santé, et je crois que je lui ai été utile. — Attente de neuf heures et demie à deux heures et demie du matin, au Mans, trois visites de passeports sur la route. — Arrivée à huit heures un quart du matin, bagages délivrés à neuf heures à cause de la concurrence de la marée. Visite chez Libon qui me gardera probablement une place vendredi dans la malle de Versailles-Saint-Denis.

En cabriolet par Villacoublay; jusqu'à la grande descente à une lieue de Châtenay, les arbres de la route sont coupés et les traces de la guerre nombreuses; mais, à partir de là, presque tout est réparé. Plus d'ordures à Châtenay, on a travaillé et réparé énormément depuis six semaines; on a refait des portes, des volets, remis des vitres; le village ressemble beaucoup à celui que vous avez vu avant la guerre. Le clocher est achevé, ardoisé, nulle part on ne trouve de mauvaise odeur, les marchands et habitants sont nombreux, on se fournit sur place. Les gazons ont repoussé presque partout, la

1. Madame Taine revenait de Brest où elle avait passé chez sa fille, madame Chevrillon, le temps du siège et de la Commune.

grande prairie est haute de deux pieds, luxuriante de folle avoine; tous les arbres sont verts ou en fleurs, l'air embaumé. — J'ai vu le général, ses officiers, le lieutenant de gendarmerie; j'ai été fort poli, ils ont été plus que courtois. — Vous aurez la maison quand il vous plaira; mais il faudrait les prévenir plusieurs jours à l'avance. J'ai dit (sans en être sûr), que vous reviendriez vers la fin du mois; ils espèrent être dans Paris avant ce moment; ils peuvent recevoir un ordre d'un moment à l'autre, et décamper en une heure; une fois l'enceinte forcée, il est probable qu'ils quitteront le village sur le champ. A Versailles, Renan et M. du Mesnil, chef de division de l'Instruction publique, disent que dans l'opinion des généraux l'enceinte sera forcée vers dimanche prochain. Aucun obus n'est tombé sur Châtenay, ils ne dépassent pas Sceaux et Robinson, la vie dans notre petit village paraît toute tranquille; l'air est si bon, la campagne à l'entour jusqu'à Massy a été si bien nettoyée et travaillée, que je me croyais reporté à l'an dernier.

Le général dit qu'il n'a connaissance d'aucun foyer d'infection nouveau, que depuis deux mois la commune a été très assainie, notamment par les soins du Conseil municipal qui a beaucoup dépensé, que ses hommes logés dans la maison Grellou, où les Prussiens avaient mis leurs varioleux, se portent parfaitement bien. Il est heureux que la gendarmerie et le général se soient logés chez nous, cela nous épargne un parc d'artillerie comme chez M. de Lafaulotte, etc. Les gendarmes et soldats sont soigneux, chez nous, les officiers y tiennent la main. — Chevaux dans l'orangerie et l'écurie, gendarmes dans la petite maison, dans le fruitier et la chambre du cocher. Général, officiers et aumônier chez nous. Un des officiers a été reçu par moi à Saint-Cyr.

Priez M. Brachet de dire à M. Mouchot[1] que j'ai parlé de son invention et de son grand mérite à M. du Mesnil, qui, avec beaucoup d'empressement, a promis d'en prendre note en rentrant dans ses bureaux.

A MADAME H. TAINE

Orsay, jeudi 18 mai

Je mettrai cette lettre demain à la poste de Versailles ; je compte trouver une place dans l'une des deux voitures qui passent, mais qui n'en assurent pas ; si j'ai quelques faits intéressants, je prendrai un moment chez Libon pour vous les mander.

Hier, nous avons été alarmés par une terrible explosion lointaine, le bruit courait ce matin que c'était le fort de Vanves avec nos soldats; c'est une poudrière des insurgés du côté du Trocadéro ; que doit devenir l'hô-

1. M. Mouchot, professeur de physique au lycée de Tours, avait inventé un système de miroirs pour concentrer les rayons solaires, qui pouvait rendre de grands services en Afrique. M. Taine le mit en rapport avec M. Joseph Bertrand qui s'occupa de son invention avec beaucoup de zèle; elle fut, croyons-nous, expérimentée en Égypte.

tel de Madame Seillière? Et votre Hélène[1]? Les obus tombent en haut du boulevard Malesherbes; avez-vous de ses nouvelles?

Le général Coffinières[2] disait ces jours-ci à M. Gouny qu'on compte forcer l'enceinte vers samedi prochain, et il y aura trois brèches. Le *Temps* estime qu'il n'y a guère plus de vingt-cinq mille insurgés résolus et aux remparts.

Ce matin, j'ai réfléchi à mon travail de l'été, et j'incline presque décidément à faire la *France contemporaine*. Je vous en dirai toutes les raisons au retour. Si j'entre bien dans le sujet, cet été compensera notre triste hiver.

L'effet de la lettre[3] du comte de Chambord a été mauvais; il est trop suranné et clérical.

A MADAME H. TAINE

Versailles, 19 mai

En toute hâte de chez Renan, je pars dans une demi-heure.

Ce qui a sauté avant-hier, c'est la poudrière avenue Rapp. Deux ou trois maisons se sont effondrées. Le

1. Une parente de Madame Taine, très gravement malade.
2. Le général Coffinières de Nordeck; l'enceinte ne fut forcée que le 21.
3. Lettre du Comte de Chambord à M. de Carayon-Latour, 8 mai 1871.

Champ de Mars est jonché de balles. Nos vitres doivent être toutes cassées.

L'opinion la plus autorisée est qu'on entrera à Paris vers dimanche. La place Vendôme sera facile à prendre, mais Montmartre avec tous les fanatiques, et vingt mille étrangers (sept mille Anglais entre autres) se défendra jusqu'au bout, et bombardera tous les quartiers environnants.

(Voitures de toute espèce en quantité, à toute heure, à Juvisy pour Versailles, Châtenay, etc.)

A MADAME H. TAINE

Londres, 20 mai, samedi

Je suis arrivé ce matin après quelques tracas, une roue cassée près de Marly et l'obligation de rester trois heures assis près du cocher de la malle supplémentaire.

Belle traversée calme, beau paysage bien vert de collines jusqu'à Londres. En voiture cinq ou six personnes qui se sont mises à parier aux cartes 100 francs, puis 500, puis 1000; le tenant a empoché en une heure 3 ou 4000 francs. Façon superbe de perdre et de gagner; on voit le flegme du tempérament et l'acharnement du combattant; aussitôt après, par diversion, ils se sont mis à parler du paysage.

Ici en ce moment, il y a Exposition et depuis la

guerre tout est plein. — Courses aujourd'hui chez M. Haye, chez le dean Stanley[1], chez lord Houghton[2], chez M. Grant Duff[3], chez M. Arthur Russel[4]. Personne, j'ai laissé des cartes. J'ai vu Reeve, mon éditeur; l'*Intelligence* traduite paraîtra le mois prochain.

Vous pensez bien qu'à Londres, j'ai le spleen, c'est de la couleur locale. J'ai les mêmes impressions qu'autrefois : œuvre colossale, richesse énorme, pauvres en haillons, pieds nus avec de petits tortillons de papier autour des doigts malades, *lanes* ignobles derrière les rues somptueuses; grands arbres et verdure délicieuse, à côté, dans les rues, une atmosphère de *fog* imprégnée de suie qui vous prend au nez et à la gorge; tout cela n'étant plus nouveau pour moi, n'est plus instructif, ni partant intéressant. Je suis las, je souhaite passionnément vivre en repos, dans l'intimité, avec des livres. — Vous imaginez qu'une visite à Londres n'est pas faite pour satisfaire ces inclinations. J'ai passé une heure et demie dans un coin reculé de Saint-James Park sur deux chaises. Je ne me promets qu'un seul plaisir qui sera bien peu coûteux et très simple, c'est de ne pas voir l'Exposition; dans l'état où je suis, tout charivari est odieux; en échange, j'irai peut-être passer deux heures demain devant les trente tableaux de la *National Gallery*.

1. Voir tome II, p. 203.
2. Id. ib. M. Monkton Milnes, depuis lord Houghton.
3. Grant Duff (sir Mountstewart Elphinstone) M. P., depuis gouverneur de Madras, né en 1829.
4. Depuis lord Arthur Russel, frère du duc de Bedford et gendre de la Vicomtesse de Peyronnet chez qui M. Taine l'avait connu.

Cornélis de Witt, que j'ai rencontré au sortir de chez Renan, pense que l'assaut aura plutôt lieu lundi ou mercredi. — J'ai eu vingt conversations en route : avec Heuzey[1] jusqu'à Chantilly (la maison de son beau-père à Auteuil vient d'être écrasée d'obus et ensuite pillée); avec un chef de bataillon du VIe arrondissement fugitif, le seul qui m'ait donné des détails précis et appuyés de faits. (Environ cent mille insurgés aujourd'hui, dont cinquante mille étrangers ou non inscrits sur les cadres[2] pendant le siège, — idée très ancrée dans beaucoup d'ouvriers gardes-nationaux, qu'après la victoire, ils se partageront les biens des absents.)

M. Haye viendra probablement ce matin m'apporter un énorme paquet d'épreuves; je ne suis pas encore décidé à aller chez Sir John Clark[3], j'aurais peine à me remuer. J'ai un verre de bière devant moi, je vais boire en fumant à la flamande. J'aspire à la vie des vaches de Paul Potter.

A MADAME H. TAINE

Dimanche soir, 21

Visite de M. Arthur Russel chez qui je déjeune après-demain, visite chez Galland qui était à la campagne,

1. M. Léon Heuzey, membre de l'Académie des Inscriptions.
2. Dans ce nombre il y avait beaucoup de repris de justice. A Tours où, en 1870, on comptait plus de cent hommes en surveillance, trois seulement répondaient à l'appel vers le 25 mars.
3. Voir tome II, p. 203.

visite chez Clark chez qui je dîne demain. Clark m'a prié de l'accompagner dans une visite chez M. Van de Weyer[1], ministre de Belgique ici; il avait la goutte et nous a reçus dans son lit. Tous deux sont d'accord sur les sentiments des classes ouvrières dans leurs pays, sentiments si opposés à ceux de nos ouvriers et paysans. En Belgique, en Angleterre, s'il s'agit de faire un choix, de nommer quelqu'un, d'avoir un avis sur une question politique, le paysan ira volontiers consulter son propriétaire, et l'ouvrier son patron; cela encore plus aux Pays-Bas qu'en Angleterre (je cite par contraste la candidature de M. Renan à Lieusaint[2]). M. Van de Weyer, étant jeune, va porter une lettre à M. Van der Stroet, un des grands personnages de la Hollande, d'une très ancienne famille. « Si vous voulez le rencontrer, allez à cinq heures à tel estaminet. » — Il y va, trouve son grand seigneur en train de jouer aux cartes avec son coiffeur. Le coiffeur n'en était pas moins respectueux le lendemain en faisant la barbe du seigneur.

Encore aujourd'hui à Bruxelles, à l'auberge du Corbeau, les plus grands personnages vont dîner par plaisir à une table où se trouvent des tailleurs, etc. Grands et petits sont ensemble dans la même association chorale ou autre, et se réunissent familièrement. Mais on n'y trouve pas la jalousie, le sentiment niveleur du Français.

Aux dernières élections, des avocats, des notaires fort riches, demandaient les voix pour être sénateurs, ils

1. Van de Weyer (Sylvain) 1802-1874.
2. Aux élections législatives de 1869.

payaient le cens (deux mille francs d'impôt par an). Les électeurs leur répondaient : « Vous aurez nos voix pour la Chambre des représentants, mais pour le Sénat, nous les donnons à MM. tel ou tel ; car ils possèdent la moitié des terres du pays. »

Il y a eu ici et en Belgique des tentatives communistes, par contre-coup de celles de Paris. Dans le *meeting* de Bruxelles, après que le Président eut exposé le but de la réunion, un ouvrier belge se leva et dit : « Il y quatre ans, j'étais de l'Internationale ; on recevait tant par an, j'ai voulu savoir l'emploi de cet argent ; en réponse, on m'a rossé ; depuis ce temps, je n'en suis plus. » Rires universels, le président sifflé a dû lever la séance. — Cependant, pour l'Angleterre, Clark a des craintes ; si les troubles se prolongaient en France, les *Trades Unions* pourraient être tentés de faire un mauvais coup.

Ici, liberté admirable, protégée par la loi ; mais le calme des nerfs sert de compensation. Par exemple, la liberté de l'individu est protégée d'une façon très sévère. Dernièrement un maître volé fait mettre en prison son domestique. Le lendemain matin l'objet se retrouve ; il va faire remettre le domestique en liberté. Celui-ci demande en dédommagement deux cents livres sterling. Consulté par le maître, le juge répond : « Vous ferez prudemment de payer » et il paie. Mandat d'arrêt contre un coquin nommé John B. : le policeman, mal renseigné par son chef, va chez un autre individu du même nom, mais d'un autre prénom, André B., l'arrête et le retient deux heures. Relâché avec excuses, il actionne le chef détective et reçoit quatre cents livres sterling de dédommagement. *Meeting* en faveur de la République sociale; les orateurs disaient que la reine est une femme usée, un vieux rouage social rouillé, qu'il faut mettre la magistrature suprême en élection. Les policemen faisaient cercle et empêchaient qu'on ne troublât les orateurs.

Deux principes inconnus en France, admis universellement et appliqués fidèlement dans tous les pays libres : 1° Quand la majorité a prononcé, se soumettre franchement, sérieusement, ne pas garder l'arrière-pensée de la violenter par un coup d'État. 2° Permettre à la minorité de dire et imprimer tout ce qui lui convient. Voilà les droits de la majorité et de la minorité; ni l'un ni l'autre ne sont respectés en France.

Tous espèrent fermement qu'aussitôt l'ordre établi, le travail et la prospérité recommenceront chez nous, et qu'il suffira de quelques années pour réparer les désastres. — Mais aucun d'eux ne voit un avenir stable, l'affermissement d'une forme politique. Provisoirement, la République prolongée paraît la moins impossible, quoique par tempérament, éducation et sentiments réciproques des classes, la République soit moins possible en France qu'ailleurs.

Je compte toujours partir mercredi matin pour Oxford; on me dit que le français est généralement entendu, et notre dix-septième siècle très goûté. — M. Russel me conseille de parler beaucoup plus lentement qu'à l'École des Beaux-Arts.

Vous saurez les nouvelles avant moi; les journaux anglais sont mieux informés que les nôtres, et parlent de la coopération prochaine des Prussiens du côté de Saint-Denis.

A MADAME H. TAINE

Londres, lundi 22

Enfin l'armée est entrée dans Paris; les nouvelles que je vous envoyais de Versailles étaient vraies. — Il semble que la résistance ne se prolongera pas longtemps.

Je suis ici dans un hôtel où Mme Alboni habite depuis huit mois. Tagliafico y est avec sa femme et sa fille, — autres musiciens et peintres; on entend des roulades dans les escaliers.

Ce matin visite chez M. Haye qui est *barrister* et occupe deux chambres d'étudiants; quarante ans, fatigué, très nerveux et timide, ne parlant pas français; nous avons travaillé une heure ensemble, il a tout traduit, le livre paraîtra le mois prochain.

De là à la *National Gallery*. Il y a des chefs-d'œuvre; un rabbin juif de Rembrandt, un doge de Giovanne Bellini, un portrait admirable de négociant italien debout avec sa femme, par Van Eyck, une Vénus avec l'Amour, et un Christ présenté, de Corrège; la fleur des préraphaélites : Bordognone, Carpaccio, Pérugin, Francia; les plus exquis petits flamands, une leçon de musique de Jean Steen, une grande allée d'arbres par

Hobbéma, de purs diamants; — mais je n'ai pu que faire une reconnaissance; un Musée me tue maintenant. D'ailleurs la moitié des tableaux sont sous verres; il est presque impossible d'en voir un d'ensemble à cause des reflets.

Je vais m'habiller pour dîner chez Clark; j'espère ne pas aller en soirée avec lui; Londres et sa prodigieuse activité m'accablent; je souhaite la campagne, et Oxford en attendant.

Demain après déjeuner, M. Arthur Russel me conduit chez M. Grote[1], l'historien, qui désire faire ma connaissance.

Petits faits : à Chelsea, George Claude[2] rencontre très fréquemment des ouvrières soûles; nous avons enjambé un ivrogne endormi dans le ruisseau. — M. Van de Weyer nous disait hier qu'un jeune Anglais bien élevé, au sortir de l'Université, ignore sa littérature. Un jour avec Macaulay, ils en firent l'expérience. Deux jeunes gens d'Oxford venaient les voir; on leur demanda à brûle-pourpoint : « Avez-vous lu Sterne? — Sterne, l'auteur de Tristam Shandy? Non. » Cette ignorance est choquante; mais en revanche cette sincérité est très belle; M. Van de Weyer disait qu'un Belge, un Français ne l'auraient pas eue.

1. M. George Grote (1794) mourut quelques semaines après cette entrevue.

2. M. George Claude, peintre, neveu de M. Chevrillon.

A MADAME H. TAINE

Londres, 23 mai, mardi

Hier soir, dîner chez sir John Clark avec un jeune suisse nommé M. Favre, puis en soirée chez Mme Simpson, fille de Senior[1] l'économiste. Aujourd'hui déjeuner chez M. Russel, avec Odo Russel[2] et M. Cartwright, le député du comté d'Oxford. Visite chez M. Grote, l'historien, j'y ai trouvé M. Bain[3], le psychologue, j'y dîne ce soir avec M. Guéneau de Mussy[4], le médecin des princes d'Orléans. Tout à l'heure j'ai pris des notes pendant une heure et demie à la *National Gallery*.

Ils me parlent tous de politique. Selon M. Odo Russel, M. de Bismarck aurait bien mieux aimé traiter avec l'empereur Napoléon rétabli, même en demandant moins de milliards; il aurait été bien plus sûr de son jeu, il aurait eu un gendarme et un allié sur le trône de France. — Les banquiers de Londres offrent à M. Thiers l'argent nécessaire, du 5 pour 100 à quatre-vingts francs. M. Thiers espère trouver à quatre-vingt-cinq. C'est la maison Rothschild qui fera l'opération[5]. Tous comptent sur la vitalité financière de la France, mais s'inquiètent des tendances protectionnistes de M. Thiers.

1. Senior (Nassau-William), 1790-1864.
2. Voir tome II, p. 28.
3. Voir *Derniers Essais de Critique et d'histoire*.
4. Le docteur Henri Guéneau de Mussy, frère du Dr Noël G. de M., médecin de l'École Normale, (tome I, p. 115).
5. L'emprunt fut émis le 27 juin à 82 fr. 50.

« Si un gouvernement stable et sérieux, comme celui de Louis-Philippe, s'établissait en France, feriez-vous alliance défensive avec nous, au cas d'empiétement par M. de Bismarck, pour sauver la Hollande, ou le Danemark ou l'Autriche? » — « Il est probable que non, *we fear to be entangled*[1]. » En cas de guerre, ils ne peuvent jeter que quatre-vingt-mille hommes sur le continent; devant les forces militaires de la Prusse, cela n'est rien; Odo Russel avoue qu'à Versailles les représentants des puissances neutres étaient traités en petits garçons; la Prusse agit à la façon de Napoléon et sent sa force. On ne pourrait lui résister que par une coalition et cette coalition n'existe pas même en germe. Tant que vivra le czar, elle l'aura pour allié; ensuite le conflit est probable; les Allemands sont haïs en Russie et disent déjà que les deux puissances militaires sont conduites à la lutte par leur seule égalité. De même Napoléon et la Russie en 1813.

Quant à la révolution sociale, les ouvriers anglais dans les *meetings* de l'Internationale qui est née ici, refusaient de s'engager dans une ligue pour l'abolition de l'intérêt, la destruction du capital individuel, etc. Cela est trop abstrait, trop général. Ils font des *strikes*[2], rien de plus, et pour augmenter de tant de *pence* leur salaire journalier.

Le Parlement discute une loi pour fermer les échoppes de spiritueux après 9 heures du soir et tout le dimanche.

1. Nous avons peur d'être engagés.
2. Des grèves.

— Affiche violente et indignée contre les cafards aristocrates. Clark s'indigne contre les cléricaux d'ici, dit qu'il vaudrait bien mieux ouvrir les Musées le dimanche, organiser les concerts, multiplier les lectures publiques, etc.

Petit fait : Hier, dans Piccadilly, un policeman conduit trois dames à travers la chaussée pour les protéger contre l'embarras des voitures. — Mr Russel paie deux shillings 2 pence par livre sterling pour les *poor-rates* et taxes municipales, sur deux cent vingt-quatre livres sterling, loyer présumé de la maison qu'il a louée pour vingt-deux ans.

J'ai déjà six lettres pour Oxford. M. Grant Duff, qui a loué la maison historique de Hampden, à une heure d'Oxford, m'y invite pour dimanche, mais je n'irai pas, je crois. Le dean Stanley a fait à Westminster un éloge funèbre de Herschell, avec théorie de l'alliance naturelle et affectueuse de la science libre et de la religion ; il est à la tête d'un mouvement pour inviter les dissidents à prêcher au besoin dans les églises anglicanes.

A MADAME H. TAINE

Oxford, 24 mai

Je suis arrivé depuis deux heures à Oxford, je vais sortir pour aller voir le vice-chancelier de l'Université, et porter quelques lettres de recommandation. J'ai été comblé de politesses à Londres ; M. Grote a voulu absolument m'avoir à dîner hier soir, mon dernier soir. Sa femme a 65 ans, elle est économiste, légiste, oratrice : *a stout woman in the whole sense of the word*[1], voix assez forte, elle parle dans les *meetings*, avec gestes ou mains derrière le dos, pour les droits politiques des femmes, avec beaucoup d'éloquence et d'*humour*. Elle s'est occupée d'économie politique, de questions sociales, mais solidement, pratiquement, en voyant les choses avec ses yeux ; elle doit m'envoyer quelques petits *tracts* qu'elle a écrits. Elle admire beaucoup nos paysans français, leur frugalité, leur *self-denial*[2], leur énergie au travail, leur amour de leurs champs. Elle dit que le paysan anglais est tout autre, imprévoyant, dépensier, toujours à la charge de la paroisse, ou de divers bienfaiteurs, ou d'institutions bienfaisantes ; que d'ailleurs la terre anglaise est mauvaise ; que même s'il pouvait l'acquérir, il ne saurait en tirer de quoi vivre, faute d'économie, et parce qu'elle a besoin d'être cultivée en grand avec de gros capitaux. — Son mari ferait un beau portrait pour Van Dyck. Très grand, des traits fort marqués, 75 ans, un vrai gentleman, mais qui entend l'histoire à l'anglaise, seulement du côté politique ; il a fait l'histoire de la Grèce, et n'est pas allé en Grèce ; il ne se soucie pas de la figure des lieux, ni du climat. — A côté de moi M. Robinson, professeur de philosophie à University College, et M. Bain, celui-ci un Écossais *sharp*

1. Une forte femme dans toute l'acception du mot.
2. Abnégation.

and acute[1] ; je l'ai fait causer sur les progrès qui restent à faire à la psychologie ; il paraît que lui et M. Grote ont été en correspondance tout cet hiver sur mon *Intelligence.*

Je suis plus connu ici que je ne l'imaginais ; mon hôtelier de Londres, apprenant mon nom, s'est confondu en politesses en faisant venir mon fiacre ce matin.

Je viens de faire une promenade dans Oxford. L'air est aussi chargé de suie qu'à Londres ; on respire la fumée ; les monuments sont encrassés horriblement, et la pierre se délite à un degré incroyable ; cependant là où les formes ont subsisté, elles sont belles. Mais somme toute, l'impression est moins agréable que la première fois.

D'après les journaux, je compte que ce soir l'insurrection sera comprimée, et qu'ainsi vous pourrez quand vous voudrez revenir à Châtenay ; prenez un passeport à Tours.

A MADAME H. TAINE

Oxford, 25 mai

Aujourd'hui je n'ai le courage de vous rien dire. — J'apprends à l'instant les horreurs de Paris, l'incendie du Louvre, des Tuileries, de l'Hôtel de Ville, etc. ; — les misérables ! Ce sont des loups enragés. — Et avec du

1. Pénétrant et subtil.

pétrole! Que pourra-t-on sauver de pareilles flammes? Jamais les Prussiens n'en auraient fait autant. — Ces brigands qui s'attaquent aux monuments, aux chefs-d'œuvre, se mettent en dehors de l'humanité. — Les journaux anglais disent qu'ils ne demandent pas quartier, qu'on ne leur en fait pas, que les troupes et les officiers les tuent et les fusillent par vingtaine, qu'on amène à Versailles des escouades de femmes armées auxquelles on est obligé de mettre les menottes. — J'ai le cœur navré, je n'ai de courage à rien, je ne puis prendre aujourd'hui sur moi de faire des visites.

J'étais à la Bibliothèque de l'Université quand le bibliothécaire m'a appris cela et m'a montré les journaux. — En présence de ces folies et de ces misères, on traite un Français avec une sorte de sympathie compatissante. — J'ai vu la salle où je parlerai, elle ne tient guère que cent cinquante personnes. — Je viens d'assister à une leçon du professeur de poésie, M. Doyle, sur Massinger, Beaumont et Fletcher. Environ cinquante personnes, dont les deux tiers de dames. Il lit, et froidement, d'un ton monotone, et, ce semble, peu distinctement. L'épreuve, je crois, sera moins redoutable que je n'imaginais.

Nous avons tous ces jours-ci un temps très chaud et très lourd. Aujourd'hui pluie continuelle, et toujours partout l'odeur de suie. Je devrai tâcher de voir enfin le vice-chancelier que j'ai manqué deux fois hier, mais ces horribles événements de Paris me rendent muet aujourd'hui.

J'ai travaillé jusqu'à une heure et demie à ma leçon de demain, qui est presque prête.

A MADAME H. TAINE

Oxford, vendredi 26 mai

Je crois que ma leçon a bien réussi, on me l'a dit du moins; je n'en suis pas mécontent, la salle était pleine.

M. Van Laun, traducteur de l'Histoire de la littérature anglaise, est arrivé ce matin pour me voir. Il m'a apporté la première moitié de l'ouvrage imprimé, le tout paraîtra en Octobre. M. Max Müller m'a conduit faire des visites; je dîne chez lui dimanche. Le lendemain, je déjeune à neuf heures et demie chez M. Sackville Russel, neveu de M. Arthur Russel, fils aîné de son frère et héritier du duché de Bedford. C'est un étudiant bien élevé, aimable et digne. — Ils ont ici, outre le canotage, l'exercice de volontaires et tous les jeux athlétiques, des *Debating Societies*, comme la conférence Molé, où l'on se prépare aux affaires publiques en discutant toutes les questions politiques. Je vais tâcher de faire causer ces étudiants.

Visite chez M. Pattison[1], dean de Lincoln College, soixante ans, quelque chose de perçant, tranchant, et même aigre; toute jeune femme, charmante, gracieuse,

1. Le R^d Marc Pattison, 1813-1884.

à visage frais et presque mutin; dans le plus joli nid de vieille architecture, avec lierre et grands arbres, toutes les richesses du confortable à l'intérieur. —M. Pattison est un philosophe commentateur de Platon, très libéral. Sa femme dit qu'à Oxford on devient momie, et que les étudiants cultivent leurs muscles aux dépens de leur cervelle.

Max Müller a épousé une sœur du directeur du *Times*; cinquante mille livres sterling de dot; lui-même a je crois mille livres sterling de traitement et vingt-quatre leçons par an. — Quatre enfants; grande maison gothique à intérieur ogival, entourée de verdure et de fleurs. — Il ne peut avoir ici de collaborateur, ni faire germer la graine des philologues : quelques jeunes gens l'écoutent et travaillent pendant un an ou deux ans; ensuite les pauvres laissent là la linguistique pour chercher une place fructueuse, et les riches pour entrer au Parlement. Cependant il dit que les idées répandues dans son cours et ses livres prennent racine, ont déjà modifié l'enseignement des langues classiques dans les collèges. — Il est attelé à un grand ouvrage, l'édition et la traduction du Rig-Veda, aux frais du gouvernement.

Je n'ose penser aux événements de Paris, — parmi les désastres publics, je songe aux malheurs privés. Libon et Marcelin doivent être incendiés[1].

1. Logés quai du Louvre et place de la Bourse, qui n'ont pas souffert du feu.

A MADAME H. TAINE

Oxford, 27 mai

Je vous écris *from the Union club*, établissement très commode à Oxford, où l'on m'a introduit et où je trouve tous les journaux avec tout le confortable possible. Comme ils entendent bien la vie élégante et agréable, et quel bon ordre, quelle prospérité! Cela fait le plus douloureux contraste avec notre pauvre pays. Je sais maintenant ce qui a été sauvé de Paris, à moins que les bombes à pétrole de Belleville n'allument de nouveaux incendies. La flamme et la destruction n'ont été qu'à dix minutes de chez nous, puisque la Cour des Comptes, la Légion d'honneur et la caserne du quai d'Orsay sont en cendres. Les journaux anglais parlent avec pitié et douleur de nos calamités; mais ils sont sévères pour notre caractère et inquiets sur notre avenir. Ils voient dans cet incendie le désir de l'éclat, l'emphase naturelle du révolutionnaire, la volonté diabolique de finir comme au cinquième acte d'une féerie, au milieu de l'écroulement général. Ils disent qu'il y a un fond de férocité dans notre humeur, et que les derniers massacres à Paris montrent le singe qui devient tigre. Ils s'accordent à craindre pour l'avenir une Terreur blanche, un cléricalisme étroit et défiant, qui en dix ans rendra au parti révolutionnaire son crédit et sa force.

M. Max Müller est venu me voir ce matin, puis

M. Jowett[1], master of Balliol college, savant libéral assez voisin de Renan, qui a écrit sur Platon et sur saint Paul. Nous avons raisonné sur la nature et l'origine du langage, sur les méthodes de critique et de philosophie. Je dîne chez lui mercredi et aussi samedi, cette fois avec M. Matthew Arnold. En général ils me parlent anglais, et je leur réponds en français. — Le *vice-chancellor* a témoigné être très satisfait de ma leçon. — Je viens de trouver dans la revue anglaise *Nature* un article très bienveillant sur l'*Intelligence*; M. Max Müller dit que c'est la grande question du moment, que l'origine des idées et du langage est le point auquel s'attachent le plus en ce moment les curiosités anglaises.

A MADAME H. TAINE

Oxford, dimanche 28 mai

Ma pensée ne peut pas quitter Paris. J'ai acheté un journal anglais qui paraît aujourd'hui en contrebande. Il y a des rues entières qui ont disparu ; — des femmes bien mises venaient jeter du pétrole dans les caves ; le bas de la rue du Bac, des portions des rues de Lille, Saint-Dominique et de Grenelle sont tombés dans les flammes. — J'attends avec impatience les journaux de demain pour avoir des nouvelles de la victoire finale.

1. Voir tome II. p. 202.

Les *reporters* anglais de cinq ou six grands journaux parcourent les rues et donnent des détails navrants.

Je veux essayer de détourner mon esprit ailleurs, en vous envoyant des détails sur ce que je vois de la vie anglaise; on me comble toujours d'attentions.

Conversations chez M. Smith, professeur de mathématiques, et à déjeuner chez M. Sackville Russel aujourd'hui; hier avec M. Pattison, dean of Lincoln, proesseur de philosophie.

Il y a un parti considérable et actif pour faire révoquer la loi sur les substitutions et le droit de l'aîné à tous les immeubles.

Beaucoup de gens trouvent dangereuse la concentration des terres en un petit nombre de mains. Les paysans ici sont bien plus malheureux que chez nous, tout à fait des brutes, qui travaillent par *gangs*[1] et soutenus par les *poor-rates*[2].

Quant aux *work-houses*, on n'en montre aux étrangers que le beau côté; la tyrannie et les tracasseries y sont grandes; c'est pour cela que les pauvres meurent de faim plutôt que d'y aller.

La convulsion qui vient de ruiner Paris, peut se produire en Angleterre. M. Pattison dit qu'elle n'est pas à craindre d'ici à vingt ans, mais qu'elle arrivera certainement un jour ou l'autre. Aucune force militaire à Londres, rien que des policemen; trois millions deux cent cinquante mille habitants sur lesquels il y a bien

1. Troupes.
2. Taxe des pauvres.

deux cent mille *roughs*, vauriens, gens sans aveu, pauvres qui sentent le contraste de l'opulence environnante. Le sentiment des pauvres contre les riches et contre l'état social qui maintient leur misère, est très amer. Si les sauvages de Londres s'associaient, se liguaient par des affiliations secrètes, ils pourraient tenter un coup de main, être maîtres de la capitale pendant un mois, et alors on verrait un désastre comme celui de Paris.

Les ouvriers, *mechanics*, sont plus instruits, plus sensés que les nôtres. « La différence entre un *mechanic* et un *agricultural labourer*[1], me disait M. Smith, est plus grande que celle qui sépare le *mechanic* de moi. » Il n'entre point dans leur pensée de forcer l'État, c'est-à-dire le budget, à être leur commanditaire; ils sentent qu'il serait injuste et absurde de demander au public de payer, de se taxer pour leur fournir des fonds. Ils admettent que les capitalistes sont un instrument utile et nécessaire, une espèce d'éponge qui de tous côtés ramasse l'épargne, et l'emploie bien en faisant travailler. Ils ne sont pas hostiles à la loi naturelle de l'offre et de la demande. Mais ils sont aigris en voyant la dépense, les profusions, les jouissances coûteuses, la perte de travail humain employé au luxe des riches. Actuellement ils ne songent encore qu'à élever leur salaire; mais très probablement un jour viendra où ils comprendront la liaison de la politique et de leurs

1. Ouvrier agricole.

affaires, où ils voudront mettre la main sur le gouvernement, où ils feront les lois à leur profit. — Auront-ils recours à la violence, ou bien profiteront-ils de la loi électorale, en abaissant encore le cens?...

A MADAME H. TAINE

Oxford, lundi 29

J'espère que Lameire a eu la pensée de faire comme les autres, et de boucher avec du plâtre toutes les ouvertures des caves donnant sur la rue; c'est l'ordre de Mac-Mahon et le salut contre les femmes qui viennent jeter du pétrole et des allumettes. Je viens de lire au club tous les journaux anglais; les correspondances sont complètes et terribles; tout est fini maintenant, les incendies ne font plus que fumer. — Si nous sommes sauvés, l'incendie a été bien près; j'ai en vain cherché des renseignements sur les rues Vaneau, Barbet-de-Jouy, Babylone. Il semble que le Ministère de l'Instruction publique est intact. Mais toute la ligne du quai jusqu'à l'École des Beaux-Arts, la rue de Lille, la rue du Bac jusqu'à la rue de Verneuil, le Petit Saint-Thomas[1] sont en cendres. Ces misérables sont les *Thugs* de l'Europe, une secte de destructeurs par système. Il est clair que Paris va être inhabitable; peut-être la mortalité s'y mettra à cause de tous ces cadavres.

1. Ces premiers renseignements étaient exagérés; la rue du Bac n'avait brûlé que jusqu'à la rue de Lille.

Voici encore quelques petits faits sur l'Angleterre : à Londres, à Saint-James Park, j'avais déjà trouvé sur un banc un petit papier imprimé, appelant les pécheurs au repentir. Hier, à huit heures et demie du soir, en rentrant, je trouve sur la place principale deux membres de l'Université en costume (des presbytériens) et un troisième apparemment de la *middle class*[1] en chapeau à larges bords, et qui prêchaient entourés d'une cinquantaine de personnes. — Il paraît que c'est ainsi tous les dimanches. Le plus jeune universitaire a commencé : « Jésus-Christ est venu pour nous pécheurs; pensons à lui, misérables pécheurs, etc. » Beaucoup de gestes, évidemment il faisait effort pour vaincre sa timidité, il était très ému et a continué un quart d'heure. Ensuite est venu le tour de l'homme au chapeau noir. Il a ouvert sa Bible, et lu un passage des *Rois*, sur les habitants de Jérusalem affamés par le roi d'Assyrie; celui-ci lève son camp; deux lépreux s'y hasardent et le trouvent tout plein de provisions. C'est un type du chrétien qui n'a qu'à sortir du péché pour trouver auprès du Seigneur tout ce dont il a besoin. — Le Christ est notre Sauveur, notre sécurité. — Petite histoire d'un marin qui se mettait en mer, et qui répond à un gentleman. « Oui, mon père a été noyé, et aussi mon grand-père, et aussi son père. — Alors pourquoi allez-vous en mer? — Monsieur, comment est mort votre père? — Dans son lit. — Et votre grand-père? — Dans son lit. — Et vos autres

1. Classe moyenne.

parents ? — Dans leurs lits. — Et pourtant vous n'avez pas peur de vous coucher dans votre lit, vous avez raison ; c'est qu'il n'y a qu'une assurance pour le chrétien en mer comme dans son lit, à savoir le Christ. » — Ton naturel, on sourit à sa petite histoire. — Pour faire comprendre la misère des Juifs assiégés, il fait allusion au siège de Paris affamé. Le second membre de l'Université (35 ans) a parlé le dernier. Grands gestes, robe secouée, maigre, les joues creuses, la voix rauque et violente, il semblait agité par l'Esprit. Mais comme son thème était le même, et qu'il parlait toujours du Christ et du péché, je suis parti. — Tous les assistants étaient des gens bien vêtus, hommes et femmes, la plupart arrivés par hasard ; quelques hommes murmuraient parfois et riaient ironiquement ; mais la plupart et toutes les femmes écoutaient gravement, et plusieurs semblaient édifiés.

J'approuve ces sortes de scènes : 1° *they give vent to some strong passion and thoughts*[1] qui, faute de ce débouché, se tourneraient en folie chez le prédicateur, et peut-être en sédition chez les gens qui partagent ces croyances ; 2° elles sont morales, et doivent faire un bon effet sur quelques consciences. — Le grand mal du socialisme actuel, c'est qu'il n'a pas pour fond, comme le puritanisme, ou même le catholicisme de la Ligue, un principe moral, l'idée d'une réforme intérieure et personnelle de la volonté et du cœur. — Il n'est qu'un

1. Elles donnent une issue à de fortes passions ou pensées.

système et une ligue à l'usage des appétits, de l'envie et de toutes les passions destructives.

Autre institution utile : Sur la porte de la Poste est un grand imprimé offrant gratuitement tant de terre en Australie à chaque émigrant sujet de la Reine, passage réduit pour les hommes, gratuit pour les femmes. C'est là que les Rossel devraient aller.

Depuis ma lettre d'hier, je n'ai vu personne ; j'ai fait une promenade d'une heure dans High Street et derrière les murs de Magdalen-College. Cela est bien beau, bien calme bien antique. On dirait un décor vrai. Qu'ils sont heureux et que nous sommes malheureux ! — Personne ici ne voit d'issue pour nous. Un journal nous souhaite un grand homme, dictateur militaire. Chez M. Smith, on nous souhaite le maintien de la République, d'autres comptent sur la Fusion. Si le duc de Bordeaux avait le cœur d'abdiquer ou la bonne chance de mourir, nous aurions une espérance. — La République, après de tels événements, ne sera qu'un provisoire chez nous.

A MADAME H. TAINE

Oxford, 30 mai

Je viens de lire un nouveau journal anglais, on dit que les incendies n'ont guère dépassé les endroits où ils ont été allumés ; j'ai donc espérance pour nos maisons. Il paraît qu'il y avait un bataillon d'Allemands socialistes parmi les insurgés.

Il ne faut pas oublier de prendre un passeport[1], on m'a demandé trois fois le mien du Mans à Versailles, et trois autres fois de Saint-Denis à Calais.

M. Sackville Russel a déjeuné chez moi aujourd'hui. C'est un homme de 20 ans, plus homme qu'on ne l'est chez nous à trente, sérieux, sensé, instruit, déjà très au fait de la politique, sans aucune affectation, qui désire s'instruire, et qui apprendra. — Peut-être une graine d'homme d'État, en tout cas une graine de membre du Parlement.

Ce soir, en soirée chez M. Max Müller, mais je n'y resterai qu'une heure; c'est demain ma deuxième leçon, et parmi tant de troubles et de tristesses, j'ai bien du mal à rassembler mes idées. Un journal dit, d'après son correspondant de Versailles, que Paris cessera d'être capitale, qu'on en fera une forteresse de premier ordre reliée au Havre par une chaîne de forteresses, pour qu'il puisse toujours être ravitaillé. D'après les évaluations, les insurgés ont eu huit ou neuf mille morts et trente mille prisonniers. J'entends évaluer le dommage à 250 000 000 livres sterlings.

1. Pour revenir de Tours à Paris.

A MADAME H. TAINE

Oxford, 31 mai

Après ma leçon, M. Kitchin, de Christ-Church, m'a emmené faire une promenade à Iffey, petit village voisin; j'avais témoigné l'envie de voir un village et des intérieurs de paysans. — Nous n'en avons vu qu'un; le clergyman, qui nous introduisait, nous a dit que c'est très difficile, qu'ils sont « très indépendants ». Deux chambres; c'est un *brick-layer*[1], gagnant une guinée par semaine, mais chômant souvent trois mois de l'année. Loyer, trois shillings six pence par semaine, petit bout de jardin, grand comme le salon de Châtenay. Chambres très basses et très étroites, peu d'air. — Dans les pauvres cottages, le clergyman se plaint de la promiscuité. Le *brick-layer* et sa fille prenaient leur thé avec du beurre. Il y a quantité de petits objets de mauvais goût, comme chez un concierge. — Le clergyman est un ancien fellow d'Oxford; son église est de l'an 1100, en pierres très dures, avec fenêtres romanes, énorme tour carrée centrale, et partout une sorte d'ornement rude, simple, singulier, une sorte de zigzag à mailles courtes. Roses alternantes avec des têtes d'hommes, d'animaux et des petits groupes autour des montants cintrés des portes. If dans le cimetière, ayant peut-être vingt pieds de tour, creux et pourri au centre.

1. Briquetier.

et qu'on dit dater de Jules César. — Le clergyman lui-même triste et digne, ayant perdu sa femme et trois ou quatre enfants, dans un presbytère restauré du temps de Henri VIII, avec la vue la plus poétique et la plus charmante sur les lointains verts bleuissant dans la brume. Deux salons remplis de copies à l'huile, photographies, grands dessins d'après les meilleurs tableaux de Dresde, Florence et Rome. — Cela fait le plus fort contraste avec nos curés de campagne.

Ma première leçon a fort bien réussi, car la salle était comble aujourd'hui. Ma leçon d'aujourd'hui a été moins bonne; trop longue (1 h. 20), je tâcherai d'abréger après-demain. Au bout d'une heure, je suis fatigué, je trouve mes phrases moins aisément.

Les dîners pleuvent, et je suis obligé de m'y prêter plus que je ne voudrais. Ajoutez les épreuves de M. Haye, tant de choses à voir, visites à rendre, la préparation de mes leçons, la fatigue.

A MADAME H. TAINE

Oxford, 1er juin

Dîner hier chez M. Jowett, master of Balliol; le dean Stanley y était avec lady Augusta, sa femme, et aussi M. Russel, l'héritier du duc de Bedford, avec son fils. Ces appartements des head-masters sont magnifiques, simples et grands, diversifiés par les *bay-windows* proéminentes, munies de fleurs rares, avec les plus parfaites estampes de Rembrandt et Dürer, et des photographies d'après les cartons de Raphaël, etc., dans l'escalier.

A dîner, on m'a remis sur la politique comme toujours; j'avais des faits précis à conter. M. Russel et les autres croient qu'une révolution semblable est à craindre en Angleterre. « Par bonheur, disent-ils, nos *roughs* ne sont pas généralisateurs, philosophes comme les vôtres, prenant une théorie pour drapeau, et immédiatement le fusil à la main. » — M. Stuart Mill approuve presque nos rouges, sa nièce vient de défendre la Commune dans le *Fortnightly Review*. Le plus notable communiste d'ici, M. Harrison[1], formule leur doctrine ainsi : « Arranger sa société de façon à ce que le capital soit employé à de plus nobles usages. Et, très évidemment selon moi, c'est une phrase de ce genre qui a armé les cent mille communeux insurgents de Paris. » D'après toutes les correspondances, les femmes sont fanatiques, et dans les quartiers rouges on tire encore maintenant sur les officiers, on assassine les soldats isolés. — Ma conviction est que Paris va cesser d'être capitale; nous allons être séparés par un abîme du monde parisien, de la vie parisienne telle que nous les avons connus.

Aujourd'hui après mon travail, promenade seul à Magdalen-College; je ne me lasse pas de voir et d'ad-

1. M. Frédéric Harrison, né en 1831, chef du positivisme Anglais et disciple d'Auguste Comte.

mirer les vieux bâtiments festonnés de lierre, noircis par l'antiquité, surtout les quadrangles à arcades, qui font promenoir comme dans les couvents italiens. Vaste jardin par derrière, parc d'ormes énormes avec quantité de daims familiers, longue chaussée entre deux rivières, plantée des plus beaux arbres ; vue au delà sur des prairies regorgeantes d'herbes et de fleurs, parsemées de traînées rouges par les oseilles sauvages, d'un tel luxe de végétation qu'il faut les voir pour se les figurer. Presque toujours ces grands quadrangles avec le tapis de verdure qu'ils enserrent sont solitaires. Cette sensation de solitude poétique, pittoresque, soignée, est charmante. On rencontre en sortant à droite, à gauche, un haut mur crénelé, une chapelle gothique, un portail Renaissance, une statue de bronze de 1600, une façade de colonnes torses, des balustres profilés sur le ciel, quelques grands dômes cerclés de colonnettes, et partout de la verdure et des fleurs. — Mais Oxford est trop beau, la vie trop mondaine, trop occupée de réceptions et de relations ; ils avouent qu'on ne travaille pas ici comme en Allemagne.

Petits détails : Une lettre pour toute la Grande-Bretagne, y compris les colonies et l'Inde ne paie qu'un penny de port. — Bibliothèque publique pour la classe pauvre ou moyenne, avec deux grands journaux en permanence étalés, et toutes sortes de livres sérieux et utiles. Très fréquentée.

A MADAME H. TAINE

Oxford, 4 juin

Je dîne ce soir avec les étudiants dans le grand hall de Christ-Church; dans ma disposition d'esprit ce sera une corvée. J'ai voulu aller au sermon à New College ce matin, mais la chapelle était si pleine que je suis resté au vestibule sans pouvoir rien entendre.

Hier chez M. Jowett. Présenté à M. Swinburne[1] le poète; ses vers sont dans le genre de Baudelaire et de Victor Hugo: petit homme roux en redingote et cravate bleue, ce qui faisait contraste avec tous les habits noirs et cravates blanches; il ne parle que raidi, rejeté en arrière avec un mouvement convulsif et continu des membres comme s'il avait le delirium tremens — très passionné pour la littérature française moderne, Hugo, Stendhal, et pour la peinture. — Son style est d'un visionnaire malade qui, par système, cherche la sensation excessive.

Présenté à M. Matthieu Arnold[2] le critique-poète, fils du célèbre docteur; inspecteur des écoles primaires à mille livres sterling par an; grand ami et admirateur de Sainte-Beuve; grand, poils noirs plantés très bas, figure tourmentée et grimaçante, mais très courtoise et très

1. M. Algernon Swinburne, né en 1837, avait écrit l'année précédente une *Ode sur la proclamation de la République Française du 4 septembre*.
2. 1822-1888.

aimable. — Son frère Thomas Arnold, qui habite ici, m'a envoyé un petit livre d'élégants extraits avec notices et préfaces comprenant toute la littérature anglaise. Mots fort polis dans sa lettre pour mon gros livre.

Le reste de la soirée a été employé avec des jeunes filles à qui on m'a présenté, entre autres Miss Arnold[1], à côté de qui j'étais à table. « *A very clever girl*[2] », m'a dit M. Jowett en m'amenant à elle. — Vingt ans environ, fort gentille, habillée avec goût, ce qui est rare ici (une autre était emprisonnée dans le plus étrange tuyau de soie rose), née en Australie et élevée là jusqu'à cinq ans. Sait le français, l'allemand, l'italien, étudie depuis un an le vieil espagnol de l'époque du Cid et le latin, pour comprendre les vieilles chroniques du moyen âge ; passe toutes les matinées à la Bodleian Library; très instruite et simple et encore jeune fille ; — à la fin, moi faisant toujours la plus douce patte de velours, elle a fini par me laisser savoir qu'elle écrivait pour Mac Millan's Magazine un article (*maiden article*) sur les plus anciennes romances du romancero. — Très liée avec Mme Pattison[3], femme du master of Lincoln, cette jeune femme de vingt-six ans, mariée à un homme de cinquante-cinq à soixante. Celle-ci est très curieuse. Fille d'un banquier, passionnée pour toutes les occupations d'esprit, elle vient d'aller à Londres pour écouter

1. Miss Arnold, fille de M. Thomas Arnold est maintenant Mrs Humphrey Ward, auteur de *Robert Elsmere*, *Lady Rose's daughter*, etc.

2. Une jeune fille très intelligente.

3. Depuis lady Dilke (décédée en 1904).

Tartuffe en français, sait quantité de langues, très versée dans la peinture, peint elle-même, écrit des articles de critique d'art dans l'*Academy* et le *Saturday*, connaît particulièrement la peinture française moderne, apprend le violon pour ajouter au piano qu'elle sait déjà; travaille huit ou dix heures par jour, son mari de même; ils ne se voient qu'à une heure, et le soir se remettent encore à étudier. Toutes ces jeunes dames et quelques gentlemen forment une société de croquet. Ils ont loué un terrain et se délassent à jouer deux heures par jour. Cette jolie jeune Mme Pattison est le *leading mind*[1] de la société féminine d'Oxford dans le domaine de la littérature et des arts, comme Miss Smith dans les œuvres de bienfaisance et d'éducation. — Pour s'excuser de son article, Miss Arnold me disait : « Que voulez-vous? tout le monde ici lit, écrit, ou fait des *lectures*; il faut bien suivre le courant; d'ailleurs cela occupe, et la bibliothèque est si belle, si commode! » Pas du tout pédante; c'est le trop-plein de jeunesse et de force intellectuelle. — Mais dans tout ce que je lis ou entends, je ne vois nulle part le fin sentiment littéraire, le don ou l'art de comprendre les âmes et les passions éteintes. Ils ne sont guère qu'érudits et solides, — par exemple M. Freeman[2] qui refait la conquête normande d'Augustin Thierry.

1. L'esprit conducteur.
2. Freeman (Edouard-Auguste), 1823-1892. *The History of the roman Conquest*, fut terminé seulement en 1876.

A MADAME H. TAINE

Oxford, lundi 5 juin

Aujourd'hui quatrième leçon, passable. Les dames sont toujours en majorité. — Un des curateurs m'a abordé me disant qu'on allait me décerner le titre honorifique de docteur en droit civil ; la cérémonie sera probablement pour jeudi.

Hier, dîner à Christ-Church. Figurez-vous une salle à manger haute de soixante pieds, une vraie nef d'église, avec grandes fenêtres gothiques à vitraux, plafond en vieilles poutres du temps de Henri VIII, longues rangées de portraits (mauvais, sauf un Gainsborough) ; les étudiants mangeaient autour de nous. — Je venais de les voir sortir de la chapelle, qui est une grande église, nouvellement restaurée et bien, en surplis blanc, c'est l'uniforme du dimanche. Très bonne musique noble et grave ; c'est à la sortie, en voyant les chasubles et surplis de tous les professeurs, tuteurs, recteurs, étudiants, etc., qu'on comprend le caractère profondément ecclésiastique de toute cette Université. Conversation à table avec un clergyman, puseyiste, très doux, poli, intelligent.

Le soir, soirée chez M. X. Il a eu les honneurs autrefois en mathématiques et en littérature. Il a une grande maison à lui dans le nouveau quartier, avec petit jardin vert, quatre enfants, cinq bonnes ; très occupé d'œuvres locales et de bienfaisance. Sa femme, petite, mignonne, gentille, semble avoir vingt ans. Selon eux et selon d'autres, moyennant six cents livres par an, un ménage avec deux enfants et deux bonnes peut vivre confortablement à Oxford, faire de petits voyages aux bords de la mer, mais pas sur le continent au loin. Une bonne se paye seize livres par an — une maison comme la leur représente cent livres sterling de loyer par an.

Dans la journée, visite chez Mme Pattison. Je la crois véritablement érudite sur les beaux-arts de notre Renaissance; elle fait des monographies, des catalogues de noms et d'œuvres. — C'est par le côté solide et positif qu'ils abordent tout. Aujourd'hui j'ai eu bien de la peine à leur faire goûter quelques finesses de Racine.

A MADAME H. TAINE

Oxford, 6 juin

Il paraît que le *degree of doctor in civil Laws honoris causa* est un fort grand honneur, le plus grand que l'Université puisse conférer. Jeudi donc, je devrai endosser une robe rouge et écouter un discours latin.

Travaillé ce matin à ma leçon de demain; visites hier dans la fin de l'après-midi et aujourd'hui. J'ai eu quelques déceptions; la fillette de quinze ans, miss X., si intelligente et si naturelle a des pieds énormes. MMrs Y. et Z. ont le teint bien fatigué par leurs études. — Toujours de nombreuses familles. M. K. a quatre sœurs et un frère et déjà quatre enfants. Chez M. B., trois ou quatre petits enfants, outre les grands. Il n'a pas de fortune, il est tutor, il vit de ses écrits et de ses leçons, et il a la plus charmante maison confortable, neuve, gothique, à portail italien XIVe siècle, jardin vert à l'entour. C'est toujours le système de travailler beaucoup et de manger tout au jour le jour. Il a vécu quelques années avec sa femme aux colonies, dans une place du gouvernement. Très belles gravures partout, et aquarelle truculente, verte, jaune et rouge cru l'un sur l'autre, faisant mal à l'œil. Du feu partout, il y en a dans toutes les salles de l'Union Club où je vous écris. Travaillé deux heures à la Bodleian Library. Dans les intervalles j'erre à travers l'architecture et les verdures. Ils bâtissent et plantent à nouveau, outre qu'ils conservent l'ancien. Ainsi Keble college (du nom de Keble, auteur d'hymnes religieux, 58e édition), et l'University Museum, énorme bâtiment tout récent, gothique, en briques rouges, à toits aigus, avec petits bâtiments coiffés d'éteignoirs désagréables, tous les toits en tuiles, alternativement rougeâtres et bleuâtres, de l'effet le plus faux. — M. Ruskin, le savant esthéticien qui est professeur ici, a dirigé la construction de l'University Museum : ses livres valent mieux que ses bâtisses. Mais le nouveau parc avec ses lointains verts, ses collines perdues dans un brouillard bleuâtre, sera charmant dans cent ans. Rien n'est plus noble que de penser à l'avenir comme on fait ici.

M. Max Müller revient; son beau-père a été renversé de voiture, a craché le sang et n'a pas survécu. Je ne dois plus aller le visiter, ce serait indiscret. L'an prochain, le cours au Taylor Institute sera en allemand ou en italien. Quant à son sanscrit, il y a une douzaine d'élèves; mais nul ne persévère et ne devient savant; ceux qui le pourraient peut-être, futurs clergymen ou canons, entrent tout de suite dans la vie pratique, s'occupent des pauvres, sont membres de comités, d'associations, etc. — Aucun moyen de créer ici une race de vrais et patients philologues.

A MADAME H. TAINE

Oxford, 8 juin

Hier soir dîner chez un fellow d'Exeter Collège, M. Bywater[1], avec trois ou quatre de ses amis, tous parfaitement aimables et sensés, lui encore plus que les autres. Que de gens instruits et sympathiques ici! Très modeste de plus, et spécial sur la philosophie grecque, a retrouvé dans Jamblique des fragments de dialogues d'Aristote. — Intérieur charmant, donnant sur des jardins et de l'architecture; admirables photographies et estampes; j'en ai admiré deux d'après Tintoret, il m'en a apporté les doubles ce matin. J'ai pris une adresse à

1. M. Ingram Bywater, savant helléniste

Londres pour avoir deux photographies magnifiques des deux statues de Michel-Ange, l'*Aurore* et la *Nuit* à Florence. Livres bien reliés, bien rangés faisant ornement. Le soir, les quelques lumières vacillantes dans les grandes formes noires, le long des murs treillissés de lierre, sous la lune, parmi toutes les crénelures gothiques, semblaient un décor d'opéra. — M. Neubauer[1], Hongrois naturalisé Français, qui voyage pour l'Institut et fait des catalogues de manuscrits hébreux, dit que presque personne ne travaille ici : cinq ou six en tout. Les professeurs de Divinity ont jusqu'à seize cents livres sterling d'appointement, et vivent en chanoines. Des trois professeurs de philosophie, l'un est le plus savant homme du monde sur Aristote et a toute la collection des œuvres qui ont rapport à Aristote; mais il n'a rien publié. Beaucoup de gens apprennent pour s'éclairer sur un point, pour s'occuper, mais ne croient pas nécessaire de publier. L'impulsion, l'élan qu'il faut pour écrire leur manquent. M. Neubauer prétend que la grande vente des livres et des Revues est en Angleterre une affaire de mode. On achète une Revue, et jusqu'à cinq éditions du même numéro, un dictionnaire, un grand livre d'histoire, parce que vos visiteurs vous disent : « O, il faut avoir cela! » La table à lecture ne serait pas complète ni confortable s'il y manquait quelque ouvrage ayant du succès; mais on ne le lit pas, on en feuillette tout au plus une ou deux pages. — Par cet effet

1. Neubauer (Adolphe), né en 1832, se fixa à Oxford en 1874 et devint bibliothécaire de la Bodléienne.

de la mode. Tennyson gagne cinq mille livres sterling par an. Il y a tant de riches, ils peuvent acheter six shillings un de ces volumes qui ont deux cents pages.

Visite du Révérend Jackson, un des curateurs du Taylor Institute. Il m'a donné des renseignements sur les pauvres. Dans le Devonshire et un autre comté qu'il a étudié, les gages par semaine d'un *agricultural labourer* sont de huit à neuf shillings. Il faut qu'il soit très intelligent, très habile pour en gagner douze. Or, il a le plus souvent six enfants. Il ne peut donc vivre que par aumônes. assistance publique ou privée. En outre une paysanne anglaise, et en général toute femme de la classe inférieure est très maladroite, incapable de faire la cuisine même la plus simple. Elle achète tout cuit, tout fait, ce qui est plus cher. Elle ne sait pas faire profiter, économiser; elle est en cela tout l'opposé d'une Française. Comme membre du bureau de bienfaisance, une fois, dans un village, il a fait allouer quinze shillings par semaine à un ménage qui avait quatorze enfants. Ni la femme, ni la fille aînée qui avait quinze ans, ne savaient faire la moindre chose en cuisine. On achetait du pain frais, du beurre, du thé et on vivait ainsi. — Il leur conseille d'acheter un morceau de jambon, de la viande, de faire une soupe, une grillade, etc. : « Nous ne saurions pas. » — En général, partout maladresse et habitude de dépense. Mrs Jackson, qui a cinq ou six *maids* est obligée de leur apprendre *to trim their bonnets*[1], sans cela une grosse

1. A garnir leurs chapeaux.

partie des gages y passe. — En outre, ivrognerie des hommes.

A deux heures, on m'a reçu docteur *in Jure civili*, avec un petit discours latin très poli. La robe rouge était prête; ensuite on m'a fait asseoir à gauche du vice-chancelier, et j'ai écouté une discussion pour savoir si on devait voter quatre-vingts livres sterling pour les volets de la grande salle des *Lectures*, afin d'y permettre des conférences sur l'Optique, etc.

CHAPITRE III

APRÈS LA GUERRE

Retour à Châtenay. — II. Premières études pour les Origines de la France contemporaine. — III. Traduction du *Séjour en France*. — IV. L'École des sciences politiques. — V. Brochure sur le *Suffrage universel*. — VI. Les *Notes sur l'Angleterre*. — VII. Recherches aux Archives nationales. — VIII. Articles divers. — IX. Correspondance.

M. Taine, à son retour d'Angleterre, s'était remis immédiatement au travail; il compléta d'abord la série de ses leçons à l'École des Beaux-Arts, qui avaient été interrompues par la Commune; puis, ayant arrêté à peu près définitivement dans son esprit le plan de son œuvre future, il commença à la Bibliothèque et aux Archives nationales la série de longues et laborieuses recherches qui devaient fournir les matériaux des *Origines de la France contemporaine*. Il faisait un véritable sacrifice en renonçant à poursuivre ses travaux philosophiques et à écrire cette théorie de la Volonté qui devait être pour lui le complément de *l'Intelligence*. Mais, en présence des ruines amoncelées par la guerre et la Commune, et du désarroi des esprits devant l'œuvre de reconstitution nationale, il lui sembla que l'heure n'était plus aux spéculations pures et que le penseur, comme l'homme d'action, devait à son pays toutes ses forces vives. — Il sentait que beaucoup de nos maux venaient de la rupture de notre société moderne avec les traditions de la race : avant de construire à nouveau, il fallait sonder le sol sur lequel nous campions, connaître les causes de notre déracinement, et pour cela remonter jusqu'à l'époque où s'était produite la scission définitive entre le passé et le présent, à la Révolution française. Quatre-vingts ans de perturbations périodiques indiquaient un vice fondamental dans l'œuvre de reconstitution du Consulat. Il fallait rechercher ce vice et en suivre les conséquences pour notre société contemporaine. En entreprenant son ouvrage, M. Taine ne croyait pas assumer une tâche aussi lourde que celle qui occupa les vingt-deux dernières années de sa vie; il pensait d'abord écrire un seul volume d'idées générales[1]; puis, devant l'accumulation de faits nouveaux et la nécessité de rendre sa pensée plus claire, il se décida à diviser l'œuvre en trois parties : l'Ancien Régime, la Révolution, le Régime moderne; et encore croyait-il nous conduire pour ce dernier volume jusqu'au seuil du second empire : en 1871-72, ses recherches à la Bibliothèque et aux Archives embrassaient la Restauration et le règne de Louis-Philippe[2]; ce n'est que beaucoup plus tard qu'il restreignit son plan et l'arrêta à la grande reconstitution de 1800.

Ce fut au cours de ses premières explorations que

1. Il songea presque tout de suite à en faire deux : nous trouvons dans une lettre du 23 octobre 1871, à M. Alexandre Denuelle : « J'ai passé la journée aux Archives et j'y retourne demain; il y a là des trésors; j'y ai lu la correspondance des préfets de trois départements pendant huit ans. J'y ai vu des naïvetés sérieuses qui sont du plus haut comique. — Je crois que j'aurai deux volumes et que je ne pourrai commencer à écrire qu'après mon cours aux Beaux-Arts. »

2. Voir appendice, p. 309.

M. Taine découvrit à la bibliothèque Richelieu le livre d'une dame anglaise qui avait été retenue en France de 1792 à 1795 et qui, après son retour en Angleterre, avait confié à M. John Gifford ses lettres et son journal, qu'il publia en 1796. M. Taine trouva que le document méritait d'être mis sous les yeux du public français et il fit entreprendre sous sa direction une traduction révisée par lui qui parut en feuilletons dans le journal *le Français*, pendant les derniers mois de 1871. Lors de la publication en volume (1872), il y eut de violentes clameurs dans les journaux avancés, les uns disant que ce n'était qu'un mauvais pamphlet d'un écrivain à la solde de Pitt, les autres, plus nombreux, prétendant que l'œuvre était une pure invention de M. Taine, et le traitant presque de faussaire. Il dut, dans la 2e édition, donner la référence exacte au catalogue de la Bibliothèque nationale, ce qui répondait victorieusement à la seconde accusation; mais pour anéantir la première, il eût fallu connaître le nom de l'auteur anonyme. Malheureusement, la librairie Longway, où le livre avait été publié, avait été incendiée avec toute sa comptabilité et ses archives. Mais M. Taine connaissait assez cette époque de la Révolution pour ne pas révoquer en doute que l'auteur ne fût un témoin très sérieux et très bien informé.

Ce fut dans ce même été de 1871 que M. Boutmy entretint pour la première fois M. Taine du plan généreux que lui avaient inspiré nos malheurs et qui devait aboutir à une des œuvres les plus fécondes et les plus accomplies dont la France puisse s'enorgueillir : la fondation de l'*École libre des sciences politiques*. Conçu pendant les jours cruels du siège de Paris, mûri par des conversations avec M. Vinet[1], le projet de l'École future, tel qu'il fut exposé pour la première

1. M. Boutmy avait parlé pour la première fois à M. Vinet de ce projet d'enseignement libre dans une lettre datée du 25 février 1871. Le premier programme d'appel dont nous parlons plus loin est signé de MM. Boutmy et Vinet.

fois à M. Taine, le captiva immédiatement et il se mit de tout son cœur au service de son jeune ami pour aider à sa réussite. D'autres hommes distingués se groupèrent également autour de M. Boutmy, tout d'abord Victor de Champlouis, qui venait de quitter l'armée[1], puis MM. Édouard André[2] et Jacques Siegfried[3]. Pendant tout l'été de 1871, ils se réunissaient fréquemment[4] pour essayer de résoudre les difficultés que les mœurs françaises autant que les dispositions légales opposaient à la création nouvelle. On se souvenait des écueils sur lesquels avait sombré l'École d'administration de 1848; il fallait les éviter et préserver la nouvelle École de toute immixtion gouvernementale. On devait trouver les premiers fonds, réunir un groupe de professeurs indépendants, préparer les programmes des études, donner un statut légal à la jeune fondation. L'intelligence si élevée et si lucide de M. Boutmy éclairait tous les points obscurs et ses amis l'aidaient de tout leur cœur à surmonter les obstacles. Au mois de septembre, le plan était assez élaboré pour que M. Boutmy pût adresser à un certain nombre de personnalités un programme qui était aussi un appel. Beaucoup y répondaient, entre autres MM. Guizot et Laboulaye, dans deux lettres remarquables[5].

1. Voir p. 1.
2. André (Édouard), banquier, fut le premier président du Conseil d'administration de l'École.
3. M. Jacques Siegfried fait encore partie du conseil d'administration de l'École.
4. A ces amis de la première heure vinrent bientôt se joindre MM. Alfred André, Beaussire, Adolphe d'Eichthal, Hély d'Oissel, le comte Lanjuinais, Rousse, de Varigny, etc.
5. La réponse de M. Guizot, datée du 7 octobre, fut publiée dans le *Journal des Débats* du 15 octobre. Celle de M. Édouard Laboulaye est du 30 septembre. Toutes deux sont reproduites dans un opuscule publié en 1889, à l'occasion de l'Exposition Universelle, par le Conseil de l'École : *L'École libre des sciences politiques*. 1871-1889. Paris, chez G. Chamerot.

M. Taine publia le 17 octobre, dans les *Débats*[1], un article qui expliquait au public le projet de fondation; les premières souscriptions furent recueillies en quelques semaines et, le 10 janvier 1872, l'École des sciences politiques ouvrait ses premiers cours dans un modeste local d'emprunt. A la séance d'inauguration, M. Taine prit la parole pour expliquer aux amis de l'entreprise l'esprit et la méthode qui y avaient présidé. Ce discours éveilla les susceptibilités d'un certain nombre d'hommes politiques, notamment de M. Henri Brisson, qui attaqua très vivement la jeune École.

L'enseignement ne comportait provisoirement que six cours et quelques conférences; mais les professeurs étaient MM. Dunoyer, Gaidoz, Paul Janet, Paul Leroy-Beaulieu, Levasseur, Albert Sorel. Le succès fut très vif; on compta dès la première année 89 inscriptions et, au mois de juillet 1872, la Société anonyme de l'École des sciences politiques put se constituer avec un capital entièrement souscrit. Nous n'avons à apprendre à personne combien fut féconde l'œuvre de M. Boutmy; mais nous ne pouvons taire son action bienfaisante sur tous ceux qui eurent l'honneur d'être associés à ses débuts, et en particulier sur M. Taine. Après tant de douleurs et de découragements, l'espérance du relèvement rentrait en lui à la vue de si généreux efforts : vieillards et jeunes gens, maîtres et étudiants, hommes de science et hommes d'affaires, chacun répondait à l'envi à l'appel, les uns apportant leur expérience, leur parole, leur argent; les autres se pressant autour des professeurs pour recevoir l'enseignement nouveau. C'était là, certes, un grand motif de consolation et M. Taine en était doublement heureux, car il le devait à l'ami si cher dont il avait été le maître et qui était devenu un maître à son tour.

M. Taine resta profondément attaché à l'École et fit partie

1. Inséré dans l'*École libre des sciences politiques* et dans les *Derniers Essais de critique et d'histoire.*

jusqu'à sa mort du Conseil d'administration. En souvenir de cette longue collaboration, M. Boutmy a fait placer, rue Saint-Guillaume, dans le promenoir des élèves, une belle reproduction du médaillon de M. Roty; il a consacré ce souvenir d'une façon plus précieuse encore dans l'inoubliable étude qu'il écrivit sur son ami, en avril 1893[1].

Pendant l'hiver de 1872, M. Taine et quelques-uns de ses amis, poussés par des préoccupations analogues à celles qui ont présidé à la fondation de l'École des sciences politiques, se réunirent pour préparer un projet de réforme de l'enseignement supérieur. MM. Ernest Bersot, Paul Bert, M. Berthelot, M. Bréal, E. Renan, W. Waddington et M. Taine travaillèrent de concert et rédigèrent un rapport qui fut présenté au Ministre de l'Instruction publique, M. Jules Simon. Les idées de décentralisation universitaire auxquelles ils aboutissaient[2] ont été soutenues par M. Waddington pendant son ministère, et plus tard par M. Léon Bourgeois. Elles ont été en partie réalisées après plus de vingt ans : il n'est peut-être pas inutile de rappeler ici les noms des ouvriers de la première heure.

On a vu[3] que M. Taine avait conçu le projet d'écrire des articles sur la politique, par dévouement patriotique, car

1. « Dans nos séances, Taine ne se prononçait pas volontiers; il interrogeait, demandait des explications, il nous obligeait par là à nous mieux rendre compte de nos fins et de nos moyens. Les questions, posées avec suite et méthode, faisaient peu à peu la lumière et valaient des conseils. Ses conseils, quand il lui arrivait d'en donner, portaient sur les vues maîtresses qui sont le point de départ de l'action; l'action une fois engagée, il ne s'appliquait qu'à soutenir l'homme chargé de l'exécution, à lui donner confiance; il évitait de le troubler par des objections de détail. Jamais esprit nourri de contemplation n'eut un sentiment plus vif des nécessités d'une œuvre pratique. » *Taine, Schérer, Laboulaye*, par Émile Boutmy.

2. Voir p. 178, lettre du 24 janvier 1872.

3. Lettres des 7 et 26 février 1871.

rien n'était plus contraire à ses goûts personnels; il avait commencé, avant de quitter Pau, quelques pages sur le suffrage à deux degrés : il les termina à l'automne et les publia dans le journal *le Temps*; elles parurent en brochure à la fin de l'année[1]. Une lettre au directeur du *Temps*[2], sur la diffusion des journaux modérés, et une autre au *Journal des Débats*[3], sur un moyen de payer la contribution de guerre, témoignent des mêmes préoccupations. M. Taine ne considérait, du reste, ces articles que comme des œuvres de circonstance et disait vingt ans plus tard, en parlant des pages sur le Suffrage universel : « Cette brochure n'est qu'une esquisse bien incomplète et le remède qu'elle indique serait fort insuffisant. Voir dans le dernier chapitre du *Régime moderne*[4] un plan plus complet, au moins pour la société locale[5] ».

Les *Notes sur l'Angleterre* parurent en volume également à la fin de décembre; elles furent aussitôt traduites en anglais par M. Fraser Rae qui écrivit en tête du volume une excellente notice biographique et critique sur M. Taine et son œuvre[6].

Lorsque M. Taine voulut faire le plan définitif de son livre sur la France contemporaine, il s'aperçut vite du dénuement des sources pour la période révolutionnaire, principalement pour la province. Ses prédécesseurs, plus rapprochés que lui des événements, avaient surtout suivi les traditions orales, sans toujours s'appliquer à en vérifier la

1. *Du suffrage universel et de la manière de voter*; recueilli dans les *Derniers Essais de critique et d'histoire*, édition définitive.

2. 5 février 1872. Voir p. 180.

3. 9 février 1872. Voir p. 186.

4. Tome X.

5. Note inédite : Voir Victor Giraud. *Essai sur Taine*.

6. L'*Histoire de la Littérature Anglaise* et l'*Intelligence* avaient été traduites également l'année précédente, la première par M. Van Laun, la seconde par M. Haye.

véracité; les Mémoires du temps n'avaient pas encore paru ou étaient souvent suspects. Le *Moniteur*, Buchez et Roux, donnaient des discours et quelques faits qui étaient l'interprétation officielle et il fallait la contrôler. M. de Tocqueville avait écrit un livre admirable[1]; mais, selon la méthode de l'époque, il n'avait pas fourni ses références, et ses héritiers ne consentaient pas à communiquer ses notes. Tout était donc à créer pour M. Taine et les années 1872 et 1873 furent consacrées complètement à ses recherches dans les poudreux cartons des Archives nationales. Il partait chaque jour après un déjeuner matinal et rentrait épuisé de fatigue le soir, n'ayant pris comme collation qu'un morceau de pain et une tasse de café noir que lui faisait par grâce le portier de l'hôtel de Soubise. Bien souvent il revenait sans rien rapporter de ses fouilles; parfois, au contraire, il rencontrait un riche filon et voyait avec joie grossir les liasses de fiches où il entassait ses matériaux. Les archivistes étaient pleins d'égards pour lui et lui donnaient souvent de précieuses indications; M. Taine en conserva une grande reconnaissance et particulièrement envers M. Maury, administrateur des Archives qui, pour faciliter son travail, avait mis à sa disposition la petite salle qui précédait son cabinet, afin qu'il pût y conserver ses cartons d'un jour sur l'autre, et ne pas perdre un temps précieux en les demandant à nouveau. Pendant ces deux années, M. Taine tenta à plusieurs reprises de commencer son livre; mais, soit que les matériaux assemblés fussent encore insuffisants, soit que la fatigue extrême de cette préparation eût épuisé ses forces, il ne parvenait pas à se satisfaire et le travail

1. *L'Ancien Régime et la Révolution*; — depuis, de nombreux travailleurs ont suivi l'exemple de M. Taine, beaucoup de documents inédits ont été publiés à Paris et en province; mais il faut se reporter à leur date pour savoir ce qu'étaient les sources historiques de la Révolution en 1871, et pour comprendre l'immense labeur de M. Taine.

n'avançait pas. Il ne s'en laissait cependant pas distraire et c'est à peine si nous relevons quelques articles épars écrits pendant ces deux années : un, en 1872, sur l'*Aristophane* de M. Émile Deschanel[1]; un autre sur l'École des sciences politiques[2], au commencement de sa seconde année de fonctionnement, pour annoncer au public son succès et les transformations qu'elle allait subir; enfin, une lettre aux *Débats*[3], réponse à M. Naquet qui, à la Chambre, dans la séance du 16 décembre, avait essayé, par des citations tronquées ou mal interprétées, de l'enrôler sous sa bannière. Cette lettre fut pour M. Taine la cause d'une grave contrariété. Vivant très retiré, il n'avait jamais rencontré M. Naquet et ignorait son infirmité : il reprit dans le discours du député une phrase disant « qu'il n'y a pas plus de démérite à être pervers qu'à être borgne ou *bossu* » et appuya, dans sa réponse, sur le second terme. Averti trop tard, il fut très peiné d'avoir paru faire allusion, dans une polémique, à un malheur physique de cette espèce. Tous ceux qui ont connu sa bienveillance naturelle et sa courtoisie extrême peuvent comprendre la sincérité de ses regrets....

De 1873, nous ne trouvons dans les articles de M. Taine que quelques pages sur l'*Hérédité*, la thèse de M. Th. Ribot[4], qu'il se fit un plaisir et un honneur de présenter au public. Il suivait depuis plusieurs années, avec l'intérêt le plus vif, les travaux du jeune psychologue, et aucune autre occupation ne pouvait détourner son attention des chères études philosophiques qui occupaient toujours la première place dans son cœur. — Il avait accepté, dans un intervalle où il était forcé de suspendre ses recherches aux Archives, d'écrire sur *Mérimée* une étude qui devait servir de préface aux

1. *Journal des Débats*, 17 avril 1872, non recueilli en volume.
2. *Id.*, 10 novembre 1872, non recueilli.
3. *Id.*, 19 décembre 1872. Voir p. 213.
4. *Id.*, 29 novembre 1873; recueilli dans les *Derniers Essais de critique et d'histoire*.

Lettres à une Inconnue. Elle parut les 4 et 6 décembre dans le *Journal des Débats* et bientôt après en tête de la Correspondance[1].

A GEORGES BRANDÈS[2]

Châtenay, 27 juin 1871

Mon cher Monsieur,

Votre lettre m'a fait grand plaisir et je vous remercie de votre affectueux souvenir. — Tous les miens sont en bonne santé. — Notre maison à Châtenay a été un peu pillée et un peu endommagée ; les robes de ma femme sont sur le dos de quelque sentimentale Gretchen, et plusieurs de mes livres ont allumé la pipe d'un *fähnrich* philosophe. — Mais le principal est sauf. Nous sommes aussi un peu ruinés, comme tout le monde. Mais mon beau-père et moi nous avons bonne envie de travailler et nous travaillons.

Cette année a été dure : j'ai pensé souvent à votre pauvre pays ; nous avons subi comme vous l'abus de la force ; de toutes les calamités qui sont tombées sur nous, la pire, à mon sens au moins, celle qui me touche le plus profondément, c'est la captivité de deux provinces, de 1 900 000 Français obligés de devenir allemands. Au-

1. Recueillie d'abord, en 1874, dans la 5e édition des *Essais de critique et d'histoire*, cette étude fait maintenant partie de l'édition définitive des *Derniers Essais*.

2. M. Brandès (Georges-Maurice-Cohen), philosophe et critique, né à Copenhague en 1842.

cun homme de cœur et de conscience ne peut se résigner à cette pensée; car il ne s'agit pas d'amour-propre, mais de devoir. Nous espérons que d'ici à dix ans tous les opprimés de l'Europe feront cause commune contre une monarchie et contre un peuple qui, en ce moment, veulent jouer le rôle de l'Espagne sous Charles-Quint et Philippe II.

J'ai écrit cet hiver un livre intitulé *Notes sur l'Angleterre* contemporaine; il paraîtra d'abord dans un journal ou dans une revue. En ce moment, j'achève mes cours aux Beaux-Arts. Je compte ensuite employer un an ou deux à des études de philosophie politique sur la France depuis 89 jusqu'au moment présent, en pratiquant les méthodes historiques et psychologiques que vous connaissez.

J'ai appris avec peine votre maladie; votre santé se rétablira tout à fait dans le climat natal. Vous avez recueilli maintenant tout votre butin, il n'y a plus qu'à classer et à élaborer; votre éducation est complète. Je regrette bien de ne pas savoir le danois, je suivrais vos recherches et vos publications avec un vif plaisir. Mais Gaston Paris l'entend et, par lui, par quelques autres, je serai au courant de vos idées. Ne nous oubliez pas si vous revenez en France; j'habite maintenant hiver et été à Châtenay, sauf quelques semaines en hiver chez mon beau-père, 28, rue Barbet-de-Jouy, à Paris.

Nous n'avons plus de fleurs, nos orangers ont été gelés et les Allemands ont brûlé les planchers de nos serres. Mais il y a encore des arbres et de la verdure, et je serai bien content de causer encore avec vous sous notre berceau.

Bien amicalement à vous.

A M. MAX MÜLLER

Châtenay, 28 juin 1871

Mon cher Monsieur,

Depuis mon retour je me suis emménagé ou à peu près à la campagne, j'ai repris mon cours à l'École des Beaux-Arts, et j'ai employé presque tout le reste de mon temps à lire ou à relire les œuvres d'un savant linguiste que vous connaissez beaucoup. Je ne vous parle pas du profit que j'y trouve, il y a là une science entière dont je possède à peine les premiers éléments, j'aime mieux vous indiquer le seul point où je conserve des doutes : pour un amateur de psychologie comme moi, il est capital, et nous en avons déjà causé sous les grands ormes qui bordent le nouveau parc d'Oxford.

Il s'agit de la raison (*Vernunft*), de la faculté de concevoir ou deviner l'infini. Depuis, votre correspondance avec Bunsen et surtout votre *Deutsche Liebe*[1] m'ont donné des lumières. Si je ne me trompe, vous croyez

1. *Amour Allemand.* Un charmant petit volume de M. Max Müller, presque une autobiographie, qui n'a été tiré qu'à un petit nombre d'exemplaires.

que naturellement l'esprit humain, dès qu'il commence à penser, a l'intuition plus ou moins vague d'un infini qui n'est pas seulement l'infini du temps et de l'espace, mais qui est surtout l'infini de l'Être ou plutôt l'Être parfait, universel, l'intelligence active et créatrice, en un mot Dieu. Les derniers philosophes de notre école éclectique en étaient venus aux mêmes conclusions. Lorsqu'on les pressait un peu, ils reconnaissaient que les célèbres preuves de Saint-Anselme, Descartes, Clarke et Leibnitz ne sont pas probantes et qu'en somme l'homme voit Dieu sans syllogisme, sans induction, spontanément, du premier coup, comme il voit le monde extérieur et lui-même. Il y a là une question majeure de psychologie, et je vous avoue que je serais charmé de vous voir la traiter en psychologue; cela est d'autant plus essentiel que vos vues sur la religion, sur les origines du langage, votre *Weltanschauung*[1] supposent l'existence distincte de la raison (*Vernunft*). J'ai dit que, depuis les travaux de l'école expérimentale, nous avons l'histoire et l'explication du mécanisme interne qui constitue les perceptions extérieures et la conscience; ce serait un beau complément et digne de vous que d'y joindre en termes précis et avec les procédés d'exactitude scientifique que vous pratiquez si bien, l'histoire et l'explication du mécanisme interne par lequel nous concevons Dieu.

Puisque vous me faites l'honneur de lire l'*Intelligence*

1 Conception du monde.

vous savez que je n'ai pas osé me risquer jusqu'au fond de cette question. Je n'ai considéré que l'infini mathématique, comme plus simple et parfaitement clair. Sur ce terrain réduit, j'ai tâché de montrer que les opérations d'esprit pour former l'idée d'infini ne sont que l'analyse, l'abstraction, le dégagement d'une loi abstraite incluse dans deux termes quelconques d'une série et les conséquences qu'on peut déduire de cette loi une fois dégagée. Jusqu'à présent je ne trouve pas d'indice qui me permette de considérer la faculté de l'infini comme une faculté distincte, et j'incline à croire que l'idée de Dieu, comme l'idée de l'infini mathématique, du temps, de l'espace, se forme par analyse, abstraction et combinaison. Nouveau motif pour souhaiter de vous voir entrer dans l'examen psychologique et pour espérer que dans ce domaine comme en philologie j'aurai tout à gagner en vous étudiant.

J'ai été traité avec une courtoisie et une bonne grâce infinie à Oxford ; j'espère que vous voudrez bien me rappeler au souvenir de tous ces messieurs, de M. le Vice-Chancelier, de M. Rogers, de M. Smith, de M. Arnold, de MM. Bywater, Heale, Jackson, Kitchin, Jowett, auxquels je suis bien sincèrement reconnaissant. Je n'ai personne à qui je puisse donner une pareille charge auprès de vous-même et c'est vous à qui je dois le plus. J'ai fait vos compliments à Renan qui vous envoie les siens. Je n'ai point vu encore vos amis, je vis à la campagne.

Veuillez présenter mon respectueux souvenir à

Mme Max Müller et accepter une cordiale poignée de main.

A MADAME H. TAINE

Châtenay, 28 août 1871

Le soir du jour où je vous ai quittée, j'ai acheté les trois volumes de la *Démocratie en Amérique* de Tocqueville. Je les relis : excellent, quoique trop abstrait; il aurait bien mieux fait de publier ses notes. — Mais quelle chose désolante que de voir nos malheurs prédits d'avance, et tous nos maux connus à fond, sans que cette connaissance se soit répandue, ni ait été appliquée!

J'ai lu à force tous ces jours-ci et copié de même; j'en ai mal à la main et une indigestion à la cervelle.— J'ai trouvé des livres extrêmement curieux, il y aurait un volume à faire rien qu'avec des extraits.

Je travaille ferme, je vais demain à la Bibliothèque, j'ai lu quatre volumes sur six que j'ai rapportés jeudi soir; c'est un rude travail que j'ai entrepris; mais pour avoir une opinion motivée, il faut en passer par là. — On est rassuré provisoirement sur la politique.

George Sand a fait faire « ses plus vives félicitations » à l'auteur des feuilletons du *Temps*[1].

1. Les *Notes sur l'Angleterre.*

A MADAME H. TAINE

Châtenay, 31 août 1871

Compliments sur mes articles hier au *Temps*[1]. M. Hébrard me propose un autre voyage aux frais du journal, en Russie. — Déjeuner chez Marcelin avec Halévy; il m'a rendu trente-trois lettres de moi [2]. — Trouvé à la Bibliothèque cinq volumes de voyages et séjours anglais en France en 1801, 1814 et 1815. — En outre un livre délicieux sur 1848, les *Souvenirs* du comte Joseph d'Estourmel.

Halévy m'avait dit que ces lettres qu'il me rendait étaient très belles; cela n'est pas vrai du tout, et, à la lecture, j'ai été fort détrompé.

Pour vous faire sourire un instant, voici une anecdote qu'Halévy me contait à déjeuner : Vous savez que Renan, en juillet 1870, est allé au cap Nord avec le prince Napoléon. Il a trouvé sur le navire Mlle L., jeune actrice que le prince honorait de ses bontés. Tous dînaient ensemble. Au bout de quelques jours, Mlle L., prit le prince à part, lui déclara que « sa conscience était troublée, que c'était bien mal à lui de la faire dîner avec un renégat, un impie ». — Ceci m'a paru sublime.

1. Les *Notes sur l'Angleterre*.
2. A Prévost-Paradol. — Voir tome I et II.

A MADAME H. TAINE

Châtenay, 7 septembre 1871

J'ai corrigé le premier feuilleton pour le *Français* et ajouté une petite préface[1]. Hier a paru le huitième feuilleton du *Temps*, j'espère avoir le neuvième aujourd'hui. — J'ai lu mes six volumes et j'ai extrait les notes de quatre.

Vous me demandez des nouvelles de la situation ; je n'en ai aucune ; depuis près de huit jours, je vis cloîtré ici. — Ce qui me paraît certain, c'est que le nouveau titre de M. Thiers lui donne plus d'assiette[2] ; la Chambre ne pourra pas le déplacer et le remplacer par un simple accès de mauvaise humeur. Ce sont ses ministres qui tomberont, il est presque roi constitutionnel. L'inconvénient, c'est son caractère impatient, impérieux, sa conviction qu'il a toujours raison en tout. Ayant demandé à M. Bertrand[3] des renseignements sur un point de mathématiques, il l'a contredit sur ce point-là même. — A mes yeux, un autre signe inquiétant, c'est la composition de beaucoup de conseils municipaux, non seulement à Lyon, mais dans de petites villes comme Lodève. Ils sont composés de rouges, sots et déclamateurs, qui ont hérité du style, de la violence et de la

1. Pour la traduction du *Séjour en France*.
2. Loi du 31 août, dite loi Rivet, qui donnait au chef du pouvoir exécutif le titre de *Président de la République Française*.
3. M. Joseph Bertrand, secrétaire perpétuel de l'Académie des Sciences.

niaiserie des anciens Jacobins. Si l'élection met nos affaires en de pareilles mains, c'est que les électeurs sont imbéciles ou s'abstiennent. Le suffrage universel, dans un pays apathique, tend toujours à mettre le pouvoir aux mains des bavards déclassés. — En 1851, ce qui a provoqué le coup d'État et l'assentiment de la France, c'est le progrès redoutable des opinions révolutionnaires et socialistes.

A M. JOHN DURAND

Paris, 29 novembre 1871

Mes *Notes sur l'Angleterre* qui ont paru dans le *Temps* vont être publiées en volume; aussitôt qu'il aura paru, je vous l'enverrai; j'y ajouterai un peu plus tard une brochure sur le Suffrage à deux degrés qui va d'abord paraître en articles dans un journal, et une traduction d'après un ouvrage anglais presque inconnu et très curieux, qui contient les lettres d'une dame anglaise ayant résidé en France de 1792 à 1795. Là-dessus la correspondance de votre compatriote Gouverneur Morris est des plus instructives; je cherche à me procurer les correspondances analogues des résidents américains sous l'Empire, la Restauration et Louis-Philippe, sans pouvoir encore y parvenir. Si vous pouvez me donner des renseignements là-dessus, me dire les noms des résidents et si leur correspondance a été publiée, je vous en serai fort obligé. Je tiens beaucoup aux jugements politiques que les Anglais et Américains compétents ont portés *de visu* sur la France ; ils sont en politique ce que nos dilettanti et nos critiques sont en fait d'art.

Vous me demandez mon opinion sur l'état de nos affaires. — J'étudie notre histoire depuis 1789 pour en avoir une. En attendant, je crois pouvoir dire que le pouvoir de l'Assemblée est assuré, si elle ne se divise pas trop bruyamment et si elle ne fait pas de trop grosses fautes, ce que j'espère. L'essentiel est de ne pas refaire la guerre avant dix ans, et de ne pas se mêler à la grosse partie que la Prusse va probablement jouer contre la Russie au printemps prochain. Les hommes les plus raisonnables me paraissent souhaiter la continuation des pouvoirs de M. Thiers, une loi électorale qui corrige la mauvaise organisation de notre suffrage universel, une Chambre Haute élective, le service militaire pour tous. Si Henri V mourait, il est probable que tous les personnages considérables en province, légitimistes, orléanistes, propriétaires ou industriels influents, s'allieraient pour conduire à peu près dans le même sens les affaires locales et générales, alors peu importerait que le chef du pouvoir fût un président à terme plus ou moins long, ou un roi constitutionnel. L'essentiel est que les classes éclairées et riches conduisent les ignorants et ceux qui vivent au jour le jour. Non seulement les affaires reprennent, mais il y a un vif réveil de l'esprit public, du sentiment national.

Beaucoup de gens se reprennent de goût pour la politique; ils ont de la bonne volonté, et donnent de l'argent. Nous sommes en train de fonder à Paris par souscriptions privées une École libre pour l'enseignement des sciences politiques. Je vois quantité de personnes qui sentent que leur devoir et leur intérêt sont de ce côté. J'ai donc un commencement d'espérance; en somme, les deux ennemis de la liberté sont chez nous les Rouges et les Bonapartistes.

Je serais bien curieux de savoir le détail complet d'une élection chez vous; nous ne connaissons que vos lois et point du tout la mécanique réelle de leur action, j'imagine qu'il y a là un roman de Balzac.

Vous êtes bien heureux, cher Monsieur, d'être à la campagne dans une maison à vous; c'est tout mon rêve.

A M. F. GUIZOT

Paris, 10 décembre 1871

Monsieur,

MM. Hachette m'envoient votre volume sur le *Duc de Broglie*; n'étant point abonné à la *Revue des deux Mondes*, je n'en avais lu que des extraits, et je me proposais d'acheter les numéros. Je vais lire et étudier l'ouvrage; il y en a peu qui en ce moment puissent m'être aussi profitables. Aujourd'hui tous, jusqu'aux hommes incompétents, sont obligés de s'occuper de politique; j'ai analysé la plume à la main les *Vues sur le gouvernement de la France*; depuis six mois j'étudie à la bibliothèque les sources originales de notre histoire depuis 89; j'ai dépouillé aux Archives la correspondance des préfets de 1814 à 1830; je vais tâcher d'avoir celle des années suivantes; je suis donc particulièrement heureux d'avoir votre livre, et (laissez-moi l'espérer) de croire qu'il me vient de vous.

MM. Hachette ont dû vous adresser les *Notes sur l'Angleterre* et la brochure sur le *Suffrage universel*; permettez-moi de vous les offrir. Je vous dois les amis que j'ai encore en Angleterre; c'est vous qui m'avez ouvert ce pays, et ce que je puis y avoir appris d'utile vous appartient. Je vous dois encore bien d'autres choses : l'*Histoire de la civilisation en Europe et en France* est encore aujourd'hui le fonds commun d'après lequel s'élaborent les idées historiques, et les *Mémoires* sur la monarchie de Juillet ont dit d'avance ce que l'expérience commence à faire comprendre, à savoir que dans le conflit de la nation et du gouvernement, c'est la nation qui avait tort. Les documents de toute sorte que j'ai lus cet été concluent dans le même sens; quand on regarde le passé de près et de sang-froid, on trouve qu'en général les Français depuis 89 ont agi et pensé, en partie comme des fous, en partie comme des enfants.

Je n'ai pas eu le plaisir de rencontrer Guillaume depuis mon retour. Des affaires domestiques, mon cours qui va m'occuper deux fois par semaine, l'École libre des sciences politiques ne me laissent pas autant de loisir que je le voudrais. Je n'ose vous parler de l'Académie; M. de Loménie est votre ami et M. About est le mien; s'il succombe, l'honneur en sera plus grand pour le vainqueur, puisque le vaincu sera l'un des plus vifs, des plus fins, des plus spirituels, des plus sensés parmi les écrivains de notre temps, peut-être l'esprit le plus français qu'il y ait en ce moment en France; on mettrait ensemble vingt talents allemands ou anglais qu'on n'en tirerait pas la *Grèce contemporaine*, *Trente et quarante*, le *Progrès*, le *Turco*, le *Mari imprévu*, et même le petit volume des *assurances sur la vie*. — Vous ne m'en voudrez pas de louer un ami; en ceci, comme dans toutes les choses d'esprit, j'ai toujours trouvé auprès de vous une tolérance extrême, et en outre un degré de bienveillance personnelle dont je vous suis profondément reconnaissant.

A M. F. CHARMES[1]

Paris, 19 janvier 1872

Mon cher Monsieur,

Je vous dirai comme la semaine dernière : vous êtes trop aimable. Ayant toujours été discuté et contredit, je ne suis pas habitué aux douceurs, surtout aux dou-

1. Écrit à la suite d'articles de M. Charmes à propos des *Notes sur l'Angleterre*.

cœurs sans mélange. Je vous en remercie très vivement et très sincèrement.

Vous êtes le premier, je crois, qui ne m'ayez pas comparé à une mécanique d'acier tranchante et impassible. Vous avez raison de croire qu'en Angleterre je n'ai pas été exempt d'émotions. Mais il y a un grand principe de Gautier et de Stendhal que je crois vrai : ne pas faire étalage de ses sentiments sur le papier; de même un homme qui parle dans un salon ou en public évite ou réprime les sanglots et les cris quand ils lui viennent; il est indécent de donner son cœur en spectacle; il vaut mieux être accusé de n'en avoir pas.

Mon tort a toujours été de trop marquer ma méthode; c'était parce que, de toutes mes idées, elle était à mes yeux la plus utile. Mais le lecteur n'aime pas qu'on lui montre les engrenages, il veut être transporté par la machine, et ne pas être rappelé sans cesse à l'observation des roues et des pistons. Cette faute est moins sensible dans les *Notes*; à cause de cela elles ont mieux réussi. Je ferai mes efforts pour profiter de cette expérience. — Et cependant remarquez qu'un chapitre que vous approuvez, *les types*, est l'application toute scientifique et la plus complète de la théorie des aptitudes ou dispositions maîtresses. Mais je ne l'ai pas dit, la théorie n'est visible qu'à ceux qui veulent la voir. — Cela me fait souvenir d'un mot de M. de Bonald sur lui-même et sur Châteaubriand : « Il a bien réussi, et moi mal; c'est qu'il a donné sa drogue en pilules, et moi la mienne en nature. »

Encore merci pour votre approbation de la drogue en pilules. — Croyez-moi votre tout obligé et dévoué collègue.

A M. ALEXANDRE DENUELLE

24 janvier 1872

Mon cher père, j'ai bien peu de nouvelles intéressantes à vous donner. Les journaux doivent vous tenir au courant de nos affaires publiques. Dimanche dernier, après la réconciliation de M. Thiers et de l'Assemblée, M. de Girardin a passé deux heures avec M. Thiers, et s'est efforcé de lui prouver qu'il ne devait plus s'engager personnellement sur telle ou telle question, paraître souvent à la tribune, qu'il devait se réserver uniquement pour l'évacuation du territoire et le paiement de l'indemnité, laisser le reste à la Chambre et aux Ministres. — M. Thiers a accepté ce parti. Tiendra-t-il dans cette réserve, et notamment à propos du recrutement de l'armée? Bref, nous avons eu une querelle conjugale, et M. Thiers, qui se croit le mari, n'est pas content d'avoir cédé à sa femme.

Je fais demain ma sixième leçon. — L'École des sciences politiques va bien; nous avons une soixantaine d'élèves inscrits et payants, et 125 000 francs souscrits. — Nous sommes approuvés par toute la presse, sauf par les journaux très rouges ou très blancs. Je vais m'occuper avec quelques amis, Renan, Bersot, Bréal, Paul Bert, d'un projet sur la Réforme de l'Enseignement supérieur (cinq ou six universités en tout dans les cinq ou six grandes villes de France, autonomie presque complète de ces universités, mode spécial d'élection des professeurs, presque tous les cours seraient payants, etc). Ma lettre sur le prêt des journaux lus va paraître dans le *Temps*.

J'espère que vous avez un temps passable. Le ciel bleu est l'essentiel en Italie. Je ne m'étonne pas que Gênes ne vous ait pas plu, surtout par le mauvais temps, c'est étroit et grouillant. Pourtant il y a de belles choses dans la galerie Brignole. Quand vous serez sur le point de partir pour Florence, je vous enverrai une lettre pour M. Hillebrand[1] : je crois qu'il y est professeur; il a dîné chez vous, il est très instruit.

Tâchez de ne songer pendant quelques semaines qu'aux œuvres d'art. Je m'étonne bien si les Raphaël et les Michel-Ange vous ont repris aussi vivement qu'il y a vingt-cinq ans. C'est comme si, tout d'un coup, on relisait Virgile et Homère pour la première fois depuis le collège.

Je suis bien content que vous ayez tant aimé la Sixtine ; avec la chapelle des Médicis, c'est la plus forte impression que j'aie rapportée d'Italie ; Michel-Ange est un homme unique; vous verrez les photographies directes que nous avons de la Sixtine aux Beaux-Arts.

1. Voir t. II, p. 357m.

Pourquoi, si M. Desjardins[1] est si affamé, si dévorant, ne le laissez-vous pas à table après l'avoir installé, et pourquoi ne dégustez-vous pas à votre aise votre plat favori, en le laissant engloutir tous les autres? Il est bien plus agréable de courir chacun de son côté, et de causer le soir ensemble de ce qu'on a vu le jour chacun à part. Pour moi, je n'ai jamais eu de vraie sensation dans un musée, que seul.

Dans la Commission de l'Assemblée pour la réforme de la loi électorale, on a voulu m'appeler comme auteur de la brochure que vous savez; mais les membres de la Droite s'y sont opposés, parce que, philosophiquement, je sens trop le fagot.

Encore deux leçons, et j'aurai fini aux Beaux-Arts, je reprendrai alors ma *France contemporaine.*

AU DIRECTEUR DU JOURNAL *Le Temps*

Lundi, 5 février 1872

Monsieur le Directeur,

Permettez-moi de soumettre à vos lecteurs une idée très simple, et, je crois, utile. Plusieurs personnes à qui j'en ai parlé la trouvent opportune et pratique; entre autres avantages, elle a ce mérite qu'elle peut être

1. M. Tony Desjardins, architecte en chef de la Ville de Lyon, ami de M. Denuelle et son compagnon de voyage en Italie.

mise à exécution par chacun de nous dans son petit cercle, et *sans qu'il lui en coûte rien.*

Il y a quelques mois, dans une petite ville du centre, après avoir vu de vieilles architectures, j'entre dans un café, et je demande un journal; on m'en apporte un radical; j'en demande un autre; on m'en donne un second encore plus révolutionnaire. — « N'avez-vous ici que des journaux rouges? — Monsieur, on nous envoie ceux-là gratis, et cela nous évite de prendre un abonnement aux autres. » Il est possible que l'envoi n'ait pas continué. Néanmoins ce petit fait et beaucoup d'autres analogues que chacun peut observer, sont très instructifs; car ils montrent la force de propagande qui est propre aux opinions radicales. Étant violentes, elles sont contagieuses. L'utopiste, le sectaire, les hommes à principes abstraits, les déclassés qui sont aigris contre la société, les rêveurs qui ont découvert une recette certaine pour établir sur la terre la justice et le bonheur parfaits, ont besoin de communiquer leurs idées; ils colportent leurs petits livres, ils prêtent ou donnent leurs gazettes, et, à la fin, la balance penche de leur côté, parce que de l'autre côté il n'y a point de contrepoids....

Il ne tient qu'à nous de fournir un meilleur pain quotidien, celui que nous mangeons nous-mêmes, et pour cela il suffit de *donner nos journaux après que nous les avons vus.* Chacun de nous reçoit le sien, celui qu'il juge le plus sensé, le plus instructif et le plus honnête; rien ne l'empêche, après en avoir profité, d'en faire profiter autrui. Vous tenez à vos opinions, vous souhaitez qu'elles recrutent le plus de sympathies qu'il se pourra; par conséquent, faites de la propagande autour de vous, et d'abord dans le cercle le plus étroit et le plus intime, parmi ceux qui vivent de votre table et sous votre toit. Ce qui se pense à l'antichambre importe au salon; votre domestique est un homme, un citoyen actif; son vote au scrutin compte autant que le vôtre. Il n'est ni humain, ni même prudent de le traiter en étranger, en mercenaire; par delà son respect officiel, sa bienveillance intime a du prix. Elle n'est pas difficile à gagner; de petites attentions y suffisent, et c'en est une que de lui donner régulièrement tous les jours votre journal lu. Non seulement il sera sensible à cette marque d'intérêt, mais il y trouvera une des satisfactions d'amour-propre si chères à tout Français : il sentira vaguement qu'on attribue quelque importance à son opinion politique, qu'on veut être en communauté de lectures avec lui. Au bout de six mois, ces lectures auront laissé en lui quelques traces, et, à la ville, surtout à la campagne, par les conversations qu'il a journellement avec les fournisseurs, avec le jardinier, avec les gens du village, ces traces s'imprimeront à leur tour dans d'autres esprits.

Ceci n'est que le premier pas, il reste une autre propagande plus utile encore. Nombre de gens riches ou aisés habitent la campagne pendant toute l'année ou pendant plusieurs mois de l'année, et le grand défaut de notre état social, c'est que d'ordinaire ils vivent entre eux ou à part comme des plantes exotiques en serre ou sous cloche, sans communiquer avec leurs humbles voisins autrement que par une souscription au bureau de bienfaisance ou par quelques phrases échangées avec leur fermier. Toutes ces personnes reçoivent un journal de Paris, parfois deux ou trois; avant de se coucher, elles les ont lus ou parcourus : désormais ce ne sont plus que des papiers de rebut avec lesquels on allume le feu. Qui vous empêche de les donner le lendemain, puisque le lendemain ils vous sont inutiles. Il n'y a guère de village où le maître d'école puisse, sur son mince traitement, prélever les cinquante francs nécessaires pour avoir un bon journal; souvent le curé ne lit le sien que de deuxième main ou de loin en loin; l'un et l'autre seront très contents d'avoir gratis une gazette bien renseignée et bien faite. Je suis même sûr que dans ce grand vide de la vie rurale, le curé ne sera pas fâché d'ajouter à la lecture intermittente de l'*Univers* ou du *Monde* quelque feuille d'un accent sinon contraire, du moins différent. Mais il y a d'autres moyens de faire circuler plus largement encore votre journal préféré. Faites-le porter à la petite auberge, au cabaret, au café où, le soir, les villageois viennent passer une heure; souvent tout journal y manque, et le vôtre y régnera seul. S'il y en a un rouge, vous lui ferez concurrence; il s'établira des discussions, et les bonnes têtes auront sous la main des arguments qu'elles pourront opposer aux énergumènes du lieu.

En plusieurs endroits, il vaut mieux faire son cadeau à domicile, et cela est aisé. Tous les matins, le boulanger apporte chez vous le pain de la maison; donnez-lui le journal pour lui, à charge de le transmettre le lendemain à l'épicier, pour être remis le surlendemain au boucher, de là au perruquier, puis au menuisier, au charron; avertissez ceux-ci du jour où ils pourront le réclamer à leur tour. Peu importe aux villageois que les nouvelles ne soient pas de la première fraîcheur, ils liront votre gazette le troisième et le sixième jour avec autant d'intérêt que le premier; plusieurs d'entre eux la liront jusqu'au bout, et tous en comprendront quelque chose. — C'est à vous d'inscrire sur votre liste les gens les plus sensés et les plus écoutés de la paroisse, ceux dont l'opinion à la longue entraîne l'opinion des autres, et je ne doute pas qu'au bout de deux ou trois années vous ne retrouviez dans les votes plus nombreux et plus sensés de votre commune, l'action lente, l'infiltration sûre de votre journal.

Par les mêmes motifs chaque manufacturier, chaque industriel, surtout en province, doit donner son journal à ses contremaîtres, à ses chefs d'atelier. Presque tout homme qui en emploie d'autres, depuis le propriétaire et le négociant jusqu'au notaire et au banquier, peuvent, avec du tact, trouver l'emploi utile de leur gazette lue auprès de leurs fermiers, de leurs clercs, de leurs commis. Dans les bourgs et dans les petites villes, il faudrait procéder un peu autrement. Sept ou huit personnes pourraient s'entendre pour faire cette distribution à bon escient, et pour éviter les doubles emplois. Dans une petite ville on sait très bien les tenants, les aboutissants, l'influence d'un chacun ; les sept ou huit habitants déjà anciens que j'indiquais n'auraient pas de peine à choisir les auberges ou cafés où ils devraient fournir l'antidote. S'ils s'adjoignaient certains hommes plus répandus qu'eux, plus rapprochés de la classe ignorante, l'arpenteur-géomètre, le vérificateur des poids et mesures, le vétérinaire, ils pourraient encore agir avec plus d'effet. D'ailleurs toute association, toute réunion d'hommes qui veulent ensemble une même chose, est salutaire aux associés. Ils apprennent à se connaître les uns les autres, ils s'instruisent mutuellement, ils contractent cette demi-camaraderie que produit toujours la poursuite d'un but commun ; ils s'adoucissent les uns pour les autres, au lieu de s'aigrir par la défiance et par l'isolement. Cela est utile partout et serait plus que partout utile en France, où non seulement les classes, mais les individus sont séparés, où, sauf la proche famille et quelques amis anciens, personne ne tient à personne, où les hommes ne se touchent que par les liens lâches du monde et de la politesse banale. — Peut-être au bout de quelque temps, des associations volontaires comme celles qu'on vient de nommer deviendraient plus actives ; on y trouverait des gens disposés à fournir non seulement leur journal, mais même un peu de leur argent ; avec quelques francs par an, on pourrait envoyer le journal hors de la ville par la poste à tels et tels, d'après une liste dressée ; nous demandrions alors à l'Administration des postes ces timbres de circulation qui, en Angleterre, coûtent deux sous et envoient tour à tour le même numéro du *Times* dans huit ou dix auberges de village. Peut-être même enfin, parmi les hommes de bonne volonté, quelques hommes de meilleure volonté auraient l'idée de répandre gratuitement dans toutes les auberges et tous les lieux de réunion populaire, quelque journal du dimanche spécial et renfermant, outre les nouvelles de la semaine, un choix d'articles, et, en outre des renseignements appropriés, des dialogues de Bastiat, des biographies comme celles de Franklin et de Stephenson, et autres documents utiles; si ce journal n'existait pas, on pourrait le créer et le composer avec des extraits des meilleures bibliothèques populaires. N'allons pas si loin : en toute chose le commencement est le plus difficile; mais ce sera déjà un commencement bien beau et bien gros d'avenir, si quelques milliers de personnes en France veulent s'entendre pour donner à leurs voisins plus ignorants et plus pauvres le journal de la veille, dont elles n'ont que faire, et qu'elles jettent au rebut avec les vieux papiers.

AU DIRECTEUR DU *Journal des Débats*[1],

9 février 1872

Monsieur le Directeur,

Il faut que d'ici à deux ans nous payions 5 mil-

1. La direction des *Débats* a fait précéder cette lettre de quelques lignes de restrictions dont voici la principale : « M. Taine

liards et même 5 milliards et demi; il le faut, car nous avons la baïonnette sur la gorge, et, si nous ne sommes pas prêts aux échéances, la baïonnette s'enfoncera. — Pour fournir cette énorme rançon, deux sortes de moyens sont proposés, et font appel à des sentiments très différents :

Le premier est l'emprunt ordinaire. Il se présente sous diverses formes; si on laisse de côté celles qui emploient la contrainte, il n'en reste qu'une : l'émission de rentes par souscription publique, comme on l'a fait au mois de juillet de l'an dernier. C'est aux financiers, aux hommes d'État, au gouvernement, d'en examiner le taux probable et les détails. Il est certain qu'elle sera efficace, car, l'an dernier, au lieu de 2 milliards qu'on lui demandait, elle a offert 4 milliards 800 millions. Il n'est pas moins certain qu'elle sera seule efficace, et que les offrandes volontaires ne fourniront jamais une somme qui puisse dispenser d'y avoir recours. Sur ce point, il ne faut pas nous faire d'illusions; la taxe volontaire peut procurer des millions, mais jamais des milliards; en Italie, dans un cas semblable, elle a donné 7 mil-

conseille l'affichage des listes, autrement dit l'emploi d'une pression morale, qui rende en quelque sorte la souscription obligatoire. On pourrait soutenir que la souscription, telle que M. Taine voudrait l'organiser, ne serait autre chose qu'un impôt sur le revenu, déguisé et moins acceptable peut-être qu'un *income-tax* franchement établi. En effet, s'il est équitable que tout le monde s'impose des sacrifices pour la libération du territoire, pourquoi les contribuables les moins dignes d'intérêt, — nous voulons parler de ceux sur lesquels la pression morale demeurerait sans influence — en seraient-ils exempts?... »

lions de francs; aux États-Unis, où l'esprit public est si fort, 5 ou 6 millions de dollars. Quand même la nécessité plus urgente et le caractère plus enthousiaste rendraient chez nous l'élan plus fort, la distance entre la somme offerte et la somme qu'il faut payer resterait déplorable. Ceux qui ont beaucoup d'espérance espèrent 500 millions; supposons que la contribution spontanée les promette et même les verse, nous aurons encore près de 5 milliards à payer. A cet égard les chiffres sont inexorables; nos hommes d'État le savent, et très certainement, pendant qu'ils laissent s'établir la contribution volontaire, ils songent à l'emprunt, au procédé pratique, seul capable de fournir les milliards exigés.

Ce n'est pas à dire qu'il faille renoncer à la contribution volontaire. Tout au rebours, elle doit être maintenue, surtout à présent qu'elle est lancée, et la raison en est qu'elle a deux grands avantages : l'un moral et l'autre financier. — L'avantage moral est le bon effet qu'elle aura sur l'opinion. Si nous donnons beaucoup, l'Europe en conclura que les Français aiment la France, qu'ils peuvent et veulent faire des sacrifices pour elle, qu'il y a chez nous non seulement de l'argent, mais du patriotisme. Qu'il y ait de l'argent et même de la confiance, le dernier emprunt l'a prouvé; mais il n'a pas prouvé autre chose; ceux qui ont acheté de la rente à 82 francs songeaient à faire un bon placement, et non à racheter leur pays. Cent francs versés gratuitement à la caisse du Comité central pour la contribution patriotique indiquent plus de cœur et d'esprit public qu'un million déposé chez l'agent de change pour acheter les rentes du prochain emprunt. Or, l'essentiel en ce moment, c'est de montrer aux étrangers que les Français tiennent à la France; il n'y a pas de meilleur moyen pour être ménagé et respecté. Un journal allemand disait dernièrement que cette taxe spontanée, si elle est universelle et grande, sera « une défaite morale » pour la Prusse. Cela est vrai; car alors il sera admis de tous, même de la Prusse, que les trente-six millions de Français ne sont pas un troupeau qui marche au hasard sous un pâtre de rencontre, et que les pillards de grand chemin peuvent à volonté tondre ou se partager; on verra qu'au besoin le troupeau sait de lui-même se ranger en ligne, présenter les cornes. Ce n'est pas « l'égoïsme », comme disent les Allemands, qui nous rend faibles; c'est l'habitude de nous laisser conduire par autrui, d'attendre le signal et la voix du chef. Sitôt que nous voudrons nous entendre, agir de concert et par notre propre initiative, nous serons forts. — Voilà encore un des avantages moraux de la contribution volontaire : elle est une action personnelle et concertée, un premier pas vers le gouvernement de soi par soi-même; elle propose un but commun à des milliers d'individus; elle les rapproche par des comités et des correspondances; elle leur fait traverser les divers tâtonnements par lesquels on s'exerce dans l'art de s'associer; elle leur enseigne cet art et les prépare ainsi à la vie publique. Aujourd'hui, en France, toute œuvre qui groupe ensemble plusieurs hommes est une bonne œuvre, d'autant meilleure qu'elle les groupe par un motif plus désintéressé.

Il faut donc laisser distinctes et faire marcher de front les deux entreprises : l'une qui est l'emprunt par l'État, l'autre qui est la contribution volontaire : l'une publique, officielle, fondée sur l'intérêt privé, sur l'appât du gain, sur le désir de bien placer son argent ; l'autre individuelle, libre, fondée sur le patriotisme et sur la volonté de délivrer le pays. Aucune d'elles ne fera tort à l'autre ; au contraire, la seconde, si on l'emploie bien, sera singulièrement utile à la première ; et c'est ici qu'à côté de l'avantage moral apparaît l'avantage financier. L'emploi de notre offrande est tout indiqué ; insuffisante pour payer les Allemands, elle suffit pour sauver nos finances, et c'est sur ce point que je sollicite avec déférence toute l'attention du Comité central. — A mon sens, la contribution volontaire doit servir, au fur et à mesure qu'elle sera versée, *à amortir la dette contractée envers les Prussiens.* Voilà un but précis ; si on l'accepte, qu'on le dise tout haut ; chacun alors saura exactement l'emploi de son offrande. Il ne la considérera plus comme un simple appoint destiné à parfaire, peut-être inutilement, la masse des millions qu'il va falloir demander à l'emprunt. Au contraire, pour peu qu'il réfléchisse, il comprendra que cette contribution, maigre et de médiocre effet si elle n'est qu'un appoint, pourra rendre au pays le plus sûr et le plus grand service, si elle est affectée expressément et uniquement à l'amortissement dont nous parlons.

En effet, supposez qu'elle monte à 300 millions de francs par an pendant trois ans, échelonnés par versements mensuels. Cela fait 25 millions par mois employés à l'amortissement, à peu près la somme que les Américains emploient chaque mois au rachat de leur dette. Or, grâce à ce rachat mensuel, la dette américaine est maintenant au pair ; par conséquent, il y a lieu de croire que, grâce à un amortissement égal, la rente française monterait pareillement au pair.

D'où il arriverait qu'au lieu d'emprunter à 90 francs, ou même à 88 francs, les 3 milliards que nous devons payer à l'Allemagne, nous pourrions les emprunter à 100 francs. A ce taux, la quantité de rentes émises serait diminuée de plus de 300 millions. Ce serait donc 300 millions de moins dans notre dette future, 300 millions d'épargne, 300 millions de bénéfice net. Ainsi, quiconque donnerait 100 francs ferait gagner à la France 100 autres francs par delà son offrande ; de fait cette offrande serait doublée par son emploi. Cela vaut la peine qu'on le dise et le répète ; car les gens ne consentent à donner que lorsqu'ils voient d'avance avec certitude l'effet et l'efficacité de leurs dons.

Suivons maintenant le détail de l'opération et de ses chances. Il me semble d'abord que les comités devraient fixer un chiffre précis, un minimum, d'après lequel chacun se taxerait lui-même. Sinon l'offrande sera tout arbitraire et dans ce cas les suggestions de l'intérêt personnel sont toujours plus fortes. Au contraire, le chiffre une fois admis, bien des gens, par conscience, honneur ou respect humain, se feront un scrupule de rester au-dessous. Prenons celui qui a été adopté déjà par plusieurs administrations, par divers ateliers, par quelques écoles et qui est à la portée de toutes les bourses, même des plus minces, c'est-à-dire un jour par mois de salaire, revenus ou bénéfices, en d'autres termes, un trentième du revenu annuel, quelle qu'en soit la source. Un journalier, un domestique peut, sans trop d'efforts, faire ce sacrifice aussi bien que le plus riche capitaliste, et le plus grand industriel.

M. Thiers évaluait à 15 ou 16 milliards par an le revenu total de la France, et plusieurs économistes que j'ai consultés jugent que ce chiffre n'est pas très loin de la vérité. Le trentième de ce revenu fait 500 millions; réduisons-les à 300; avec de la bonne volonté on peut les avoir, et c'est là justement la somme qui, échelonnée en versements mensuels, fournirait chaque mois 25 millions à l'amortissement dont on a parlé. Quant aux moyens, divisons, à l'exemple de Nancy, la souscription en deux étapes : la première dans laquelle les souscripteurs ne s'engageront que si la souscription atteint tel chiffre; la seconde dans laquelle ils s'engageront tout à fait. A chacune de ces deux étapes procédons par paroisses et par communes, par quartiers et même par rues; presque toutes les sociétés et associations de France, beaucoup de conseils municipaux, beaucoup de curés, avec la permission déjà donnée de leurs évêques, nous y aideront; en outre, tout particulier qui en emploie d'autres, négociants, industriels, banquiers, notaires, propriétaires de campagne, pourront inscrire à côté de leur nom et de leur offrande, les noms de tous leurs subordonnés et par là provoquer aussi leurs offrandes. Ici l'amour-propre et le respect humain doivent être les auxiliaires du patriotisme; il faut que chaque commune sache le chiffre des engagements mensuels et annuels de sa voisine, que chaque particulier sache le chiffre de l'engagement annuel ou mensuel de son voisin, qu'il puisse l'estimer, l'honorer, le louer tout haut, ou le tenir en mince estime. — A cet effet, deux choses sont nécessaires : l'une est que dans chaque mairie, dans chaque église, la liste de tous les habitants soit affichée, et en regard de chaque nom, le chiffre de sa souscription, grande, petite ou nulle; la seconde est que chaque journal de province publie toutes les semaines la liste des communes de son arrondissement, et en regard de chacune le chiffre de sa souscription, grande, petite ou nulle. Soyez sûrs que le samedi, au marché de la ville, les gens de la commune réfractaire baisseront les yeux devant ceux des autres paroisses; que le soir, au cabaret, le paysan qui aura tenu sa poche fermée sera honteux devant son voisin, qui aura donné un jour par mois de salaire; que le propriétaire égoïste se trouvera mal à l'aise devant son fermier et ses domestiques, s'il a tenu sa bourse close pendant que sur leurs petits gains ils faisaient œuvre de bons Français. — Encore un mot : que dans chaque diocèse l'évêque autorise ou même invite ses curés à prêcher sur ce sujet le dimanche. La plus grande partie de leur auditoire consiste en femmes ; ce sont elles qui, dans chaque petit ménage, tiennent la bourse, et la chaire dans chaque village est le seul endroit d'où descend la parole publique. — Après avoir regardé longtemps et de près l'histoire et les mœurs de la France, je crois que parmi les nations, il n'y en a point qui aient plus de cœur ; seulement, par l'effet ancien des institutions politiques, cette générosité native ne sait pas s'employer dans les affaires publiques, et, par un trait particulier du tempérament national, elle n'est jamais accompagnée de sang-froid ; il faut au Français de l'excitation, un élan, la contagion des émotions environnantes, l'émulation, l'idée des regards fixés sur lui. La France ressemble à un soldat qui, à l'ordinaire, s'amuse, paresse, plaisante et gronde contre son officier, mais qui, au feu et sous les yeux de ses camarades, est capable de dévouements subits, imprévus et sans limites. Personne ne sait ce qu'il adviendra de cette contribution volontaire ; mais il n'est pas impossible qu'à un moment donné, la France y aille tout entière et d'un élan, comme au feu.

A M. ALEXANDRE DENUELLE

21 février 1872

Mon cher père,

.... L'avenir politique est très noir; j'ai dîné hier avec mes amis chez Brébant[1], on s'attend à un complot bonapartiste; c'est pour cela que la Droite et le Centre essayent de s'unir par un manifeste précis. Dans ces conditions, le danger d'ici à deux mois est la guerre civile entre deux fractions de l'armée, ce qui nous mettrait dans l'état de l'Espagne ou du Mexique. Peut-être essaiera-t-on de nommer le duc d'Aumale vice-président sous M. Thiers, pour avoir un chef titré qui monte à cheval en cas d'un nouveau Boulogne ou Strasbourg bonapartiste. — C'est désolant; le *statu quo*, s'il pouvait durer, ferait l'éducation libérale et parlementaire du pays. Mais en ce moment personne ne peut rien prévoir. — C'est en partie pour cela que je voudrais voir ces propriétés qu'on m'offre en Savoie. D'ailleurs mon cours est fini; avant de me jeter à plein corps dans mon futur livre, je voudrais faire ce voyage; le temps est doux et charmant. Si M. Desjardins est pressé, ne pouvez-vous le laisser partir, rester à Venise, et dessiner là tout à loisir? C'est la ville du repos et de la liberté intellectuelle; vous auriez plaisir à travailler

1. L'ancien dîner Sainte-Beuve s'était transporté du restaurant Magny au restaurant Brébant.

seul et d'arrache-pied. Je me sauve à la bibliothèque, où je recommence mes lectures.

A MADAME H. TAINE

Châtenay, 24 mars 1872

M. Thiers a fait ajourner indéfiniment les interpellations de Mgr Dupanloup, vous en sentirez le contre-coup dans les journaux italiens[1].

Je suis accablé de lettres à écrire, de demandes d'articles, etc. Quand pourrai-je avoir enfin la tête libre et me livrer à mon ouvrage? Je travaille la plus grande partie de la journée, la mise en train est pénible. Les idées ne poussent plus précises et ordonnées comme des gerbes. Mon esprit a vagabondé, il n'a plus la discipline rigide qui lui permettait tout de suite de trouver l'ordre et l'architecture des idées. Cependant, plus j'y pense, plus mon petit plan provisoire me paraît devoir être définitif.

Article sur un *Séjour en France* dans la revue littéraire de Germer Baillière, par un nommé Loiret, qui croit à la Révolution comme les catholiques à l'église, et trouve que j'ai fait presque une mauvaise action. Il affirme que ce livre ne peut être l'ouvrage d'une femme, que c'est une grande calomnie commandée et payée par

1. Madame Taine avait rejoint son père en Italie.

M. Pitt. — Mon prochain livre sera singulier, très anti-clérical et très anti-révolutionnaire; on va me tomber dessus des deux côtés; mais j'ai bon dos....

A MADAME H. TAINE

Châtenay, 31 mars 1872, jour de Pâques

B. a appris par une voie sûre, et que je ne puis vous indiquer par lettre, la conclusion du traité entre l'Italie et la Prusse. C'est une alliance offensive et défensive contre la France, au cas où elle voudrait intervenir pour le pape, avec perte pour elle, en cas de défaite, du comté de Nice et même de la Savoie. Cela est grave et triste, mais aura peut-être l'avantage de mettre du plomb dans la tête de la Droite, au cas où elle arriverait au pouvoir. Il paraît que l'avènement des d'Orléans est aussi redouté en Italie que celui du comte de Chambord. Dans une réponse au prince Napoléon, il y a quatre ou cinq ans, le duc d'Aumale a dit qu'il fallait maintenir le pouvoir temporel du pape. — J'espère pourtant que tous les partis finiront par comprendre que pendant dix ans la France doit faire le mort.

J'ai porté hier les journaux à l'instituteur; il en est fort reconnaissant. Nous avons renvoyé la pétition pour l'instruction obligatoire au *Temps*, avec une douzaine de signatures.

J'ai relu tous ces jours-ci, et par grosses masses, dans

Voltaire, Montesquieu et Rousseau. — Ce sont de bien grands inventeurs, des génies; quelle distance entre eux et les tristes demi-sots, demi-fous de la Révolution!

Je reçois « from the American Institute of architects » un brevet de membre honoraire. Si cela continue, ce sera drôle; vous savez que je suis déjà docteur en droit civil de l'Université d'Oxford. J'ai reçu un autre envoi[1] américain, non moins flatteur et plus étonnant; mais il faut que j'aille à Paris pour savoir s'il est sérieux; je vous en parlerai ensuite.

J'ai passé mon jour de Pâques seul avec mes livres; je mériterais l'épitaphe de la dame romaine : « elle resta au logis et fila de la laine ». J'ai lu de la géométrie analytique et un roman de George Sand; j'ai fait un assez bon pas dans l'étude détaillée de mon premier chapitre. — Une lettre de M. Rae[2], avec un exemplaire de sa traduction des *Notes sur l'Angleterre*; la préface est très aimable pour moi, et je vois que la publication du livre dans le *Daily news* a été une réclame énorme pour l'Inde, l'Australie, le Canada, les États-Unis, etc. Il a corrigé et amplifié ce qui regardait Paradol, mais il continue à être froid pour About. Les grâces fines, charmantes, gaies de ce style lui sont invisibles.

J'ai déchiffré *Roméo et Juliette* de Gounod; c'est compliqué et pas toujours distingué.

1. Un envoi d'argent bénévole de l'éditeur.
2. Voir p. 161.

A MADAME H. TAINE

Châtenay, 2 avril 1872

Je suis allé aujourd'hui à Paris, j'ai vu dans la rue ou chez eux, Charles Clément[1], Sarcey, M. Templier, Dufeuille[2]. Clément dit que Gleyre[3] va beaucoup mieux, mais il est toujours chat sauvage; le mot de Clément est : « Il a besoin pour son bonheur d'avoir toutes les misères de la vie de vieux garçon. »

On m'accuse d'être l'auteur d'*Un séjour en France*. Je suis allé à la bibliothèque prendre le numéro du catalogue, et je l'ai envoyé à Hachette pour une seconde édition. — En même temps, quoique la bibliothèque fût fermée au public, j'ai pu prendre cinq volumes dont j'avais besoin en ce moment.

Lettre du marquis de la Rochejacquelein[4], me reprochant d'avoir dit que M. de Barante avait collaboré notablement aux souvenirs de sa grand'mère, la marquise de la Rochejacquelein. J'avais parlé d'après une déclaration de M. de Barante lui-même, mais je ne puis me rappeler où je l'ai lue.

J'emploierai les semaines que je passerai à Paris à lire aux Archives et à la Bibliothèque. En ce moment je

1. Clément (Charles), critique d'art, 1821-1887.

2. M. Eugène Dufeuille, alors rédacteur politique au *Journal des Débats*.

3. Voir page 244.

4. Julien-Marie-Gaston du Veyrier, marquis de la Rochejacquelein, député des Deux-Sèvres (1833-1897).

ne puis composer, écrire, soit que j'aie la tête fatiguée, soit que le sujet soit trop difficile à embrasser. En tout cas, je suis dans une époque de stérilité qui me contrarie et m'afflige fort. Rien n'est pire que le sentiment de son impuissance.

D'après ce que j'entends dire, la tension est moindre en politique; il ne paraît pas qu'il y ait de complot ou insurrection sous roche. Toutes les tentatives pour aboutir ayant échoué, on paraît s'accommoder à échéance indéfinie du provisoire actuel, et le budget semble en équilibre; pourtant les fonds restent bien bas.

A M. CHARLES RITTER[1]

Châtenay, 1er mai 1872

Monsieur,

Le volume que vous voulez bien m'annoncer ne m'est pas parvenu ici. Hier, à Paris, il n'était point non plus à mon domicile. J'espère cependant que l'éditeur finira par ne pas oublier votre ordre. Laissez-moi d'avance vous en remercier. La préface de M. Renan dans les *Débats* m'a donné grande envie de lire ce recueil. Je n'ai pas besoin de vous dire que la conduite politique de M. Strauss[2] et ses déclamations contre la France ne

1. M. Charles Ritter, professeur à l'Université de Genève.
2. Strauss (le docteur David-Frédéric), 1808-1874, le célèbre auteur de la *Vie de Jésus*.

changeront en rien l'opinion que je puis avoir de lui. Outre ses grands livres, je connais quelques-uns de ses petits écrits. C'est un conciliateur remarquable; il a tout à la fois l'esprit scientifique et l'esprit religieux. Vous savez qu'en France, comme dans la plupart des pays non protestants, cette façon de penser ne réunit pas un grand nombre d'adeptes; ceux qui quittent le catholicisme pour la libre pensée ne savent pas trouver les stations intermédiaires. Raison de plus pour nous en montrer une. C'est vous dire, Monsieur, que je crois votre œuvre utile au public français, et que je serais heureux de lui voir tout le succès qu'elle mérite.

Veuillez agréer, Monsieur, avec mes remerciements que je vous renouvelle, l'assurance de mes sentiments les plus dévoués et les plus distingués.

A MADAME H. TAINE

Châtenay, 5 août 1872

Rencontré à Rossillon M. Mascart[1], gendre de M. Briot, qui venait de faire des examens de physique à l'École normale de Cluny. Tous ces jeunes gens reçoivent une éducation de théoriciens, de feuilletonistes scientifiques, et manquent de débouchés à la sortie. Aussi sont-ils tous radicaux et socialistes : « Trop de galons, place à

1. M. E.-E.-N. Mascart, physicien, membre de l'Institut.

l'ouvrier aux bras nus », voilà une formule trouvée sur leurs cahiers; de plus principes abstraits, théories tranchantes à la façon de 93 sur toutes les questions de morale et de politique. — A Bordeaux, le préfet a fait jouer d'autorité *Rabagas*[1] quatre fois. On n'a pas entendu une seule parole des acteurs; ils ouvraient la bouche et remuaient les bras comme des personnages muets, et semblaient des mimes, tant le tumulte des sifflets était formidable. Le premier soir, dans un seul bazar, on en avait acheté 800. Le quatrième soir, on a cassé le lustre et démoli les banquettes. Bordeaux est tout gambettiste; cela convient juste à des têtes méridionales. Mon impression est qu'en France, depuis un an, deux choses sont en progrès marqué, le radicalisme et le cléricalisme. Entre les deux, pas de place pour les libéraux modérés.

A MADAME H. TAINE

Châtenay, 9 août 1872

Hier distribution des prix assez gentille aux filles et aux garçons; j'ai fait un petit discours sur la nouvelle bibliothèque de prêts[2]. C'était sous une tente, et il pleuvait; de sorte que, comme l'illustre Gambetta, j'avais grand'peine à vaincre le bruit des éléments.

1. Pièce politique de M. Victorien Sardou.
2. Cette bibliothèque communale venait de se fonder à Châtenay sur l'initiative de M. Taine.

Je flâne toute la journée, en esquissant de loin en loin un bout de plan. Je vais bien, sauf pour la faculté de travail; je lis et j'annote des mémoires (Weber, l'Histoire du tribunal révolutionnaire à Paris et en province, Besenval, Rivarol).

Hier, j'ai passé aux *Débats*; on juge M. Thiers plus solide que jamais; il est probable qu'une grande partie de la Droite, au retour des vacances, se ralliera à lui et lui fera une majorité, afin de ne pas laisser cette place à la Gauche. — Les impérialistes disent qu'il faut le laisser tranquille encore deux ou trois ans, jusqu'à ce qu'il soit usé; après lui Gambetta et consorts, puis le prince Impérial qui dans quatre ans aura vingt ans, et fera un sauveur frais éclos et juste à point.

J'ai lu *Evelina* et *Rachel Gray*. *Evelina*, de Miss Burney, a eu un succès énorme vers 1780; c'est bien plat et un peu faux, et cela rabat les prétentions d'avenir littéraire; presque toujours un livre, au bout de cent ans, n'aboutit qu'à donner une pauvre idée de son auteur. Mais comparé à un roman moderne, celui-là est bien instructif. Quel changement dans les mœurs et dans les goûts! Evelina est une des dernières peintures du monde formaliste, aristocratique, où les convenances et les bonnes façons sont tout. Il en fallait, le fonds était si grossier! Impossible, quand on n'a pas lu ces sortes de livres et aussi Fielding, Smollett, de savoir combien le ton était encore sensuel et brutal. Il n'y avait alors que les Français de vraiment polis.

L'éducation a plus d'effet sur les étrangers que sur

nous; la parole et l'instruction appliquées à notre caractère n'ont pas d'influence; la nature et la passion ne se laissent pas entamer. — Si je réussis à écrire mon livre, il sera peut-être lu, mais il restera inutile. Mallet du Pan, Rivarol, Malouet, avec tout le talent, l'autorité, la publicité nécessaires, ont prophétisé juste à chaque pas nouveau de la Révolution, mais en vain. — Et trente ans après, la légende s'est faite aussi fausse que la Révolution avait été funeste. — En politique et en morale, nous ne jugeons que d'après nos passions et nos intérêts du moment, et nous ne croyons que ce qu'il nous est agréable de croire.

A ERNEST RENAN

Lagny[1], 6 septembre 1872

Mon cher Renan,

Je n'ai pas eu l'occasion de vous voir depuis plusieurs mois. J'ai voyagé, et comme je suis toujours souffrant de la tête, je suis à Lagny, occupé à faire le remède qui me réussit le mieux (les bains froids). Me voilà donc obligé de vous écrire pour vous rappeler votre trop aimable promesse de 1870, à propos de l'*Intelligence*. On en avait vendu en trois mois une édition et demie.

1. M. Taine était en villégiature chez son oncle, M. Bezanson.

La guerre et la politique ont enrayé l'écoulement, et le compte d'Hachette, que je reçois avant-hier, me montre que la demi-édition restante demeure en magasin. — Je vous ai lu mes additions, j'en ai fait beaucoup d'autres; vous savez combien je désire publier une troisième édition complète; je suis comme un sculpteur qui, regardant sa statue, découvre qu'il a oublié d'achever le pied droit; il souhaite ardemment la ravoir et finir ce pied. — Votre article aux *Débats* remettra le livre en mouvement et me permettra d'achever ma pauvre statue.... Songez que le plaisir de se corriger et de s'achever est le plus grand de tous.

J'ai lu beaucoup, depuis deux ans, sur la Révolution et le premier Empire. — J'arrive tout à fait à vos idées sur ce sujet.

À vous.

A ERNEST RENAN

Lagny, 9 septembre

Mon cher Renan, puisque vous m'offrez une colonne, je l'accepte de bien grand cœur; j'aime mieux une colonne de vous qu'un article de tout autre.

Je sais que vous ne vous occupez pas de psychologie; mais vous avez eu la bonté de me dire que l'*Intelligence* avait modifié vos vues sur ce sujet, et qu'après avoir dédaigné les classifications verbales des théories courantes, vous étiez disposé maintenant à reconnaître quelque importance à ces études. Cela suffit parfaitement, et si vous persistez dans cette idée, je serai charmé de la voir exprimer par vous.

La nouveauté du livre est :

1° Dans les documents employés, observations sur les fous et les enfants, expériences pathologiques et physiologiques, trame continue de petits faits circonstanciés.

2° Dans la suppression générale des entités, celles des vieux idéologues comme des spiritualistes contemporains, à savoir les forces, les facultés, etc., et dans leur remplacement par les seules choses positives et réelles, à savoir les faits et événements internes.

3° Dans les conclusions métaphysiques, l'individu n'étant plus conçu que comme une série d'événements, et tous les événements de la nature n'étant que des formes diverses de la pensée, à divers degrés de complications dont la plus simple est le mouvement (Aristote).

Je laisse de côté ce qui est spécial et intéresse les psychologues proprement dits, à savoir la théorie des signes, des images, de la perception extérieure, de la mémoire, et des axiomes *a priori*. — Ce dernier point seul a quelque intérêt pour vous; car si l'analyse que je présente est vraie, il n'y a plus rien de solide dans votre cher Kant (vous savez que toute sa critique part de ce fait qu'il y a des *jugements synthétiques* a priori : or, j'ai tâché de prouver pièce à pièce que tous sont des jugements analytiques, dans lesquels l'analyse se fait d'une façon latente).

Les bains me refont; en voici vingt en dix jours;

nager est un plaisir des dieux; cela fait penser à l'Olympe d'Homère.

Merci et à vous.

A MADAME H. TAINE.

Lagny, 11 septembre 1872

Je flâne toujours. Je lis les articles de Sainte-Beuve sur le XVIIIe siècle, la Révolution, l'époque moderne; cela s'accorde avec mes précédentes lectures; mais la mémoire est languissante comme le reste; je n'ai plus l'ancienne vivacité d'impression; cependant, dans cette tranquillité, je vois mieux l'ensemble.

Je ferai en revenant l'étude sur Stendhal[1], qui est plus facile. Je reculerai l'exécution de mon gros livre; probablement aussi je n'ai pas encore assez lu. Les notes de Sainte-Beuve m'indiquent de nouveaux documents; j'en profiterai d'autant mieux que je retrouverai peut-être ma fraîcheur intellectuelle.

Je lis aussi le manuscrit du baron Percy[2]. — Je vois

1. M. Taine avait depuis longtemps le désir de faire une étude complète sur Stendhal, et c'est avec cette arrière-pensée qu'il avait retranché des *Essais de Critique et d'Histoire*, à partir de la 5e édition, l'article sur *Rouge et Noir* qu'il jugeait insuffisant.

2. Les *Mémoires du baron Percy*, chirurgien des armées impériales, avaient été légués à ses neveux, voisins et amis de M. Bezanson, à Lagny : ceux-ci n'y attachaient pas d'importance et les avaient en partie détruits. M. Taine leur en révéla l'intérêt et sauva probablement ainsi le reste des précieux cahiers qui viennent d'être publiés à la librairie Plon.

avec chagrin que nos soldats en 1807 (Iéna), en 1808 (Espagne) ont été aussi pillards que les Prussiens, aussi brutaux, et plus ivrognes. — Ils ne volaient pas méthodiquement, pour économiser et envoyer chez eux; mais ils gaspillaient horriblement et détruisaient en gamins; dès 1807, à Eylau, à Friedland, ils volaient les blessés, ils se dépouillaient les uns les autres; la brute égoïste faisait irruption. Quelles horreurs que ces guerres de l'Empire, vues de près, pour les vainqueurs comme pour les vaincus! On n'a commencé à les admirer que vers 1830, lorsqu'on a cessé d'en voir le détail, et qu'on n'a plus aperçu que de loin les grandes masses, les effets d'ensemble, la stratégie.

Un trait curieux à noter, d'espèce différente: hier j'ai retrouvé un négociant belge établi depuis dix ans à Paris; il a vécu longtemps en Hollande, et m'a rendu le service, il y a six ans, de me traduire pour mon cours quelques pages de vieux flamand. — J'ai contrôlé par lui l'article dont je vous parlais sur la Hollande. — Les servantes ont de soixante à cent florins par an, et sont très laborieuses, très régulières de mœurs pendant toute l'année, sauf deux ou trois jours en septembre. A ce moment on leur donne les étrennes de la kermesse, environ dix florins. Il en arrive alors de tous les environs et toute la journée; à Amsterdam, par exemple, sur toutes les places, au marché, chez les marchands de crêpes, c'est une kermesse comme celle de Rubens, presque publique et tout à fait débordée; elles choisissent la figure qui leur convient et payent tout, puis rentrent dans leurs onze mois trois quarts de travail et de décence.

A MADAME H. TAINE

Lagny, 17 septembre 1872

J'ai lu les douze ou treize cahiers du chirurgien Percy. Les sentiments que laissait la guerre ne ressemblaient pas à ceux d'aujourd'hui. Après Friedland et Tilsitt, non seulement les empereurs et le roi de Prusse se visitent et s'embrassent, mais les officiers français donnent un grand dîner sous des tentes aux officiers russes et prussiens; et, ce qui est plus étonnant, des soldats français font un vaste repas dans une prairie avec les soldats des deux autres nations; on trinque, on s'enivre, et point de querelles, de haine; c'est comme le festin terminal d'une joute courtoise. A cette époque encore, la guerre ne se faisait point entre les nations, mais entre les princes; c'est à partir de 1808 en Espagne, 1809 en Allemagne, 1812 en Russie, que les passions populaires se sont allumées.

L'empereur, dit Percy, témoin oculaire, a « un corps et une âme de fer », toujours à cheval et au galop, par tous les temps, bivouaquant, travaillant comme dix hommes, jamais fatigué ni malade. La confiance en lui, l'admiration sont absolues. Mais le soldat est bien las après Eylau; la nostalgie prend tout le monde. —

La croix était alors un aiguillon tout-puissant ; et le sentiment du corps, la gloire du régiment, de la chirurgie, étaient les mobiles.

A GEORGES BRANDÈS

Paris, 18 novembre 1872

Mon cher Monsieur Brandès,

C'est moi qui vous demande pardon ; j'ai reçu votre livre[1] et votre lettre, il y a six semaines, au moment de revenir à Paris ; mais il m'a fallu emménager et depuis j'ai passé chaque journée aux Archives où je trouve la correspondance manuscrite des ministres et de tous les administrateurs, gouverneurs, intendants, commandants militaires, officiers municipaux, etc., de 1789 jusqu'à 1795 et au delà. Chaque soir, j'étais si las que je différais toujours d'écrire. Je vous ai lu et je ne m'étonne pas de votre succès. Même dans la traduction allemande, je sens le mouvement du style, le naturel de la conversation, la force et la vivacité de la conviction. Mais chez nous, la position est tout autre ; vous combattez pour l'émancipation de l'esprit contre le formalisme orthodoxe et inerte ; en France, quoique les cléricaux ne valent rien, les radicaux sont pires, étant aussi bêtes et plus violents.

1. Le 1er volume des *Grands courants littéraires du* XIXe *siècle.*

Recevez toutes mes félicitations; ma seule prière est que vous ne vous engagiez qu'à demi; il ne faut jamais verser tout entier d'un seul côté; car des deux côtés il y a une ornière.

Je n'ai guère de renseignements à vous fournir pour la question que vous me faites. Le petit morceau de Sainte-Beuve auquel vous faites allusion est le plus instructif. La littérature de la Restauration en France a peu emprunté à l'Allemagne; on ne savait pas l'allemand; on a plutôt étudié les Anglais; en somme, ce mouvement a été très spontané et très original; il est indépendant du mouvement analogue et antérieur de l'Allemagne. Les premiers qui, chez nous, aient étudié et lu véritablement (ou à peu près) l'allemand sont Gérard de Nerval, traducteur de Faust, et Philarète Chasles (nombreux articles); la langue, la structure des phrases, la terminologie abstraite, l'absence de déduction rectiligne nous sont antipathiques; de temps en temps un ouvrage isolé, Niebuhr, Herder, Kant, Beck était traduit; quelques curieux ou spécialistes le lisaient; mais il n'avait pas d'action, le public ne se l'assimilait pas. Renan et Heine sont vraiment les premiers qui aient introduit chez nous des idées allemandes, l'un par ses remaniements originaux et son style exquis, l'autre par sa clarté plastique et son esprit de démon malade. Joseph de Maistre a su l'allemand, mais tard, et je ne crois pas qu'il ait beaucoup emprunté aux idées allemandes; de même Tocqueville à la fin de sa vie; ç'a été pour lui un complément d'éducation, non une éducation. M. Guizot l'a su jeune et s'en est servi pour son histoire de *la Civilisation en France et en Europe*; il a notamment beaucoup étudié Savigny; mais l'influence de l'Allemagne sur sa façon de penser a été faible; il me disait il y a trois ans que, depuis Ottfried Müller, toutes les théories historiques des Allemands, par exemple l'histoire de Mommsen, étaient de la fantaisie, des thèses *a priori* construites par des savants de cabinet; son tour d'esprit est tout anglais.

Vous pouvez, je crois, poser en règle générale que jusqu'ici, sauf une ou deux exceptions, les Français n'ont rien tiré de l'Allemagne; la distance des deux formes d'esprit est trop grande, surtout en littérature, en religion, dans les arts, et en général dans tout ce qui touche le monde moral.

Dans le technique et le positif, il en est autrement; nos philologues, physiologistes, physiciens, botanistes, etc., les étudient et profitent d'eux; sur un texte, une expérience, une observation matérielle on peut s'entendre; pour le reste, pour l'interprétation, pour les vues générales, pour les sentiments, les deux nations sont aux deux pôles. Je crois même que les Allemands entrent plus difficilement dans notre forme d'esprit que nous dans la leur. Voyez à ce sujet, dans l'*Histoire de la littérature du XVIII*e *siècle*, par Hettner, son jugement sur Voltaire.

Vous ne me donnez pas votre adresse, j'espère néanmoins que cette lettre vous arrivera.

Je vous serre la main bien amicalement.

AU DIRECTEUR DU *Journal des Débats*

Paris, 19 décembre 1872

Monsieur le Directeur[1],

Laubardemont disait qu'on peut toujours pendre un homme sur deux lignes de son écriture; j'éprouve aujourd'hui combien cette maxime est vraie. A la séance du 16 décembre, dans l'Assemblée nationale, M. Naquet s'en est souvenu pour lui, mais il ne s'en est pas souvenu pour moi. Il pense « que la moralité, le mérite et le démérite sont des faits d'organisation », « qu'il n'y a pas plus de démérite à être pervers qu'à être borgne ou bossu », et il annonce, d'après une phrase de moi, que j'ai dit la même chose. Je n'ai pas dit la même chose, et les personnes qui voudront bien consulter le passage verront sans peine qu'il a un tout autre sens : « Que les faits soient physiques ou moraux, il n'importe, ils ont toujours des causes; il y en a pour l'ambition, pour le courage, pour la véracité, comme pour la digestion, pour le mouvement musculaire, pour la chaleur animale. Le vice et la vertu sont des produits comme le vitriol et le sucre, et toute donnée complexe naît par la rencontre d'autres données plus simples dont elle dépend[2]. » — Cela ne signifie pas du tout qu'il faut chercher ces données simples dans les « faits d'organisation », dans la structure et le jeu

1. Voir page 165.
2. *Introduction à l'Histoire de la Littérature Anglaise.*

des organes; il serait inutile de les chercher de ce côté; il n'y a que les phrénologistes qui croient aux bosses. Cela signifie seulement, comme on peut le voir dans les cinq volumes suivants, par l'histoire d'une grande nation et d'une multitude d'individus, que les dispositions morales, qualités ou talents de toute espèce, tels que nous les constatons à première vue, ont pour causes d'autres dispositions morales plus simples et plus faciles à démêler. Saint Louis et Marc-Aurèle ont été les deux princes les plus vertueux qui aient jamais vécu; il n'est pas défendu de remarquer que chez l'un la piété tendre et l'imagination presque extatique, chez l'autre l'inclination philosophique et la réflexion stoïcienne, ont contribué à fortifier le goût de la justice. Barrère a été l'un des plus vils coquins, et Saint-Just l'un des plus malfaisants fanatiques que l'on connaisse; il est permis d'étudier dans l'un la légèreté méridionale du bel esprit naturellement menteur et vide; dans l'autre, l'ignorance, l'outrecuidance, l'échauffement solitaire de l'esprit incurablement étroit. Dire que le vice et la vertu sont des produits comme le vitriol et le sucre, ce n'est pas dire qu'ils soient des produits chimiques comme le vitriol et le sucre; ils sont des produits moraux, que des éléments moraux créent par leur assemblage, et, de même qu'il est nécessaire, pour faire ou défaire du vitriol, de connaître les matières chimiques dont le vitriol se compose, de même, pour créer dans l'homme la haine du mensonge, il est utile de chercher les éléments psychologiques qui, par leur union, produisent la véracité. Appliquée à des sujets contemporains, par exemple à l'analyse de l'esprit révolutionnaire ou de l'esprit clérical, une pareille étude fournirait peut-être d'assez grandes lumières, en montrant dans les deux esprits des ressorts assez semblables, le goût des principes admis d'avance, l'aversion pour l'expérience, l'ignorance de l'histoire, l'obéissance aux phrases toutes faites, l'instinct de la tyrannie, l'aptitude à l'esclavage; on en conclurait qu'on ne peut combattre l'un par l'autre, mais qu'il faut les combattre tous les deux. — En effet, l'analyse une fois faite, on n'arrive point pour cela à l'indifférence: on n'excuse pas un scélérat parce qu'on s'est expliqué sa scélératesse; on a beau connaître la composition chimique du vitriol, on n'en verse point dans son thé.... Le malhonnête homme est digne de de blâme, de mépris et de punition, l'honnête homme est digne de respect et de récompense. Un « bossu » n'est pas reçu dans l'armée; un « pervers » qui pratique doit être exclu de la société libre.

A M. TH. RIBOT

Paris, 11 janvier 1873

Cher Monsieur,

Je viens de lire la théorie de Spencer[1] sur le choc

1. Dans la 2e édition des *Principles of Psychology*.

nerveux, 149 à 157. C'est trait pour trait ce que j'ai écrit dans *l'Intelligence*, I, p. 202 à 219[1]. 1° Il emploie comme moi l'exemple des sensations de son. — 2° Il s'appuie comme moi sur l'explication du timbre par Helmholtz. — 3° Il conclut, comme je l'ai fait p. 278, que probablement les sensations des divers sens sont des combinaisons différentes de la même sensation élémentaire. — 4° Il appuie cette conclusion (p. 154) sur la raison que j'ai alléguée (p. 279). — 5° Il emploie la même comparaison chimique que moi. (Spencer, 155. — *De l'Intelligence*, p. 203).

Ce n'est pas moi qui l'ai suivi, car rien de tout cela ne se trouvait dans la première édition de sa psychologie.

Restent deux hypothèses sur lesquelles je vous prie de m'éclairer.

Ou bien (ce qui me semble peu probable, vu la ressemblance trop grande), il est arrivé à cette théorie (celle du choc nerveux) d'une façon indépendante. A-t-il en effet, comme sa seconde préface semble l'indiquer, publié le fascicule qui contient cette théorie avant le 1er mars 1870? Et son livre actuel ne fait-il que réimprimer ce fascicule? Ou bien a-t-il emprunté sa théorie à l'*Intelligence*?

Il dit dans sa seconde préface que *l'Intelligence* « a fait connaître en France quelques-unes de ses maîtresses conceptions ». Cela est inexact. Ceux à qui j'ai em-

1. 1re édition, in-8°

prunté sont John Stuart Mill et Bain (Induction, sensation musculaire donnant l'idée de l'étendue), et je les ai cités tout au long. Je n'ai emprunté à Spencer qu'une phrase (II, 157) sur les sensations musculaires de l'œil considérées comme symboles des sensations musculaires des membres locomoteurs.

Je trouve dans cette seconde édition si remaniée de sa psychologie des ressemblances nombreuses avec la mienne, par exemple tout ce qu'il dit des phénomènes cérébraux qui sont des mouvements par « leur face objective », et des sensations, idées, etc., « par leur face subjective ». C'est la conclusion et, presque littéralement, la formule que j'ai donnée, I, 365.

Pardonnez-moi ces revendications; je me suis aperçu en lisant les Revues anglaises que l'on faisait de mon livre une simple imitation, une transcription française des théories anglaises. — M. Stuart Mill, dans un article de juin 1870, a bien voulu reconnaître que mon travail était entièrement original, et, à mon sens, cela se voit par la méthode employée, par les théories de détail et par les théories d'ensemble.

Par exemple, je diffère absolument de Spencer sur le fond des choses, je ne crois point du tout qu'il soit inconnaissable; surtout je n'admets point que le fond de l'esprit soit inconnaissable. — J'aboutis à croire que les seules réalités de la nature sont, non pas des puissances comme il le dit, mais des événements, sensations et mouvements, les puissances n'étant que la possibilité ou la nécessité de ces événements. — La théorie la plus voisine de la mienne est celle d'Héraclite et de Hegel; dès mes premiers écrits en philosophie, j'ai pris pour adversaires les entités qu'on nomme force et substance.

De même pour Bain. Bien loin de croire que la faculté primordiale et élémentaire de l'esprit soit la perception des différences et des ressemblances, je pense qu'il n'y a là qu'un effet.

Croyez-moi, cher Monsieur, tout à vous et si jamais vous avez un après-midi à perdre, donnez-le-moi pour une conversation philosophique.

A M. HECTOR MALOT

Paris, 2 février 1873

Cher Monsieur, tous les mardis après-midi je suis toujours chez moi; si vous êtes un de ces jours-là de passage dans mon quartier, ne m'oubliez pas; nous nous voyons trop peu, à mon goût.

Ce n'est pas une peine que vous m'avez donnée, c'est un plaisir; de même autour de moi, on a lu, on lit les deux volumes[1], et on les réclame avant qu'ils soient libres. Ceci à la lettre et sans aucune politesse. J'ai la hardiesse de n'en avoir aucune avec vous.

Très coulant et très entraînant de lecture. La charpente très solide et tenant aisément et naturellement

1. *La belle madame Dionis.*

jusqu'au bout. Tous les caractères vrais, les nobles d'un bon type moyen sans exagération, réels, les mauvais de même; Sainte-Austreberthe excellent (l'exposition, la partie avec M. de Mériolles, la longue conversation diplomatique à détour pour avoir le fac-simile de la lettre, et en général tous les discours de Sainte-Austreberthe; par la justesse, la sûreté du style, la force du raisonnement, le tact des insinuations, l'empire de soi, la bonne tenue et politesse des vernis, cet homme aurait pu figurer dans un congrès. C'est dommage qu'il soit resté un simple intrigant).

Vous connaissez mon objection, elle porte sur ce qui, à mon sens, est une lacune. Posez toujours que je suis par métier un amateur de psychologie, et que pour moi le principal intérêt ce sont les caractères et leur relief. Par suite : 1° il me semble que tous vos portraits, si sains, si justes de dessin, si bien emmanchés, n'ont pas la dernière couche, les glacis, le travail final du pinceau; par exemple vous donnez de Sainte-Austreberthe tout l'essentiel moral et intellectuel; mais l'accent, le geste, le détail du mouvement et de la physionomie, le travail vague et latent de la pensée, la dernière fleur de la vie, ce qui fait que le type reste fixé et complet dans la mémoire du spectateur, vous avez l'air de l'omettre ou de le dédaigner; Balzac le cherchait avec excès, mais c'était pour « ajouter un nouvel individu à l'État civil », par exemple Henri de Marsay ou Maxime de Trailles; 2° le relief ou, si vous le voulez, l'outrance manque un peu; et même, j'ose dire que la réalité le fournit davantage. Par exemple M. Janvier de la Motte[1] était plus complet encore que M. de Cheylus; rappelez-vous sa scène avec les pompiers de l'Eure; mais j'imagine que devant une réalité si forte vous avez craint, en copiant simplement, de paraître charger. De même Marthe; à la deuxième scène (avec son père) elle est troublée, petite fille; la première (avec Philippe) indiquait un caractère plus fort. Le relief ne me paraît pas non plus suffisant pour M. Dionis, Mme Dionis, Philippe Mériolles. Vous ne voulez peindre que par les faits, actions, discours des personnages; à mon sens un romancier a le droit d'intervenir davantage, de raconter et d'exposer longuement les agitations du dedans, la filiation d'un sentiment ou d'une idée. — Permettez-moi de vous citer des personnages analogues de Balzac : Paul de Manerville, Mme Graslin, M. Graslin. — Vous avez une très belle scène, la course le soir (fin du 2e volume), l'entrevue de Mme Dionis avec Mériolles, sa mort; c'est vrai et poignant. Mais tout le travail mental et moral antérieur, le dedans de Mme Dionis dans les mois qui précèdent, est absent. Somme toute, vous me paraissez entraîné par vos événements; une fois vos personnages posés et la situation marquée, l'œuvre se développe d'elle-même logiquement, très bien; ce qui vous empêche de vous arrêter sur l'individu, l'âme, le dedans, la psychologie; probablement, pour votre sens d'artiste, ce seraient là des excroissances, des bour-

1. Janvier de la Motte (Eugène), 1823-1884, préfet du second Empire, célèbre par sa verve et ses improvisations.

soufflures de la sève. Moi qui ne suis pas artiste, mais simplement curieux, amateur de zoologie et physiologie humaine, mon goût me porte vers ces excroissances, et je croirais volontiers que j'ai tort.

Encore un mot; ce nouveau roman me semble supérieur au *Miracle*, mais je lui préfère le *Blessé*.

Je n'ai pas besoin de vous demander excuse de mes libertés, je sais que j'ai d'avance votre pardon.

A MADAME H. TAINE

Châtenay, 15 mai 1873

J'ai porté les journaux à l'instituteur[1] qui est un homme lourd de forme, mais instruit à ce qu'il me semble, botaniste, etc; il m'a conté des traits curieux de l'Allemagne. Des docteurs allemands qui venaient le visiter avant la guerre s'étonnaient de trouver chez lui des enfants qui savaient lire, écrire, mettre l'orthographe, calculer; ils étaient persuadés qu'en France il n'y avait pas d'instruction primaire. — Un autre, officier, envoyé par le Cercle des officiers de Munich, était stupéfait de voir à Sainte-Odile une grande foule alsacienne qui riait, chantait, causait librement; on était persuadé là-bas qu'ils gémissaient sous l'oppression des Welches; il déclarait qu'il n'oserait rapporter exactement ce qu'il

1. Un Alsacien qui venait d'être nommé à Châtenay.

avait vu, que chez lui on le traiterait de menteur et de vendu, etc.

J'ai lu Scribe; les gens qui se plaisaient à ses pièces étaient plus faciles à amuser que nous. Mais ils étaient gais; le vaudeville est le dernier débris du badinage français, il n'y en a plus; l'avenir politique et financier nous en ôtera les derniers restes.

J'ai vu en chemin de fer M. Beslay[1]. Il paraît qu'aujourd'hui M. Thiers se résigne à M. Buffet comme président de la Chambre[2]; du reste gâchis parfait; on a réuni 300 signatures, dit-on, pour interpeller le gouvernement sur la situation intérieure[3]. Beslay croit qu'il est encore possible de sauver le régime parlementaire. Moi je crois que c'est fini; nous marchons ou plutôt nous roulons plus ou moins vite dans la démagogie, de là à la dictature militaire; le prince impérial reviendra avec son escouade de gens à tout faire.

Le jardin ici est charmant, d'une fraîcheur admirable, tout fleuri, lilas, polownias, arbres de Judée, faux ébéniers, boules de neige, épines roses, blanches, etc. Le frêne en face du banc du fond est un immense bouquet d'un blanc verdâtre délicat, avec un parfum de tilleul comme un bouquet de mariée. — Je ne suis pas très gai; je suis obligé de recommencer mon travail anté-

1. Directeur du journal *le Français.*

2. M. Grévy avait donné sa démission de président de la Chambre le 2 avril, il avait été remplacé le lendemain par M. Buffet, contre le désir de M. Thiers qui désirait voir arriver M. Martel.

3. La demande d'interpellation fut déposée le jour de la rentrée des Chambres, le 19 mai.

rieur; c'est raté, je n'ai pas encore le plan; à la vingtième page j'ai senti que je faisais fausse route; je n'ai plus la prompte vue d'ensemble, la divination facile du plan. Du reste je n'en prends que suivant mes forces; ma mesure est l'abondance de la source, et la source est loin d'être pleine.

A MADAME H. TAINE

Châtenay, 22 mai 1873

Mon travail passé est perdu; j'essaye une autre piste; comme je vous le disais, j'ai perdu mon coup d'œil d'ensemble; au lieu de saisir du premier coup l'idée centrale, je suis obligé d'en essayer vingt avec des tâtonnements douloureux. Je cherche et laisse les idées s'arranger. Je lis les Mémoires de Mme d'Oberkirch que j'ai rapportés de la Bibliothèque; j'ai reçu aussi quelques volumes d'envois. — Demain, je vais à Paris pour l'École des sciences politiques, je passerai chez Hachette pour faire activer la vente du *Suffrage universel*; je verrai peut-être M. de Sacy; peut-être, si j'ai le temps, j'irai à l'Exposition; enfin, j'aurai une journée pleine.

De tous ces échecs de mes plans, il reste pourtant quelque chose pour moi, la conviction que la Révolution et l'Empire n'ont été en somme qu'un moyen de donner carrière au besoin de parvenir et d'acquérir, le tout au nom d'une théorie politique abstraite; c'est encore la même chose aujourd'hui, la Révolution, ou transfert aux pauvres de la richesse des riches, continue; c'est pour cela que les radicaux sont si forts. — L'exposé des motifs de M. Thiers[1] est très bien; mais Malouet, Mounier, Mallet du Pan parlaient aussi bien en 1789-1792.

A MADAME H. TAINE

Châtenay, 26 mai 1873

Puisque vous souhaitez avoir mon opinion sur les événements d'hier[2], la voici. Un malade ayant un ancien vice du sang avait, en outre, été roué de coups; M. Thiers, fort bon médecin, le releva, le pansa, et, au bout de deux ans, il n'y avait plus que des meurtrissures. Mais le vice du sang avait mis la gangrène et M. Thiers niait que ce fût la gangrène, prétendait traiter le mal avec des émollients et des ménagements. On vient de le renvoyer, d'installer de nouveaux médecins à sa place; ils vont essayer les opérations chirurgicales; sauront-ils les bien faire? Quelle sera la fièvre de réaction? Le malade est-il guérissable? jusqu'ici ils ont bien manœuvré, l'issue répondra.

J'ai eu des détails personnels : dans une conversation

1. Sur le projet de l'organisation des Pouvoirs publics, déposé le 19 Mai.
2. La chute de M. Thiers et son remplacement à la Présidence par le Maréchal de Mac-Mahon.

entre M. Thiers et M. de Broglie, la question était celle-ci : « Reconnaissez la République, et les prochaines élections vous donneront des Chambres centre gauche, couleur Christophe. » — « Même si nous la reconnaissons, les prochaines élections vous donneront des Chambres rouges, couleur Peyrat. » Ainsi aheurtés, ils sont sortis en guerre. — Ce qui a décidé la majorité, ce sont les lois proposées par le Gouvernement sur la deuxième Chambre et le mode d'élection. L'idolâtrie du suffrage universel, l'adoration bête du nombre, y étaient par trop évidentes ; avec de telles lois, on périssait à échéance fixe. A mon sens, c'est là le repaire du monstre démagogique, et c'est là qu'il faut trancher. Si j'étais député et de la majorité, je proclamerais tout de suite et très haut la République, et sous ce couvert, je marcherais droit. — Je pense que la majorité, si elle est sage et reste compacte, s'accroîtra encore d'ici à un mois de soixante ou quatre-vingts voix.

J'ai vu M. de Sacy pour la candidature[1] que vous savez ; il est très favorable, mais il dit que l'élection devant se faire en décembre, il peut arriver beaucoup de choses d'ici là. Je me suis mis à retoucher l'*Intelligence* pour la prochaine édition, afin de changer de travail et de laisser cuver le plan de la Révolution. C'est là que je me suis surtout aperçu de ma fatigue profonde et de mon usure ; je ne puis pas faire attention plus d'une heure de suite.

1. A l'Académie Française.

A MADAME H. TAINE

Châtenay, 29 mai 1875

Je suis allé mardi à Paris pour l'Exposition et mon diner[1]. L'impression politique est forte et bonne. Trois francs de hausse, les financiers disent qu'après la liquidation de la fin du mois, il y aura encore une hausse de trois francs. Ernest Picard me disait à table : « Leur seul tort est de n'avoir pas fait cela depuis deux ans. » Schérer lui-même avoue que l'opération a été conduite avec une précision, une rapidité, un tact parfait. — Schérer est toujours très irrité ; son thème est qu'ils sont tous cléricaux, que le cléricalisme est le seul lien entre eux, etc. Il a gardé, de son ancien métier théologique, une aigreur de janséniste et de protestant comme Camus en 1791, une haine non seulement théorique, mais active, du catholicisme, analogue à celle des Girondins. Je lui objectais l'opportunité, le besoin de ménagements, etc. : « Vous, vous regardez toujours les individus, moi, je regarde la civilisation, l'espèce. » — C'est un théoricien ; Picard est un pur sceptique ; il disait du suffrage universel : « Il est impossible de le supprimer, difficile de le mutiler ; on pourra l'escamoter. » — Beaucoup acceptent que les candidatures soient officielles ; mais la plupart disent qu'un cens même de dix francs ne servira à rien, que tous les boutiquiers, les

1. Le diner Brébant.

petits bourgeois, les employés à 2500 francs, tout ce qui croit sa position indigne de son mérite, est révolutionnaire et ennemi de l'ordre qui lui déplaît.

Quelques très bons paysages à l'Exposition, un excellent portrait, M. Dufaure, par Mlle Jacquemart; très ferme, franc, réel, bien peint; deux autres très élégants et mondains, avec finesse et noblesse, par Cabanel; un tableau très dramatique, vrai, poignant, de Neuville (celui qui illustre l'histoire de France de M. Guizot), les *Dernières cartouches*, prise d'une maison à Bazeilles. — Un tableau de mœurs très fini, comme un Gérard Dow, spirituel, bien observé, le *Jour du paiement des fermages*. Rien de supérieur.

Je suis seul à Châtenay; avant de me remettre à la *Révolution* qui fermente doucement en moi dans le silence, j'ai refait une assez longue préface à l'*Intelligence*. Il a paru, dans la revue de Germer-Baillière, un article de vingt-quatre colonnes dessus par Léon Dumont[1], favorable et honorable, mais qui m'a montré que j'avais eu tort de ne pas indiquer dans ma préface les vues d'ensemble et les découvertes qui me sont propres; on n'a pas compris les unes, et on ne m'a pas attribué les autres. J'essaye de parer indirectement à ce double inconvénient, et je m'aperçois que l'histoire, si intéressante qu'elle soit, me laisse froid quand je rentre dans la psychologie.

1 Critique littéraire (1837-1876).

A MADAME H. TAINE

Châtenay, 1er juin 1873

C'est ce rancuneux journal des *Débats* qui vous alarme, il est tombé dans l'ornière démocratique ; ne le croyez pas ; il n'y a aucun bouleversement en vue ; j'estime à deux mois la période de tranquillité sur laquelle nous pouvons sûrement compter : la Chambre durera maintenant plus d'un an encore, il y a des chances d'ordre ultérieur ; il est certain que les élections, par la seule présence d'un gouvernement conservateur, seront meilleures ; les conservateurs voteront, ce qu'ils ne faisaient pas. — En un mot on a enrayé sans rien casser, légalement ; pareille chose ne s'était pas vue depuis 1831 sous Casimir-Perier. On répandait le bruit que M. d'Audiffret-Pasquier faisait scission ; voyez son discours d'aujourd'hui comme président choisi du centre droit. Les dangers du gouvernement actuel sont les suivants : 1o affaires du pape et de l'Italie, par suite, de l'Allemagne. Or, M. de Broglie vient de déclarer que rien ne serait changé à la direction extérieure, M. Thiers n'étant tombé que sur une question intérieure ; 2o la division des vainqueurs. Elle n'est pas à craindre avant un délai assez long, le danger qui les a réunis étant toujours visible à l'horizon. De plus Mac-Mahon sert de balancier, et les trois dynasties prétendantes se balancent l'une par l'autre. Les Bonaparte ne reviendront au pouvoir qu'après une forte convulsion démagogique ; à mon sens, ce qui vient d'arriver les ajourne. — Enfin, le seul fait que le parti actuel est au pouvoir lui rallie déjà, soit dans la Chambre, soit hors de la Chambre, une quantité de voix flottantes, timides, indécises, qui vont naturellement du côté du succès; 3° dernier danger, les lois constitutionnelles, surtout la loi électorale. Là, il y aura division, et surtout hurlements de la gauche; mais là est le cancer, et s'il y a chance d'avoir des chirurgiens, c'est dans nos chefs actuels; je crains qu'ils n'osent pas; auquel cas la démagogie légale n'est que différée. — M. John Durand, de New-York, vient dîner avec moi demain; les éditeurs américains m'engagent fort à leur vendre mon livre pour l'Amérique; traduit par un Américain, il est sous la garantie de la loi.

A MADAME H. TAINE

Châtenay, 5 juin 1873

Je suis revenu mardi en chemin de fer avec M. Beslay. La majorité va tâcher de changer de perchoir, en lâchant 40 ou 50 voix de la droite extrême, et en gagnant 100 à 120 voix du centre gauche. — Les négociations sont en train. — La droite extrême refuse absolument de discuter la troisième loi constitutionnelle sur le pouvoir exécutif et la transmission de ce pouvoir; ils sont monarchistes aveugles. Le centre gauche tient à cette loi comme achevant la République. Le gouvernement va là-dessus essayer de faire son évolution. — La première loi discutée sera probablement sur l'organisation de l'armée; ce sera un moyen de mettre M. Thiers en désaccord avec la gauche. — Autre loi très importante sur l'organisation municipale, ajoutant aux Conseils municipaux les plus imposés de chaque commune, non seulement sur la question des centimes additionnels, mais encore sur toute question importante; c'est faire entrer dans l'autorité locale toute l'aristocratie et la grosse bourgeoisie locale. — J'ai vu dans la rue M. Joubert[1], qui revient d'Italie. Lui et Beslay jugent à peu près de même; le gouvernement italien fera tout pour garder et adoucir le prochain pape, et l'on espère qu'il sera assez libéral.

Plus je regarde la vie, plus il me semble que c'est une navigation en mer sur une barque; le temps est toujours incertain, on ne peut répondre que de soi, et pas toujours. Si j'étais religieux, je dirais : que Dieu nous conduise et nous aide; tout ce que nous pouvons faire c'est d'ajouter notre petit effort au sien.

J'essaye, je fais, défais et refais des plans : au milieu de mes livres, je peux suivre une piste quand j'en trouve une. — Mais il faut du temps, du silence et de la solitude pour remédier à une usure si profonde et si ancienne. Mon esprit est un couteau émoussé, ébréché, qui ne sait plus toucher du premier coup et trancher le joint; il me faut quinze ou vingt essais pour faire mal

1. M. Edmond Joubert, banquier, gendre de Mme Henri Lehmann.

ce qu'autrefois je faisais bien à l'instant. Je crois que j'arrive à voir le plan de mon second chapitre, j'ai fait celui du troisième. — Il a fallu remanier tout le plan du premier livre; j'espère y être arrivé; mais après tant d'échecs je n'ose y compter. — Dans les moments de trop grande fatigue je lis à droite et à gauche.

A MADAME H. TAINE

Châtenay, 18 juin 1873

Ne pouvant écrire, ce que je puis faire de mieux est de lire et de prendre des notes, cela occupe le temps et me ranime un peu; j'ai vu aussi des estampes du temps, qui rendent sensibles et comme visibles les idées des livres et des mémoires. Cette année est perdue : je suis comme un homme qui, ayant pendant deux ans ouvert et exploité des carrières et rempli son emplacement de matériaux, a une paralysie des mains, ne peut construire sa maison, et reste assis, regardant tout ce tas de pierres inutiles.

J'ai reçu l'*Ante-Christ* de Renan, c'est intéressant, élevé, l'érudition est énorme; mais le défaut du sujet est toujours là; les documents manquent trop, il y a trop de lacunes et de conjectures; il étire un texte comme un fil de métal jusqu'à le rendre infiniment ténu et fragile. — Et puis, tous ces premiers chrétiens sont de si pauvres esprits, si semblables à la populace méthodiste, aux nègres convertis et pleurards d'Amérique, qu'on finit par se lasser de leurs jérémiades et de leurs hallucinations. Quel dommage qu'il n'ait pas écrit l'histoire des Césars, d'Auguste à Néron. Là, les documents étaient suffisants et la matière humaine intéressante ; le véritable intérêt de son livre est dans ce qu'il dit de Néron, de Rome et de la prise de Jérusalem.

La politique n'est pas intéressante. — On vivote. — Je crois qu'ils vont approcher de deux écueils : 1° la question du pape et de l'Italie ; 2° le retour aux vieilles méthodes universitaires. — Pour la première ils peuvent s'en tirer ; pour la seconde j'ai peu d'espoir : ils pensent (Patin, Cuvillier-Fleury) que l'éducation qu'ils ont reçue est la seule bonne.

A MADAME H. TAINE

Châtenay, 28 juin 1873

Mon impression politique se fortifie de plus en plus. — Malgré les sottises et l'intolérance cléricale de la droite, le gouvernement actuel vaut mieux que celui de M. Thiers. La grande affaire est toujours d'échapper aux deux dictatures : 1° la dictature instable et folle des radicaux et de la *mob* ; 2° la dictature plus stable des aventuriers et autres tarés bonapartistes. — En somme, le gouvernement le plus passable est celui qui est aux mains des plus capables et des plus honnêtes, c'est-à-dire de la haute classe, bourgeoisie et noblesse. — Si cette haute classe est médiocre et même bête sur certains points, cela est fâcheux, mais nous n'avons pas mieux.

Envoyez-moi, si vous l'avez, ce numéro du *Journal de Paris* à propos du *Suffrage universel.*

M. Legouvé m'écrit pour me donner « le signal », mais il me propose le fauteuil de M. Vitet[1]. Qu'est-ce que cela signifie? A-t-il un autre candidat en poche pour le fauteuil de M. Saint-Marc Girardin? Je suis allé aujourd'hui aux *Débats.* Ils ne savent rien, ils n'ont entendu parler d'aucun autre candidat. M. de Molinari m'écrira s'il apprend quelque chose et sondera M. Cuvillier-Fleury. — Quelle sotte affaire, et comme une intrigue académique me va mal! Je félicitais les *Débats* sur leur adoucissement ; ils ne le nient pas. — Un mot dit pour résumer la situation : « S'il faut opter entre le radicalisme et le cléricalisme, c'est triste ; le premier est la gale et le second la peste. J'aime mieux la gale. »

A M. MAX MÜLLER

Châtenay, 5 juillet 1875

Monsieur,

J'ai reçu l'*Introduction to the Science of Religion*, et

1. Voir page 242.

je viens de recevoir les *Lectures on Darwin's Philosophy of Language*. Je vous prie d'agréer tous mes remerciements. Le second surtout m'a extrêmement frappé ; je ne parle pas seulement de la clarté admirable, de l'art exquis avec lequel vous conduisez les simples « laïques » vers les questions et solutions les plus élevées, mais des solutions elles-mêmes, et notamment de celle qui fait le sujet de la dernière lecture (passage des interjections et sons imitatifs aux racines); pour un esprit vraiment curieux, elle est un service, et je vous en remercie comme d'un service personnel. Il me semble qu'elle devrait être insérée dans vos *Lectures on the Science of Language*, qui, sans cela, restent incomplètes, et qui, avec cette addition, feront l'ensemble le plus harmonieux.

Puisque vous m'avez fait l'honneur d'accepter l'*Intelligence*, vous savez que mon opinion sur l'esprit humain et sur la philosophie de Kant diffère de la vôtre[1] et se rapproche de celles de MM. Bain et Stuart Mill. A mon sens, il n'y a point de jugements synthétiques *a priori* : ceux que Kant appelle de ce nom sont des jugements analytiques déguisés; je les ai pris un à un, pour montrer qu'ils sont analytiques. Comme selon lui, c'est là le problème principal de la connaissance, vous voyez à quel

1. Réponse du professeur Max Müller : « In most parts I agree with you. It seems to me that Kant's system is much stronger without the admission of the possibility of synthetic judgments a priori. The admission of the *reality* of such judgments seems to me to contradict Kant's own principles quite as much as the admission of the reality of the *Ding in sich*, etc.... »

point mes conclusions doivent s'écarter des siennes. Quant à votre théorie sur l'inséparabilité des mots et des concepts généraux, sur l'impossibilité de penser sans des noms mentalement entendus ou prononcés, ou écrits, je l'admets tout à fait, et même, dans le premier Livre de l'*Intelligence*, j'ai essayé d'en donner la raison : la raison en est que ce que nous appelons des idées, concepts, notions générales, ne sont que des signes, chacun de ces signes ayant la propriété d'évoquer en nous la représentation sensible plus ou moins expresse des individus de telle classe, et seulement des individus de cette classe, et en outre la propriété d'être évoqués en nous par la perception ou représentation des individus de cette classe, et seulement de cette classe. J'admets aussi comme vous que l'aptitude à former et employer ces concepts et noms généraux, est la caractéristique de l'homme, et je suis charmé de voir qu'ici la linguistique conduit aux mêmes résultats que la psychologie. Mais je n'oserais pas tirer de là contre Darwin les mêmes conclusions que vous, car cette habitude caractéristique et supérieure a pour condition, comme toutes les autres facultés mentales, la structure de l'encéphale; les naturalistes peuvent même, dès à présent, préciser cette condition; elle consiste en un développement plus grand des hémisphères cérébraux, surtout de l'écorce grise; j'ai expliqué, je crois, l'utilité de ce développement qui augmente le nombre des répétiteurs des centres sensitifs (I, 329 et 330). Si les hémisphères cérébraux d'un singe se développaient de manière à se rapprocher tout à fait des nôtres, le singe parlerait et aurait comme nous des conceptions générales. Si le cerveau de l'idiot microcéphale ne s'arrêtait pas dans son évolution, l'idiot ne serait pas ce qu'il est, c'est-à-dire une brute, un crétin incapable de langage. Si le cerveau de tel manœuvre, lourd et borné, devenait semblable à celui de Gauss, le manœuvre deviendrait mathématicien précoce, comme Henri Mondeux ou le jeune Colbarn. A mon sens, la différence entre l'animal et l'homme, entre l'idiot microcéphale et l'homme ordinaire, entre l'homme borné et un homme de génie comme Darwin, Eugène Burnouf, Gœthe, Newton, est la même; on peut à volonté la dire franchissable ou infranchissable; elle est infranchissable si on leur laisse les cerveaux qu'ils ont; ni l'animal, ni l'idiot avec leur cerveau insuffisant n'apprendront à parler, à concevoir des choses générales; l'homme ordinaire, tel paysan, soldat, manœuvre de vingt ans et de facultés médiocres, ne parviendra jamais, quelque effort qu'il fasse, quelques maîtres qu'on lui donne, à comprendre le *Prologue dans le Ciel* du *Faust*, ou les Principes de Newton. Mais si l'on considère l'encéphale et le système nerveux en général, on ne pourra plus dire que la distance est infranchissable: car il est trop clair que si l'on admet les divers types cérébraux et nerveux des animaux comme des diversités du même type, le type du cerveau humain ne diffère de celui du singe que par des nuances, et beaucoup moins que le type cérébral du singe ne diffère du type cérébral de l'oiseau ou du poisson.

Je vous demande la permission, Monsieur, de traduire et de citer dans la prochaine édition de l'*Intelligence* les sept ou huit dernières pages de votre troisième lecture ; c'est un trésor à emprunter.

Agréez, je vous en prie, avec mon souvenir bien amical de toutes vos obligeances à Oxford, l'assurance de mon parfait dévouement.

A M. TH. RIBOT

Châtenay, 6 juillet 1873

Monsieur,

Je n'ai pas voulu vous répondre avant d'avoir lu votre livre[1]; c'était pour vous remercier deux fois, car je connaissais votre méthode et votre esprit. Acceptez mes plus vives félicitations; je conçois que la Faculté ait été embarrassée; en effet, j'ai vu par le compte rendu de la Revue de M. Germer-Baillière qu'on ne vous avait pas compris; à cet égard, l'auteur de l'article est sur le même rang que vos juges. Tel est le sort de toutes les idées nouvelles, elles n'entrent pas dans un cerveau déjà occupé.

J'avais lu M. Prosper Lucas[2]; autant que j'en puis juger, vous avez complètement raison de n'admettre qu'une force, l'hérédité, et de réduire l'innéité à des perturbations.

1. La thèse de M. Ribot sur *l'Hérédité.*
2. M. Prosper Lucas, médecin, 1805-1885.

Si j'avais un dissentiment à indiquer, il ne porterait guère que sur votre approbation presque absolue de toutes les idées de M. Herbert Spencer; j'apprends par M. Germer-Baillière que vous traduisez ses *Principes de Biologie*; tant mieux; c'est son chef-d'œuvre. — Mais ses *Principles of Psychology* et ses *First Principles* sentent beaucoup trop, à mon avis, le métaphysicien; il est jusqu'au cou dans l'hypothèse, expliquant toujours, non pas comment, en fait, les choses se font, mais comment il est possible qu'elles se fassent. Rien de plus intéressant, de plus ingénieux que sa théorie de l'Évolution universelle et l'emploi qu'il y fait des « différentiations » sans cesse et nécessairement surajoutées, superposées l'une sur l'autre. Mais pour moi, il y a là une nuance de roman comme lorsque je lis Hegel ou Schopenhauer; Darwin va jusqu'à la dernière limite acceptable; au delà, par exemple quand c'est Hæckel qui parle, je m'arrête, je sens le sol chanceler, je n'ose plus suivre. Même impression si, après les affirmations d'Herbert Spencer, je regarde ses négations. Par exemple, page 101, vous adoptez sa théorie de l'Inconnaissable. Il s'agit de s'entendre sur ce mot connaître. Si, comme j'ai tâché de le montrer, la pensée, sous toutes ses formes, est un composé de sensations ou de ces répétitions de la sensation que l'on nomme images, elle est parfaitement connaissable, en ce sens que nous pouvons marquer le groupe de caractères fixes qui la distingue de toute autre chose. Si, comme j'ai essayé aussi de le montrer, la sensation ordinaire dont nous avons conscience est un composé de sensations élémentaires, et celles-ci de même, etc., elle est connaissable, en ce sens que nous pouvons indiquer ses éléments et les éléments de ses éléments. Si enfin, comme j'ai tâché de le rendre probable, ces sensations élémentaires doivent un jour se réduire en simples mouvements moléculaires, ce jour-là les derniers éléments de la sensation seront connus, puisqu'un mouvement lui-même n'est qu'une série de mouvements, de même qu'une quantité n'est qu'une somme de quantités. Vous me direz que l'infinitésimal est inconnaissable; non pas, puisque nous le mettons en équations et que nous pouvons en prouver toutes les propriétés.

Tout ceci n'atteint en rien l'excellence et la solidité de votre livre. Je suis heureux d'apprendre que vous faites des études physiologiques; rien de plus fécond en psychologie : à votre âge et avec votre préparation, l'avenir qui vous est ouvert de ce côté est très grand; personne, Monsieur, ne vous y suivra avec une sympathie plus vive et une espérance plus large que votre très dévoué et très obligé.

H. Taine.

CHAPITRE IV

L'ANCIEN RÉGIME

I. Premier séjour en Savoie; achat de la propriété de Menthon-Saint-Bernard. — II. Première candidature à l'Académie française. — III. Rédaction de *l'Ancien régime*. — IV. Articles. — V. Lectures à Genève. — VI. Publication de *l'Ancien régime*. — VII. Correspondance.

Pendant l'été de 1875, M. Taine fit, au bord du lac d'Annecy, un séjour qui devait aboutir l'année suivante à un établissement définitif. Il passa quelques semaines avec sa famille dans cette charmante propriété du Thoron, que M. André Theuriet a illustrée par son roman d'*Amour d'automne*[1]. Il y était arrivé très fatigué et la courte trève qu'il s'accorda était indispensable pour qu'il pût commencer la rédaction de *l'Ancien régime*.

Au printemps suivant, son oncle, M. A. Bezanson, ayant exprimé l'intention de se défaire de sa maison de Boringe, à Menthon-Saint-Bernard, M. Taine en fit l'acquisition et s'y installa avec une vive satisfaction. Il avait toujours souhaité avoir à la campagne une maison de famille qui fût un centre pour tous les siens; il avait, sur ce sujet, des idées très anglaises : il considérait qu'une grande ville comme Paris

1. Le Thoron appartient aujourd'hui à M. Gustave Noblemaire.

ou Londres ne devait pas être une demeure permanente; les hommes d'affaires pouvaient y avoir leurs comptoirs, les ambitieux leur champ d'action, les hommes de plaisir leurs divertissements; mais, pour un travailleur de la pensée, mieux valait n'y venir qu'en passant, pour y chercher les documents et y échanger avec une élite intellectuelle les informations et les idées générales qui sont indispensables à l'accomplissement de son œuvre. Les événements de 1870-1871 l'avaient confirmé dans ses vues; il fut donc heureux d'avoir une installation définitive, où il pût poursuivre son travail sans craindre les agitations de la politique ou les intrusions des indifférents. Il transporta en Savoie toute sa bibliothèque, les gravures qu'il aimait et qui avaient orné son modeste cabinet d'étudiant; il installa une maison selon ses goûts, très simple, mais assez large pour pouvoir y offrir l'hospitalité à ses amis et à ses proches, surtout à cette mère si respectée qui avait été pendant quarante ans sa fidèle compagne et à laquelle il voulait rendre un peu de ce qu'il en avait reçu. — Il s'attacha de tout cœur aux sites délicieux du lac d'Annecy et, pendant dix-neuf ans, il y passa la plus grande partie de son temps. Là, à l'abri des dérangements imprévus qui sont à Paris la grande épreuve des laborieux comme lui, il put régler sa vie selon ses désirs : le matin, il travaillait dans son cabinet jusqu'à midi, ne quittant sa table à écrire que pour faire de courtes promenades dans le jardin, pendant qu'il cherchait une idée ou la meilleure façon de l'exprimer; il arrivait souvent dans la salle à manger presque automatiquement et comme perdu dans un rêve; on respectait le travail de sa pensée et l'on attendait en silence qu'il donnât le signal de la causerie : cela ne tardait jamais et il était bientôt tout à tous, avec cette bonne grâce et cette indulgence qui frappaient tant ceux qui l'ont connu dans l'intimité. Sa conversation était aussi nourrie, aussi intéressante quand il était seul avec les siens que lorsqu'un hôte étranger s'asseyait à sa table; il se plaisait à développer devant eux les idées que lui suggérait son travail et ils avaient la joie d'être ainsi initiés à la première éclosion de ses œuvres. — Après le repas, il faisait une sieste, puis se remettait à écrire ou à lire jusqu'à 4 ou 5 heures. A ce moment, il sortait dans la campagne, marchait pendant près de deux heures, s'arrêtant parfois pour causer amicalement avec un cultivateur de l'état des récoltes, des besoins de la commune, de quelque événement récent. Dans les jours chauds, il allait nager dans le lac d'Annecy et remplaçait parfois la marche par l'aviron. Le soir, fatigué d'une journée si bien remplie, il écartait toute pensée absorbante et se délassait en faisant une partie de cartes ou en prenant part aux jeux des enfants; il se retirait de bonne heure pour reprendre le lendemain son travail matinal.

Son aménité lui avait rapidement attiré les sympathies des habitants de Menthon qui, dès les premières élections, l'avaient nommé au Conseil municipal : il y siégea pendant longtemps, tout en refusant les fonctions de maire; il prenait part aux délibérations et rédigeait lui-même les plus importantes : il était frappé de la complication des écritures, des minuties de l'administration, des étroites lisières dans lesquelles la commune était tenue, du manque d'adaptation de l'instrument municipal avec l'état mental des conseillers dans les communes rurales. Il lui fallut une assez longue étude pour bien comprendre le premier budget qui lui fut soumis et il sentait qu'au Conseil il était seul à le comprendre. Cette expérience lui servit grandement plus tard lorsqu'il écrivit le *Régime moderne*.

Les amis de M. Taine l'engagèrent, dès 1875, à se présenter à l'Académie française, où trois fauteuils étaient vacants : ceux de MM. Lebrun, Saint-Marc Girardin et Vitet. MM. Guizot, Legouvé, de Sacy, Émile Augier, quelques autres encore lui étaient tout acquis. Il hésita longtemps : les démarches et sollicitations de toutes sortes qu'entraine une campagne académique ne rentraient nullement dans son plan de vie et il avait été assez « échaudé » à propos de l'*Histoire de la Littérature anglaise*[1] pour se soucier peu d'affronter de nouveau les mêmes juges. Il céda cependant et se présenta aux deux fauteuils de MM. Saint-Marc Girardin et Vitet, celui de M. Lebrun étant dévolu d'avance à M. Alexandre Dumas. Son désir était de se confiner à la succession de M. Saint-Marc Girardin, qu'il avait beaucoup connu dans sa famille et aux *Débats*. Les *combinazione* de ses « patrons » académiques en décidèrent autrement, ce qui fut une faute de tactique : ses amis divisèrent leurs voix sur les deux fauteuils et le jour de l'élection (29 janvier 1874) MM. Caro et Mézières l'emportèrent sur lui à une forte majorité[2].

M. Taine ne s'était pas attendu au succès et accepta sa défaite de la meilleure grâce du monde. Il avait pu commencer la rédaction de l'*Ancien régime* et, tout à son travail, il ne songeait guère aux choses extérieures. Durant les deux années qui suivirent, il s'y consacra complètement, ne s'interrompant que pour son cours, renonçant aux sorties du soir et aux articles de critique. — Pendant cette période, nous ne trouvons au *Journal des Débats* qu'un compte rendu des dernières œuvres philosophiques de MM. Th. Ribot, Bain et Herbert Spencer[3], et un article sur trois romanciers dont il faisait le plus grand cas : M. Alphonse Daudet, déjà dans tout l'éclat de son succès, et MM. Ferdinand Fabre et Hector Malot, alors peu connus du grand public[4]. Il consacra

1. Voir tome II, p. 273.

2. M. Caro remplaçait M. Vitet, et M. Mézières M. Saint-Marc Girardin.

3. 4 mars 1874. Recueilli dans les *Derniers Essais de critique et d'histoire*.

4. 19 février 1875; non recueilli. M. Daudet venait de publier *Fromont jeune et Risler aîné*; M. F. Fabre, *Barnabé*. M. Taine avait déjà fait un article sur les premiers romans de M. Malot en 1865. (Voir tome II. p. 278).

aussi quelques lignes émues à Charles Gleyre[1], sur lequel il fit plus tard une étude plus approfondie. L'éminent artiste vaudois était un des plus intimes amis de M. Denuelle et lorsque la mort vint le surprendre à l'exposition des Alsaciens-Lorrains, ce fut à M. Taine qu'échut la triste mission de rechercher son corps et de le faire transporter dans ce pauvre atelier de la rue du Bac, aux murailles si nues, aux meubles si modestes, où pourtant avaient passé tant d'écrivains illustres, d'artistes et d'hommes politiques. M. Taine aimait à comparer Charles Gleyre à Franz Wœpke, pour la haute intelligence, l'amour désintéressé de son art ou de sa science, la modestie et la réserve; et le souvenir d'un homme qu'il avait tant aimé l'avait attaché profondément au grand artiste trop méconnu. M. Taine écrivit encore à la fin de 1875[2] un court article dans les *Débats* pour annoncer la fondation de deux Revues nouvelles, la *Revue historique* et la *Revue philosophique*, fondées par ses amis, MM. Gabriel Monod et Th. Ribot. Il collabora fréquemment à la seconde et c'est là que parurent, dès l'hiver suivant, les notes de psychologie qui devaient être plus tard insérées dans la troisième édition de l'*Intelligence*.

Cependant le volume de l'*Ancien régime* était presque terminé. M. Taine avait déjà pu en lire le premier et le troisième chapitre aux élèves de l'École des sciences politiques[3], et le Conseil de l'Université de Genève avait manifesté le désir d'en avoir la primeur par une série de lectures dans l'Aula de l'Université. D'Annecy le voyage était aisé; l'offre du Conseil fut donc acceptée et les lectures eurent lieu aux mois d'octobre et de novembre 1875, pendant l'impression du livre. M. Taine, accueilli par son ami Marc Monnier avec

1. *Journal des Débats*, 6 mai 1874; non recueilli. Le second article est de 1878.
2. 31 décembre 1875; non recueilli.
3. Le 1er chapitre, la *Structure de la société*, dans l'hiver de 1874 et le 3e, *l'Esprit et la Doctrine*, en 1875.

la même cordialité qu'à Naples[1], rencontra dans la société genevoise la plus cordiale sympathie; il y vit notamment MM. Ernest Naville, Alphonse de Candolle, Hornung, Gautier, Blondel de Marignac, Antoine Carteret, Karl Vogt; il y rencontra pour la première fois M. Hyacinthe Loyson[2], qui cherchait à cette époque à implanter à Genève, dans un terrain que beaucoup considéraient comme particulièrement favorable, le culte vieux catholique. On sait que cette tentative échoua.

La première édition de l'*Ancien régime* parut en librairie le 9 décembre 1875.

A M. F. GUIZOT

Châtenay, 12 juillet 1875

Monsieur,

J'ai vu les personnes que vous m'indiquez et avec la nuance que vous avez bien voulu me marquer. Elles m'ont paru fort bienveillantes, et je dois sans doute à votre appui une partie de leur aimable accueil.

Il va sans dire que, pour le fauteuil à occuper, je suivrai vos directions et celles de l'Académie. Néanmoins, permettez-moi de vous rappeler que, lorsque

1. Voir tome II, p. 281.

2. M. Charles Loyson (le père Hyacinthe), avait été élu en février 1873, curé de Genève, au moment même du bannissement de Mgr Mermillod, vicaire apostolique et ancien curé à Genève. Il résigna de lui-même sa cure l'année suivante, en présence des dissensions religieuses du canton de Genève.

j'ai eu l'honneur de vous voir, il s'agissait de celui de M. Saint-Marc Girardin; j'ai été son élève; il a protégé mes débuts aux *Débats*, et corrigé mon premier article (sur Saint-Simon); j'y ai été vingt ans son collègue; je l'ai beaucoup connu personnellement; ma famille est liée presque intimement à la sienne, et pour ce qui est des opinions philosophiques, c'est de lui que je suis le plus voisin, ou si vous préférez ce mot, le moins éloigné. — Au contraire, j'ai vu M. Vitet deux fois dans ma vie, et la ferveur finale de sa croyance catholique appelle, si je ne me trompe, un panégyriste qui soit de la même opinion; ceci n'est pas pour lui marchander le respect et l'admiration que commandent son talent et son caractère: à cet égard tout le monde est unanime; mais il y a là une question de convenance académique que je dois remettre à votre jugement. Quoi qu'il en soit, si, grâce à vous, je réussis, M. Vitet et M. Saint-Marc Girardin sont deux hommes dont il est agréable de faire l'éloge; seulement, pour M. Saint-Marc Girardin, j'ai les matériaux sans consulter personne; pour M. Vitet, je serai obligé de vous les demander.

Vous êtes mille fois bon de souhaiter que Châtenay soit plus près du Val Richer; pour moi, j'en aurais grand besoin, surtout à présent. J'ai achevé presque toutes mes lectures sur la Révolution française; je serais bien heureux d'en soumettre les conclusions à un politique qui a pratiqué. Ce qu'il y a de plus étonnant, à mon sens, c'est l'idée qu'on se faisait alors de l'homme et de la société; elle est d'une fausseté prodigieuse, et de plus en parfait désaccord avec ce qu'enseignaient les premiers esprits du temps, Voltaire, Montesquieu, Buffon. On admet que l'homme en soi, l'homme abstrait, l'homme primitif et naturel est essentiellement bon et surtout raisonnable; là-dessus on fabrique une idylle. En général, cette conclusion passe pour être une conséquence rigoureuse de la philosophie du XVIIIe siècle; tout ce que je puis dire, c'est que la raison, même laïque et purement laïque, ne l'accepte pas. Du moins la science, dès qu'elle est précise et solide, cesse d'être révolutionnaire, et même devient antirévolutionnaire. La zoologie nous montre que l'homme a des canines; prenons garde de réveiller en lui l'instinct carnassier et féroce. La psychologie nous montre que la raison, dans l'homme, a pour supports les mots et les images; prenons garde de provoquer en lui l'halluciné et le fou. L'économie politique nous montre qu'il y a toujours disproportion entre la population et les subsistances; n'oublions jamais que, même pendant la prospérité et la paix, le *struggle for life* persiste, et prenons garde de l'exaspérer en augmentant les défiances réciproques des concurrents. L'histoire montre que les États, les gouvernements, les religions, les églises, toutes les grandes institutions sont les seuls moyens par lesquels l'homme animal et sauvage acquiert sa petite part de raison et de justice; prenons garde de détruire la fleur en tranchant la racine. Bref il me semble que la science laïque conduit à l'esprit de prudence et de conservation, non à l'esprit de révolution et de renversement; il lui suffit pour cela de nous faire voir la complication et la délicatesse du corps social; tout de suite nous voilà en défiance des charlatans, des panacées, des remèdes universels, radicaux et simples; un savant comme Claude Bernard se met à rire quand Raspail lui propose de tout guérir avec du camphre et de l'alcool.

Pardon, monsieur, de cette dissertation; je suis trop rempli de mon étude; tout ce que je voulais dire, c'est que nos méthodes, bien loin de nous éloigner de vous, nous en rapprochent. Je l'ai toujours souhaité, et je vous prie d'en agréer l'assurance comme un nouveau témoignage de mon attachement et de mon respect.

A M. GEORGES BRANDÈS

Le Thoron[1], par Menthon (Lac d'Annecy, Haute-Savoie), 25 juillet 1873

Cher Monsieur Brandès,

Votre livre et votre lettre me sont arrivés à Paris au moment où je partais pour venir ici. J'ai voulu lire tout le volume[2] avant de vous répondre.

Recevez d'abord mes vifs remerciements pour l'honneur que vous m'avez fait par votre dédicace. J'ai remarqué du reste en plusieurs points la conformité de

1. Voir p. 240.
2. Le tome II des *Grands courants littéraires du XIXe siècle*, traduction allemande.

nos vues, et vous avez poussé l'obligeance jusqu'à citer deux ou trois pages de l'*Intelligence*. J'en prépare une troisième édition où vous trouverez, j'espère, des faits nouveaux assez nombreux et assez importants.

Je connais mieux les romantiques anglais et français que les allemands, mais je suis tout à fait de votre avis sur cette direction d'esprit; notre Hugo, qui en est chez nous le représentant attardé, est maintenant un cerveau à l'envers; sauf deux cents vers, ses *Contemplations*, la *Légende des Siècles* sont un mélange de folie et de parade, et rien ne me déplaît aussi fort que les charlatans mystiques. Vous avez très bien décrit et suivi dans toutes ses conséquences cette maladie intellectuelle. Le « délire ambitieux » que décrivent les aliénistes et qui se complique fréquemment de mélancolie, de surexcitation nerveuse, de tics et de langueur érotique en est le fond. J'ai lu Heinrich von Kleist[1] et je vous trouve bien indulgent. Quand on fait des maniaques comme Catharine et le Prince de Hombourg, il faut les faire parler en style de maniaque, ce que le seul Shakespeare a su faire. Michel Kohlhaas est bien, sauf la seconde partie : mais là, comme dans la *Marquise*, ce que nous appelons le style, c'est-à-dire le talent du détail et des effets, manque tout à fait; un écrivain de troisième ordre racontait à peu près de cette façon au XVIIIe siècle; Mérimée et Stendhal manient la langue d'une tout autre façon; j'espère que, si je parle ainsi,

1. Voir tome II, p. 367.

ce n'est pas par préjugé français, car Tourguénief, le Russe, me paraît aussi un écrivain de premier ordre. On pilerait ensemble tous les auteurs allemands dans un mortier sans en tirer une goutte de son suc et de sa sève; en général, voilà ce qui me dégoûte d'eux; sauf en vers et notamment dans la poésie lyrique, ils ne savent pas écrire. Le *Wilhem Meister* de Gœthe n'est pas, pour le style, supérieur à Mme Cottin.

Mais je m'amuse à bavarder avec vous. Pour vous montrer que mes félicitations sont sincères, je vous soumets une critique. Vous mettez presque toujours la biographie et le portrait moral d'un auteur après l'examen de ses écrits; il me semble que l'inverse est meilleur. Mais ceci n'est qu'un détail de plan, pour le reste, je comprends votre succès; l'ouvrage achevé sera la psychologie de tout notre siècle; cela est aussi grand qu'intéressant. Permettez-moi de vous conseiller, en un sujet si brûlant, l'attitude du spectateur abstrait; vos coups seront d'autant plus perçants que vous paraîtrez au-dessus de toute polémique; il faut partir de ce principe que vos adversaires n'existent pas, ou mieux encore, que votre domicile est dans une autre planète.

Acceptez, mon cher Monsieur, avec mes remercîments sincères, l'assurance de toutes mes sympathies.

A M. ALEXANDRE DENUELLE

Le Thoron, 1er août 1873

Mon cher père,

Merci du renseignement que vous me donnez sur le Collège de France. J'avais conçu la chose comme possible aussitôt après avoir appris la mort de Philarète Chasles; mais après avoir réfléchi, j'ai perdu tout désir d'avoir cette place[1]. — Elle est bonne quand il s'agit d'hébreu : Renan pense à sa leçon une demi-heure avant de la faire, et passe son temps à expliquer vingt lignes de texte. Pour les chaires de littérature moderne, il en est autrement. Ce sont des conférences littéraires, des articles de revue, à débiter devant des oisifs du monde ou des étrangers curieux; il y a cinquante leçons par an, et tous les ans le sujet doit être nouveau. — On s'y absorbe; impossible de faire autre chose, et l'on dépense toute sa force pour occuper agréablement des désœuvrés. L'esprit actuel de l'enseignement est tout à fait faux et dévoyé. — De plus, personnellement, j'ai donné en ce genre le meilleur de ce que j'avais dans l'esprit, je ne veux pas ressasser encore une fois l'*Histoire de la littérature anglaise*. Un pareil cours n'est ntéressant à faire que lorsqu'on prépare un livre : or, le mien est fait, et je n'ai pas envie d'en entreprendre

1. Quelques amis de M. Taine songeaient à le présenter au Collège de France pour la chaire vacante de Littérature étrangère, qui fut attribuée à M. Guillaume Guizot.

un autre de même espèce, par exemple une histoire de la littérature allemande ou de la littérature italienne; je suis entré dans une autre période de mon développement; je ne pense plus qu'à la politique et à la philosophie; je ne veux pas me détourner de ma Révolution française. Il y a quinze ans j'aurais aspiré à cette chaire: maintenant, il est trop tard.

A M. JULES SOURY

Le Thoron, 15 août 1875

Mon cher Monsieur,

Vous avez fait dans *le Temps* une étude considérable et bien intéressante, et la fin, comme le commencement, montre le poète qui complète en vous le savant. Vous avez mis en tête le titre de mon livre[1] et vous avez eu l'obligeance d'en faire mention plusieurs fois; c'est beaucoup d'honneur pour un ouvrage psychologique d'être cité dans un exposé physiologique; d'ordinaire les biologistes nous ignorent et ne supposent même pas que nos recherches puissent avoir quelque utilité.

A cet égard, malgré toute votre bonne volonté, vous avez, ce me semble, suivi sur un point la pente de votre

1. L'*Intelligence*.

école; voilà du moins comment je m'explique un reproche qui, de votre part, m'est fort sensible. Vous m'attribuez un « grand dédain pour l'érudition » (1er et 2e article) et vous me blâmez de n'avoir point compulsé les monographies. Cela est vrai si vous parlez des monographies anatomiques et physiologiques qui ne sont point de mon ressort. Mais pour les monographies de psychologie saine ou de psychologie morbide, c'est tout le contraire; j'ai dépouillé notamment toute la collection des *Annales médico-psychologiques*. La nouveauté de mon livre est d'être entièrement composé de petits faits, cas significatifs, observations individuelles, descriptions de fonctions psychologiques, atrophiées ou hypertrophiées; c'a été là ma méthode exposée dans la préface, suivie jusqu'au bout dans tout l'ouvrage, et c'est surtout par cette méthode que le livre diffère de ceux de Bain, de Spencer et de Mill. — D'une façon générale je crois, non seulement qu'il n'y a pas de science sans érudition, mais encore que le détail, les petits faits, les expériences et observations positives sont la partie la plus solide de la science et survivent souvent aux théories qu'on édifie d'après elle; qui les dédaigne est un simple rhéteur ou un faiseur de dissertations vides; jugez si je puis accepter un reproche qui impliquerait un pareil nom.

Quant aux livres d'anatomie et de physiologie, mon ouvrage a paru au commencement de 1870; j'avais, je crois, suffisamment étudié ce qu'on savait dans ce temps-là; les livres ou études que vous citez sont postérieurs; l'iconographie de Luys[1], qui est votre principale base, est de 1872. — Pour son traité, je l'ai entre les mains, et certes, j'aurais bien voulu qu'il fût vrai; car au lieu de quelques notions incomplètes, on avait une théorie rigoureuse et claire, la carte détaillée d'un pays dont jusqu'alors on ne connaissait que deux ou trois sommets. — Seulement il fallait savoir si le géographe nouveau avait de bons yeux et si le voyage qu'il disait avoir fait était possible.

Pour ma prochaine édition, j'y regarderai encore. Mais vous savez que, lorsqu'on emprunte des documents, il faut sévèrement les contrôler : un très habile anatomiste, un micrographe très expert peut seul faire ce contrôle par lui-même. Ne l'étant pas, je me suis adressé à trois hommes du métier, tous célèbres, et connus de moi presque intimement : l'un admettait, les deux autres niaient : le premier est un systématique, un croyant; les deux autres sont des chercheurs indifférents; je devais donc me fier davantage aux deux derniers. — Personnellement, je pouvais juger de la qualité de l'esprit de M. Luys; son livre est aussi d'un systématique, presque d'un voyant; Gall jadis parlait de même, avec le même ton absolu; si mes souvenirs lointains sont exacts, il admet presque que son traité est un *schema*, à la manière allemande. — Enfin, la partie physiologique et expérimentale de ce traité était

1. Le docteur Luys (Jules-Bernard), médecin aliéniste, 1828-1897. M. Taine le fréquenta surtout ultérieurement lorsque le docteur Luys poursuivit ses études sur l'hypnotisme.

très faible; trois ou quatre observations pathologiques lui suffisaient pour faire des couches optiques le centre des perceptions brutes; il ne discutait pas les cas contraires; il ne tenait pas compte des expériences où les hémisphères, les corps striés, les couches optiques étant ôtés, la protubérance intacte suffit pour maintenir les sensations de douleur, de saveur et de son. Bref, rien ne m'autorisait à considérer son livre comme un résumé accepté de la science, et je vois qu'aujourd'hui encore il est accueilli par les maîtres avec moins de confiance que de curiosité.

Voilà mon excuse. Pour le fond des choses, nous sommes fort séparés; je vois que vous n'admettez pas la psychologie à titre de science indépendante; à mes yeux, elle est tout à fait distincte de la physiologie et constitue, avec les sciences historiques, une grande division à part, celle qu'Ampère appelait : « Division des sciences néologiques ». Il est probable que les phénomènes mentaux peuvent se ramener aux phénomènes cérébraux, comme il est probable que la vie se ramène à des phénomènes chimiques et physiques; mais la distinction entre le chimiste et le biologiste n'en est pas moins essentielle; de même la distinction entre le biologiste et le psychologue : procédés, éducation, tournure d'esprit, tout est spécial et distinct pour chacun. C'est pour cela que je vous suis obligé de n'avoir qu'à moitié nié la psychologie, et que je vous serre la main amicalement.

A M. JOHN DURAND

Paris, 20 décembre 1873

Mon cher ami, j'ai reçu votre première lettre et je me suis réjoui que vous soyez arrivé à bon port.... Je souhaite fort que les circonstances vous permettent d'écrire les lettres dont nous avons parlé; à mon sens, le meilleur procédé est d'avoir des petits cahiers distincts chacun avec son titre, sur lesquels au fur et à mesure, tous les soirs vous noterez des petits faits significatifs, les anecdotes, les traits de mœurs que vous aurez observés dans la journée ou qui vous reviendront à la mémoire. Par exemple les titres de ces cahiers pourraient être les suivants :

1° Le sol et le climat, avec leur influence sur le tempérament physique des habitants et par suite sur leur caractère moral. — Vous revenez d'Europe, vos yeux sont neufs, vous devez être frappé de beaucoup de différences dans l'aspect extérieur. Vous pouvez voir des Allemands, des Irlandais de sang pur, établis depuis deux ou trois générations; examinez si les changements brusques et extrêmes de température, si la surabondance d'électricité n'est pas une cause de la *restlessness* américaine par opposition à la *sluggishness* anglaise et hollandaise.

2° La famille. Rapports du mari et de la femme (avant et après le mariage), des parents et des enfants.

3° La société et le gouvernement. — Prendre pour

type une *township*, indiquer la profession, les antécédents des principaux magistrats élus, le salaire et les profits extrinsèques de leur place, le degré d'exactitude et de probité avec lequel ils remplissent leur emploi.

4° L'éducation.

5° La religion.

6° Les mœurs, c'est-à-dire l'idéal que se propose chaque individu (faire fortune, emploi de la fortune acquise) etc., etc.

Ne vous croyez pas obligé de rédiger tout de suite; jetez au hasard vos documents et vos jugements sur de petites feuilles de papier isolées, en les rangeant sous les titres que j'indiquais, ou sous d'autres qui vous conviendront mieux. Une remarque, une lecture en amèneront d'autres. — Dans six mois, quand vos cahiers seront pleins, vous écrirez les lettres qui en seront le résumé. — Il est clair que vous ne pouvez pas exposer à un Européen votre administration ou votre politique avant de lui avoir dit, en manière d'introduction, ce qu'est : 1° le sol et le climat; 2° l'homme; 3° la vie ordinaire d'un homme individuel aux États-Unis.

Ce que vous me dites de vos administrateurs et législateurs est tout à fait conforme aux précédents connus et à la nature des choses; dans la monarchie ceux qui réussissent sont les intrigants fins; dans la république, les intrigants grossiers. — Jugez par là de notre avenir, si, nous aussi, nous arrivons à la république démocratique; la multitude est chez nous bien plus ignorante que chez vous, l'envie est plus forte parce que les conditions sont plus distantes, et le bon sens est moindre, parce que nous sommes Français de race et non Anglais.

J'ai écrit une centaine de pages de mon premier volume, l'*Ancien régime*. J'ai été arrêté par les événements domestiques dont je vous ai parlé, par l'obligation de préparer mon cours, par ma candidature à l'Académie. Je ne reprendrai mon travail qu'à la fin de février. — Si j'achète une maison de campagne en Savoie, ce sera encore un retard. Mais, comme je veux faire de mon mieux, je prendrai tout le temps nécessaire. — Je crois que j'aurai quatre volumes. Le second exposera la période aiguë de la Révolution, jusqu'au 9 thermidor (mort de Robespierre).

J'en publierai deux à la fois. Tout cela, sauf réserve de la santé et des circonstances.

J'espère que celles auxquelles vous faites allusion ne sont pas des entraves à votre liberté intellectuelle. Vous savez combien je m'intéresse à tout ce qui vous regarde. Tâchez de connaître à New-York M. Wallace Wood, auteur de *Chronos, Mother Earth's biography*. C'est un homme instruit, zélé et européanisé, avec lequel vous aurez plaisir à causer. A vous.

A M. F. GUIZOT

28, rue Barbet-de-Jouy, 20 décembre 1875

Monsieur,

On m'apprend que, dans la discussion des titres du 23 décembre, chaque candidature doit être présentée et défendue par un académicien; on me nomme les académiciens qui rendront ce bon office à mes compétiteurs. Est-ce trop vous demander que de vous prier de me le rendre? Je ne pourrais être dans des mains plus autorisées et plus compétentes. Depuis vingt ans mon travail littéraire et scientifique s'est fait sous vos yeux et en partie sous vos auspices; je pourrais prendre pour devise de mes vingt-trois volumes l'épigraphe que j'ai empruntée à l'*Histoire de la civilisation* et que j'ai mise à l'*Histoire de la littérature anglaise*; j'ai fait de la psychologie pure et de la psychologie appliquée à l'histoire, voilà tout, et vous êtes peut-être la seule personne qui, ayant employé une méthode heureuse, puissiez admettre qu'une autre méthode peut aussi donner de bons résultats.

A M. F. GUIZOT

Fin décembre 1875

Je vous prie, Monsieur, de vouloir bien accepter dès à présent l'*Histoire de la littérature anglaise*, l'*Essai sur Tite-Live*, les *Nouveaux essais de critique et d'histoire*. Quant aux *Philosophes classiques* et aux *Essais de critique et d'histoire*, je n'en ai plus un seul exemplaire, mais j'écris à l'instant à MM. Hachette pour qu'on les envoie chez vous.

La préface de l'*Histoire de la littérature anglaise*, et la préface des *Essais de critique et d'histoire* renferment l'exposé complet de mes idées sur les connexions morales et historiques.

Je vais aller aux *Débats* pour retrouver et vous envoyer la réponse à M. Naquet; elle a été publiée en novembre ou en décembre 1872[1].

Je vous remercie vivement de votre beau présent[2]; je le lisais en livraisons que m'envoie M. Hachette, mais je serai bien plus heureux de voir tout d'un coup l'ensemble. Ce sera, en outre, une occasion pour moi de mieux comprendre toute cette histoire qui aboutit à la Révolution. — Aurons-nous l'an prochain le quatrième et dernier volume.

A M. F. GUIZOT

Fin décembre 1873

Monsieur,

Je viens de retrouver aux *Débats* la lettre que j'ai écrite à propos du *vitriol et du sucre*. Elle est du 19 décembre 1872. J'ai l'honneur de vous l'adresser.

1. Voir p. 215.
2. *L'Histoire de France racontée à mes petits enfants.*

Je tourne la page de votre lettre; et j'accepte de grand cœur l'offre que vous voulez bien me faire au sujet de l'*Histoire de France*. Je voudrais seulement que le quatrième volume eût paru, parce que mes études actuelles concernent surtout la dernière époque. Je serais alors moins incompétent pour parler de l'Histoire de France après vous ou d'après vous.

Agréez, je vous prie, Monsieur, mon respectueux attachement.

H. Taine.

L'accusation de bonapartisme m'oblige à aller demain en soirée chez la princesse Mathilde. En face d'une accusation, on ne peut pas être plat.

A M. R. MÉNARD [1]

Paris, 18 mars 1874

Mon cher Ménard.

Je sors de chez Baudry [2], impossible de rien écrire en ce moment, surtout sur ses peintures nouvelles; il n'y en a que quatre dans son atelier; le reste est roulé —Il faudra attendre son exposition à l'École des Beaux-Arts en septembre; encore le moment sera-t-il mauvais; il faudra les voir en place. Songez que le plafond

1. Ménard (René-Joseph), critique d'art, 1827-1887.

2. Baudry (Paul-Jacques-Aimé), peintre, membre de l'Institut, 1828-1886. Il s'agit des peintures du grand Opéra; M. Ménard avait souhaité que M. Taine en fît une étude pour la *Gazette des Beaux-Arts*, qu'il dirigeait.

sera à dix-huit mètres de hauteur, et les huit grandes compositions à quatorze mètres; on ne peut en parler que lorsqu'elles seront à la distance prévue, et dans le milieu. Par exemple les pieds des muses isolées, en ce moment sont énormes, et calculés pour la perspective future. Dans l'Orphée, dans les Corybantes, il y a des portions très finies, d'un modelé puissant, et d'autres figures d'un modelé infiniment plus faible, tout cela exprès. Enfin je voudrais voir l'effet total des muses à physionomie moderne et à corps Michel-Angesques; ce contraste sera sans doute harmonisé par l'éloignement. Baudry m'a dit que vous aviez tout prêt, et de la main d'un autre, un article pour accompagner les bois que vous allez mettre dans la *Gazette des Beaux-Arts*. J'en suis heureux; je me récuse pour une étude d'ensemble sur Baudry et sur le développement de son talent, et je crois que pour une étude sur son foyer de l'Opéra, le moment n'est pas encore venu.

Acceptez tous les compliments de mon beau-père, et croyez-moi tout à vous.

A M. ÉMILE BOUTMY

Menthon-Saint-Bernard, 18 juin 1874

Mon cher ami, le général Favé[1] passe pour un

1. Favé (le général Ildefonse), écrivain militaire, membre de l'Institut, 1812-1894. Il désirait faire un cours d'histoire militaire à l'École : ce projet n'eut pas de suites.

homme très distingué, très fin, très ouvert d'esprit. Mon avis est que vous acceptiez son offre. — Je sais que son nom est une affiche; mais nous ne pouvons nous passer des gens éminents, et pour nous garer, il suffit d'avoir recours aux procédés compensateurs. — Voyez ce que vous pouvez ajouter à l'École comme noms et patronages parmi les républicains et les monarchistes; cela mettra des poids de l'autre côté. — Il est bien entendu que le général Favé admet complètement, et sans arrière-pensée, le caractère neutre et purement scientifique de l'École; il faut qu'il n'ait aucune envie d'y prononcer aucun mot de propagande dans aucun sens, aucun mot d'apologie (par exemple à propos de la dernière guerre). Il faut même qu'il ait l'envie opposée. — Avec ces précautions, son concours nous sera précieux, et vous sentez mieux que personne que, dans les temps difficiles qui vont venir, nous avons besoin de tous les appuis.

Nous allons bien, la maison et le pays nous plaisent toujours davantage. Nous avons toujours une chambre pour vous; vous savez combien nous vous aimons tous. — Ma mère est avec nous, mon beau-père aussi; il part dimanche pour Paris, et reviendra vers le 15 juillet. Dites-moi quelques jours d'avance l'époque de votre arrivée. — Mon livre avance lentement, j'ai toujours une grande difficulté à écrire; la rédaction m'offre à chaque instant des *nœuds* et peu de *trouvailles*; je fais environ une page par jour; j'en suis au milieu du second chapitre (les mœurs et les caractères). J'en ai cinq en tout, vous avez entendu le premier. J'ignore absolument quel sera l'effet, même sur moi, je n'en aurai l'idée qu'après avoir tout recopié. — Je suppose que la Correspondance des contrôleurs généraux, dont vous me parlez, est l'ouvrage de M. de Boislisle[1]. — J'en aurai besoin pour le dernier chapitre (Le peuple, le gouvernement, la misère). Pourrez-vous dans deux mois me le prêter pour un mois?

Le mot de M. de Bismarck[2], que vous me rapportez, m'a fait froid dans le dos. — Savez-vous par Sorel les alentours de ce mot, la conversation qui l'a amené; en ce cas tâchez de me les dire. — Je reçois le *Temps* et le *Français*; je ne les goûte ni l'un, ni l'autre; le *Temps* encore moins; Schérer me semble un Condorcet, une pure tête spéculative avec un fond de raideur logique et de concentration âpre. L'impression est tout autre quand de Paris et du monde des lettrés, on tombe en province, ce que j'ai fait depuis un mois par mon voyage aux Ardennes et ici. — Indifférence profonde à la chose politique, elle n'intéresse qu'autant qu'elle touche aux intérêts positifs d'argent, de carrière. — Le cri presque universel (les meneurs et phraseurs exceptés) serait, je crois : « Laissez-nous tranquilles, donnez-nous le gouvernement que vous voudrez, avec des gendarmes et des routes; mais pour Dieu! moins

1. Voir la lettre suivante.
2. M. de Bismarck aurait dit à notre ambassadeur, M. de Gontaut-Biron : « Je ne tarderai pas à vous attaquer; nous allons être prêts; je sais que vous ne l'êtes pas. Je n'attendrai guère. »

de disputes; nous avons quelque chose de bien plus sérieux à faire, nos foins, notre vendange, nos marchés. » — La France acceptera ce qu'on lui donnera pourvu qu'elle puisse travailler beaucoup, et s'amuser un peu. Vous êtes plus près, et plus à même de prévoir que moi; mais il me semble que d'ici à un an (sauf écroulement général par les Prussiens), la République va se faire soit par cette Chambre, soit par la Chambre élue après dissolution. Elle vivotera deux ans au moins, et nous tomberons dans l'Empire.

A M. ARTHUR DE BOISLISLE[1]

Menthon-Saint-Bernard, 26 juillet 1874

Cher Monsieur,

C'est sans doute à votre obligeance que je dois le beau volume (*Correspondance des Contrôleurs généraux*) que je reçois du Ministère avec une lettre de M. Lefébure, sous-secrétaire d'État. Mon beau-père vient de me l'apporter, et je n'ai fait encore que le parcourir; il faudra que je le dépouille la plume à la main, c'est un trésor. Et à ce propos, tout de suite, en homme intéressé, je vous demande si vous pouvez m'indiquer aux

1. M. Arthur de Boislisle, membre de l'Institut; M. Taine l'avait connu aux Archives Nationales et est resté étroitement lié avec lui jusqu'à sa mort.

Archives des documents analogues ou équivalents sur les quarante années qui précèdent 1789; voilà ce qu'il me faudrait pour écrire le chapitre final de mon premier volume sur le contribuable et sa misère : j'ai trouvé les preuves surabondantes de cette misère dans tous les documents imprimés et dans les cahiers; les paysans étaient très malheureux, de là la Jacquerie de Juillet-Août 1789 et des années suivantes; mais des documents authentiques, détaillés, positifs, complets comme les vôtres seraient inappréciables; j'ai beau admirer Tocqueville, je trouve qu'il reste trop habituellement dans l'abstrait; je préfère à toutes les considérations générales des détails comme ceux de votre livre sur ces six pauvres paysans qu'on tient au fond d'un puits sec parce qu'ils n'ont pas payé leur taille, sur ces douze malheureux hommes et femmes, en tas dans une prison étroite d'où ils ne peuvent sortir une minute même pour se soulager, et confinés dans leur ordure, parce qu'ils ne peuvent satisfaire le fisc, etc.

Vous savez si j'aime la Révolution; pour qui la voit de près, c'est l'insurrection des mulets et des chevaux contre les hommes sous la conduite de « singes qui ont des larynx de perroquets » ; mais l'ancien régime n'est pas beau non plus, et il faut avouer que les pauvres gens, notamment les paysans, avaient été traités comme des bêtes de somme....

Nous sommes devenus, comme vous le voyez par l'en-tête de cette lettre, des campagnards et des savoyards; j'ai ici mes livres et je travaille en vue du lac et des montagnes, pas très vite, ni très heureusement, car j'ai un grand fond de fatigue; mais cependant avec l'espoir de finir mon premier volume cette année. Laissez-moi compter sur le secours de votre érudition et de votre complaisance; auprès des textes comme ceux que vous donnez, toutes les théories sont vides et je ne veux pas écrire une page sans la bourrer d'extraits.

Agréez, cher Monsieur, l'assurance de ma plus haute considération et de mon parfait dévouement.

A M. ÉMILE BOUTMY

Menthon-Saint-Bernard, 31 juillet 1874

Mon cher ami, merci des nouvelles que vous me donnez de vous; nous serons très heureux de vous avoir quand vous viendrez, et nous aurons une chambre à vous offrir. Notre site est moins grandiose et moins original que le vôtre [1], mais il nous plaît, et nous avons la satisfaction de nous sentir chez nous, ce qui ne m'était jamais arrivé; ma mère et mon beau-père sont avec nous, ma femme et mes enfants vont bien, et l'on vous aime ici d'abord pour vous-même, ensuite pour l'amitié que vous nous portez à tous.

Je nage et flâne beaucoup; la cervelle ne va guère, probablement elle souffre d'une très ancienne fatigue.

1. M. Boutmy était à Cauterets.

Je n'ai encore fait qu'un chapitre sur les mœurs et les caractères, un peu plus long que celui que j'ai lu à l'École cet hiver. Il m'en reste trois à faire pour finir mon premier volume. Le premier (sur les idées et sur la forme d'esprit) est en train, mais à peine en train; qu'il est difficile de démarrer! Il s'agit de montrer que Boileau, Descartes, Lemaistre de Sacy, Corneille, Racine, Fléchier, etc., sont les ancêtres directs de Saint-Just et de Robespierre. — Ce qui les retenait, c'est que le dogme monarchique et religieux était intact; une fois ce dogme usé par ses excès et renversé par la vue scientifique du monde (Newton apporté par Voltaire) l'esprit classique a produit fatalement la théorie de l'homme naturel abstrait et le Contrat social. Notre éducation purement classique nourrit encore la même théorie; tout jeune homme qui sort de rhétorique et qui est un peu brave d'esprit, surtout s'il est pauvre et s'il a son chemin à faire, doit être Montagnard ou tout au moins Girondin. — Probablement vous et moi, nous ne différons ici que par les mots; l'analyse et la raison ne me semblent destructives que lorsqu'elles sont classiques et s'appliquent à l'homme abstrait; appliquées à l'homme réel, historique, à l'Anglais ou au Français vivant et actuel, elles constatent des forces psychologiques, des habitudes, des traditions, des préjugés, des intérêts, qui, en tant que forces, sont aussi respectables qu'un cours d'eau ou qu'un poids, aussi dignes de ménagement, ne fût-ce que par prudence et pour aboutir à un effet.

A quatre mois la culbute[1], n'est-ce pas? Au reste; selon le mot de Demade, οἱ τῆν ῆολιν, ἄχλυ τῆς ῆολεω ναυάγια γυβερνωμεν. Avec une voile énorme comme le suffrage universel sur un bateau sans quille et sans lest, on est sûr de capoter tôt ou tard; sauf un accident sur lequel on ne peut pas compter, la République, en s'inclinant de plus en plus vers la gauche, versera dans l'Empire. Ce n'est pas gai; mais, à mes yeux, depuis que nous avons manqué l'évolution naturelle en 1789, aucun gouvernement libéral et fort n'est possible, ou du moins n'est durable.

Présentez, je vous prie, toutes mes amitiés à M. Cherbuliez.

A vous de cœur.

A M. JOHN DURAND

Menthon-Saint-Bernard, septembre 1874

Mon cher ami,

.... Voyez en ce moment à Paris l'exposition de Baudry à l'École des Beaux-Arts[2]; c'est supérieur. Mon ami Boutmy est de retour : voyez-le et de ma part; vous

1. Allusion aux derniers votes de l'Assemblée Nationale : Vote de la loi Municipale; rejet de la proposition Casimir-Périer demandant la reconnaissance définitive de la forme républicaine.

2. On y avait exposé les peintures de Paul Baudry destinées au grand Opéra.

trouverez toutes sortes de livres et de journaux étrangers et français, 16, rue Taranne, à la bibliothèque de l'École des sciences politiques dont il est directeur. — En fait de livres, lisez les *poésies complètes* de Sully-Prudhomme; un livre très instructif est *Paris, ses organes et sa vie* de Maxime Du Camp, cinq volumes; *Saint Antoine* de Flaubert mérite d'être lu; en première ligne mettez les romans et nouvelles d'Ivan Tourguénief.

A M. MARC MONNIER

Paris, 15 avril 1875

Cher Monsieur,

Votre insistance est bien aimable [1] et me suggère une idée que je vous soumets. Mes leçons sur l'histoire de la peinture en Italie peuvent avoir quelque intérêt à l'École des Beaux-Arts, à deux pas du Louvre et du Cabinet des Estampes, dans un bâtiment tout rempli de copies et de moulages, devant des jeunes gens qui sont artistes de profession. Elles pourraient sembler techniques et même crues pour certains détails, à Genève. D'ailleurs, j'ai l'esprit si étroitement méthodique que pour les faire, ou même pour les refaire à Paris, il me faut un mois de préparation et de renouvellement. Je ne puis écrire, ni parler d'un objet, que quand les images qui s'y rap-

1. M. Marc Monnier avait demandé à M. Taine, au nom de l'Université de Genève, une série de Conférences.

portent sont devenues des hôtes habituels et involontaires de mon cerveau. A ces difficultés j'aperçois un remède. Au lieu d'un cours sur la peinture italienne, votre auditoire pourrait accepter une série de *Lectures* (ce serait le moment) sur l'Ancien Régime ; c'est le premier volume de mon ouvrage sur *les Origines de la France contemporaine*. Je pense que ce premier volume sera fini en octobre ; j'en ai déjà rédigé les trois cinquièmes formant la matière de sept lectures ; je compte finir le reste à Menthon-Saint-Bernard ; il y aurait en tout une douzaine de lectures, et je pourrais ainsi offrir à l'auditoire la primeur du livre.

Voici les titres des cinq chapitres, chacun de 100 à 120 pages, composant ce volume.

La structure de la société ;
Les mœurs et les caractères ;
L'esprit et la doctrine ;
La propagation de la doctrine ;
Le peuple.

Je lis cette année le troisième chapitre à l'École des Sciences politiques, et mes amis ont la bonté de me dire qu'il les intéresse.

Voyez si cette idée est pratique. Au cas où elle le serait, j'aurais besoin de savoir si, à Genève, on a le droit de manquer d'enthousiasme pour J.-J. Rousseau ; j'en manque un peu, tout en admirant l'écrivain, mais ses doctrines et sa conduite ne me plaisent guère.

Quoi qu'il en soit, croyez que Genève un jour sera

mon centre, et que je serai bien heureux de vous y serrer la main.

Quelle belle et triste lettre vous avez publiée de Sainte-Beuve. « Sur ce cimetière, l'Intelligence seule luit comme une lune morte. »

A M. MARC MONNIER

Paris, 30 avril 1875

Mon cher Monsieur,

Ne croyez pas ce qui vient d'être imprimé sur mon futur livre dans le *Journal de Genève* et que je lis dans une reproduction du *Moniteur* (29 avril). Je ne conclus pas du tout au despotisme de Hobbes ; en tout cas je suis bien loin de faire un ouvrage dogmatique, je me contente d'exposer les faits et leurs causes. Ma conclusion ne sera qu'*in petto*, et en faveur des constitutionnels de 89, Mounier, Lally-Tollendal, etc. Les bonnes têtes de 1789, mes favoris, sont surtout des étrangers : Dumont de Genève, Mallet-du-Pan, Gouverneur Morris, Jefferson. La preuve de leur sagesse, c'est qu'ils prédisent tout au fur et à mesure, et un, deux ans, parfois dix ans d'avance. L'auteur de l'article n'a écouté qu'un chapitre, l'a mal compris ; je ne suis pas un simple réactionnaire, un partisan du droit divin ; vous verrez des choses raides contre l'ancien régime. Ma seule thèse intime est contre le pouvoir arbitraire et absolu, soit de la foule, soit d'un individu. Un être humain, ou une collection d'êtres humains, qui est despote et ne subit pas le contrepoids d'autres pouvoirs, devient toujours malfaisant et fou, et la Convention, Napoléon ne valent pas mieux que Louis XIV.

Ceci pour mettre votre conscience en repos; je serais trop chagrin de vous exposer à la responsabilité d'un cours antipathique et blessant pour vos compatriotes.

A vous.

A MADAME H. TAINE

Menthon, 18 juin 1875

... J'ai fini tout ce qui regarde la propagande de la philosophie dans la haute classe; j'ai commencé à écrire cette propagande dans la classe moyenne. Il ne me restera plus que la propagande dans le peuple, et je tâche d'en être là pour votre arrivée. Je travaille un peu plus vite qu'à Paris, et toute la journée.

Le livre de Sorel est bien, très instructif, plein de petites citations, objectif en un mot, pas brillant, ni piquant, mais extrêmement solide et utile. Bon signe, tant mieux si la nouvelle génération est ainsi; mais il y a eu un mauvais vote hier sur la collation des grades[1]. Le

1. Séance du 14 juin, rejet par l'Assemblée Nationale d'un amendement conservant à l'État la Collation des grades académiques.

petit groupe des travailleurs libres sera noyé dans la grande foule catholique.

N'oubliez pas de m'apporter les livres de Cazalis[1] et de Tourguénief. Lisez la dernière pièce de Cazalis; elle est bien belle et d'application toute moderne.

A M. JOHN DURAND.

Menthon-Saint-Bernard, 15 juillet 1875

Mon cher ami,

... J'ai écrit plus de la moitié de mon dernier chapitre, j'espère avoir fini au milieu d'août. Je bourre ma rédaction de petits faits et de textes manuscrits. Ensuite il me restera la revision. Comptez que vous recevrez les épreuves aussitôt que j'en aurai.

Je suis bien content que vous entrepreniez la revision de la traduction de M. Van Laun; il sait sa langue et traduit avec vivacité les passages littéraires; mais la culture philosophique et les habitudes de raisonnement serré lui font défaut et, dans la préface surtout, il y a nombre de contre-sens et de non-sens.

Vous voyez qu'en fait d'instruction publique supérieure, les conservateurs, les cléricaux et même les libéraux comme M. Laboulaye, nous font faire des sot-

1. *Le livre du Néant*, par Jean Lahor (Henry Cazalis).

tises ; mais chez nous, non plus que chez vous, on ne veut pas en croire les hommes spéciaux. Il y a trois ou quatre jours, une très bonne lettre de Bréal dans le *Temps*, une admirable lettre de Renan dans les *Débats* indiquaient la marche à suivre, un plan très simple, autorisé par des exemples décisifs passés et présents[1] ; ils ont prêché dans le désert.

Bonne santé, mon cher ami, à vous et aux vôtres ; je vous envoie les amitiés de tous les miens, et j'espère vous revoir l'an prochain ici ou à Paris.

A vous.

A M. ÉMILE BOUTMY

Menthon-Saint-Bernard, 9 septembre 1875

Mon cher Boutmy, nous apprenons avec bien du regret que vous ne venez pas. — Nous comptions sur vous comme sur un de nos meilleurs plaisirs, et, pendant tout le mois d'août, nous vous attendions de semaine en semaine. Dans ces derniers temps, je vous savais chez M. Naville ; comment avez-vous trouvé impossible de ne pas nous donner au moins trois jours ? Nous aurions causé à fond, ce qui ne m'est pas arrivé depuis plus de trois mois. — Sont-ce les affaires de l'École qui

1. La Chambre des Députés avait voté le 12 juillet la loi sur l'Enseignement supérieur après avoir repoussé l'amendement conservant à l'État la collation des grades académiques. — Voir page 178, la lettre du 24 janvier 1872.

vous ont rappelé? Il est bien sûr que nous ne trouverons pas des donateurs catholiques de 80 000 francs, pour doter nos chaires[1]; mais je suppose que l'émulation, la paternité, l'abnégation vous ont emporté, et que vous avez voulu chercher dans ce fleuve d'or un filet, un ruisselet pour notre pauvre École. — Écrivez-moi, si vous en trouvez le loisir; j'ai hâte et besoin d'avoir des nouvelles complètes de vous au moral et au physique. — Pour moi j'ai des idées noires; plus la démocratie s'établit, plus la classe haute et même moyenne va se faire cléricale; n'ayant pas sa place dans l'État et dans la loi, livrée aux votes de la multitude, n'ayant aucun point d'appui contre le nombre, elle prend la gendarmerie où elle la trouve, dans le catholicisme, et au besoin, elle se réfugiera dans le bonapartisme. — Votre ami du château de X... est un spécimen; mais radicalisme et cléricalisme sont deux pôles où les électricités contraires s'accumulent par leur opposition même; tout cela conduit aux explosions, aux coups de fusil; à mon sens, la graine lève pour la guerre civile, bien plus riche qu'entre 1815 et 1830; car le libéralisme d'alors était plus mesuré que le radicalisme d'aujourd'hui. Si vous écoutiez vos amis Y..., surtout le conseiller municipal de Paris, vous seriez alarmé; cela rappelle les véhémences et même la haine anti-religieuse des temps de D'Holbach et de Diderot. — Très

1. M. Taine commettait une erreur : le don magnifique qui a assuré définitivement le sort de l'École provient d'une main catholique.

certainement, dans cinquante ans, nous serons plus bas que l'Italie, et peut-être que l'Espagne.

J'ai fini mon *Ancien Régime*; la première moitié est à l'impression, mon beau-père sera à Paris dans huit jours, et portera le reste à Hachette. — Mais à quoi bon les livres? Ce sont les intérêts et les passions qui gouvernent les hommes. Enfin, il faut faire de son mieux sans se préoccuper des conséquences.

Si vous y pensez, regardez un jour dans la bibliothèque de l'École le Dictionnaire des Communes à l'article Blet, bourg de Berry ou du Bourbonnais à deux lieues de Dun-le-Roi, et dites m'en la population actuelle. — Il y a dans mon livre une longue note sur la terre de Blet en 1785.

A M. ÉMILE BOUTMY

Menthon-Saint-Bernard, 8 octobre 1875

Mon cher ami, j'apprends avec beaucoup de chagrin que vous êtes très souffrant de la gorge. Cela est aussi très fâcheux pour votre cours de cet hiver. J'ai le soupçon que le meilleur effet des eaux c'est le changement d'air et la vie en plein air. Si vous êtes de cet avis, l'an prochain vous viendrez nous voir, et, en guise de médicament, vous flânerez tout simplement autour du lac et sur le lac.

Je ne vais que le 25 à Genève; mes douze lectures dureront un mois, trois fois par semaine, lundi, mardi, mercredi à cinq heures; je pourrai revenir chaque semaine trois jours chez moi. Monnier est ici, je l'ai consulté, j'omettrai quelques mots trop vifs contre Rousseau qui a encore des fanatiques là-bas; je couperai le morceau sur l'acquit scientifique et l'esprit classique du XVIIIe siècle, qui est trop abstrait. Le reste peut aller. M. Templier, qui m'a lu en placards, a de bonnes espérances, quoique ce terrible troisième chapitre, tout philosophique et psychologique, lui paraisse dur à avaler pour le public. — Il paraît que ce qui fera le plus d'effet, c'est le cinquième sur la condition du peuple, de sorte que, sans m'en douter, j'ai fait un livre contre l'Ancien Régime. — L'antidote sera le volume suivant sur la Révolution, lequel aura pour antidote le troisième volume sur l'Empire. Je me console en me disant qu'un historien appartient aux faits; tant pis où ils le mènent.

J'attends mes premières épreuves pelure pour les envoyer à M. Durand.

Je reçois les journaux, et suis contrarié comme vous de ces tracasseries ministérielles[1]. Schérer et le *Temps* deviennent bien aigres et passionnés sur cette question du scrutin de liste. Avec le régime que nous avons, on peut toujours compter que c'est le pire parti qui l'emportera. — Pourtant, quand on travaille avec cet inconnu énorme, le suffrage universel, toute prévision est sans valeur, et c'est là justement la faute de ce système.

1. On préparait en ce moment la loi électorale.

A M. ALBERT COLLIGNON[1]
DIRECTEUR DE *La Vie Littéraire*

Menthon-Saint-Bernard, 18 octobre 1875

Vous me faites beaucoup d'honneur en me demandant un article sur Stendhal et Sainte-Beuve. Ce sont nos deux maîtres en critique, et j'ai plusieurs fois aperçu dans le lointain une étude complète sur eux; ce serait en raccourci toute la psychologie moderne; l'un a fait les races, les groupes, les époques, la psychologie générale; l'autre, les individus, la psychologie biographique. Ils sont les deux fondateurs de la critique psychologique et de l'histoire naturelle de l'homme.

Mais le sujet est trop grand, et j'ai le malheur d'avoir l'esprit très resserré et très méthodique. Pour faire une chose, il faut que je m'y mette tout entier; je ne pense qu'à elle pendant trois mois, six mois, un an et davantage.

En ce moment, j'imprime le premier volume de mes *Origines de la France contemporaine*, et j'esquisse le second. Pendant longtemps encore, mon cerveau ne comportera pas autre chose; j'y empile tout ce qui, de près ou de loin, a rapport à la Révolution, et la toile intérieure se tisse; si j'y mettais d'autres matériaux, il

1. Cette lettre a paru le 25 octobre 1875, dans le journal *le Temps*, et le 28 octobre, dans la *Vie Littéraire*.

me faudrait un effort énorme et plusieurs mois pour raccommoder les fils brisés ; aussi ai-je renoncé à tout article ou travail étranger.

Je vous renvoie la lettre de Sainte-Beuve ; c'est bien lui, exquis et scrupuleux pour les nuances ; voilà ce qu'il nous reprochait à nous autres nouveaux, l'ignorance des anciens milieux, le manque de tradition, l'exagération du talent, ou tout au moins du rôle qu'avaient joué nos favoris. Par exemple, il trouvait que j'admirais trop Stendhal, Balzac et Michelet, et me blâmait de ne les juger que par leurs livres. En revanche, je trouvais qu'il mettait trop haut Alfred de Vigny, Hugo, Chateaubriand, Lamartine.

Ce qu'il y a de certain, c'est que, depuis trente ans, le point de vue s'est déplacé : moins de phrases et de beaux mots, plus de petits faits et de vérités observables : cela explique la différence des jugements.

J'osais faire encore à Sainte-Beuve la réponse que voici : Dans un écrivain, il y a deux hommes : le premier qui s'adresse à ses contemporains, flatte leur goût, et de plus a un rôle, un étalage, une coterie, un succès ; le second qui s'adresse aux autres générations et se présente nu dans l'avenir avec ses seuls livres ; je préfère le second ; ce qui est essentiel, c'est la portion durable. Sainte-Beuve lui-même gagnait à cette distinction. Quelle distance entre le Sainte-Beuve de *Volupté*, des premiers *Portraits*, et le Sainte-Beuve psychologue, physiologiste, le grand botaniste moral de la fin ! Le premier était le caudataire des poètes et des grands écrivains, le commentateur attitré, un acolyte modeste chez Madame Récamier ; le second est l'un des deux fondateurs de la critique psychologique et de l'histoire naturelle de l'homme.

Je serai à Paris le 1er décembre ; j'espère causer avec vous de notre Stendhal. Il y a encore beaucoup d'inédit chez lui. Demandez à Sully Prudhomme de vous procurer par M. Philippe Delaroche une biographie de Stendhal écrite par un Anglais ; vous y trouverez des lettres curieuses de Stendhal très jeune à sa sœur Pauline. Michel Lévy m'a prêté aussi un manuscrit[1] que Mérimée devait publier, avec deux fragments d'une grande portée, l'un sur le caractère de Napoléon.

A MADAME H. TAINE

Genève, 26 octobre 1875

Tout s'est bien passé. Salle pleine; douze cents personnes très attentives; je verrai s'il en revient autant aujourd'hui. Il paraît que j'ai bien prononcé et de façon à être toujours entendu. J'étais un peu fatigué à la fin, mais grâce à un solide dîner chez M. Monnier, je me suis trouvé le soir en très bon état. J'ai lu trente-trois pages. A ce taux, il faut que j'en supprime cent, un livre entier, probablement le troisième.

1. Publié depuis à la librairie Calman-Lévy.

M. Carteret[1] assistait, il m'a fait des compliments, est-ce par politesse? A mon prochain voyage, il veut me faire voir lui-même le collège de jeunes filles, qui est son orgueil et compte neuf cents élèves. Il paraît que nulle part ailleurs l'éducation des jeunes filles n'est si bonne.

A MADAME H. TAINE

Genève, 9 novembre 1875

Hier soir, même public qu'auparavant, et encore plus bienveillant. J'ai la politesse de finir à l'heure juste et de faire pour cela de très fortes coupures. Dîner chez M. Vogt[2] qui habite dans les faubourgs une maison de campagne très retirée. On y va la nuit close, par des ruelles boueuses, interminables, presque sans lumière, à la queue leu leu, une seule personne à la fois pouvant passer sur la mince bande de terre non immergée dans la boue. C'est à ce point que je lui ai demandé s'il n'avait pas été assassiné quelquefois. Il y avait trois dames qui sont allées et revenues avec nous, et pas trop crottées.

1. M. Carteret (Antoine), président du Grand Conseil de Genève, poète et littérateur, fut l'un des plus ardents promoteurs de la lutte anti-catholique à Genève.

2. Vogt (Charles), naturaliste allemand, 1817-1895; d'abord professeur à l'Université de Giessen, sa ville natale, il dut quitter l'Allemagne après la révolution de 1848, à cause de ses opinions avancées et était professeur à Genève depuis 1852.

Ce soir, je dois assister à une conférence du père Hyacinthe qui prêche et officie dans un casino *ad hoc*. Il paraît qu'il n'y a pas à Genève plus de quarante personnes dont les opinions coïncident exactement avec les siennes. — Demain, mercredi, je dîne chez M. Monnier où je le trouverai.

Le temps me manque. J'ai sur ma table six volumes du *Mercure de France* à extraire, et il y en a quarante-deux en tout.

A M. SAINT-GENEST[1], AU *Figaro*

Menthon-Saint-Bernard, 13 novembre 1875

Monsieur,

Dans le *Figaro* du mercredi 10 novembre, vous nommez plusieurs écrivains et publicistes qui ont combattu le scrutin de liste; vous me citez parmi eux, et vous ajoutez que ces mêmes hommes se démentent aujourd'hui, par intérêt de parti ou par intérêt personnel, en tout cas très impudemment. Je vis fort loin de Paris, et je ne sais pas si MM. Laboulaye, Vacherot, Waddington, Thiers, ont en effet changé d'avis sur cet article; mais pour moi je pense toujours de même, et vous commettez une erreur si vous m'accusez d'avoir tourné. Je n'ai jamais écrit qu'une brochure politique.

1. Bucheron (Arthur-Marie, dit *Saint-Genest*), 1835-1902. Cette lettre parut dans le *Figaro* du 17 novembre 1875.

le *Suffrage universel et la manière de voter* (chez Hachette, 1872). Si vous prenez la peine de la lire, vous y verrez, non seulement que le scrutin de liste me semble une tromperie, mais encore que le scrutin d'arrondissement me paraît mal adapté à la capacité, au degré d'information, à l'intelligence moyenne de l'électeur français, et que je propose d'y introduire le suffrage à deux degrés. Mon principe est que l'électeur doit connaître les candidats personnellement, ou par des renseignements de première main; cela posé il est clair que le scrutin de liste est absurde, mais il est clair aussi que le scrutin d'arrondissement, quoique bien moins ridicule, est encore insuffisant.

Agréez, Monsieur, l'assurance de mes sentiments les plus distingués et les plus dévoués.

A MADAME H. TAINE

Genève, 16 novembre 1875

M. Carteret a été renommé hier; grand triomphe de son parti qui cependant a subi un échec partiel; deux conseillers non radicaux qu'il voulait exclure ont passé au scrutin.

Hier, dîner avec Monnier chez M. Gautier, membre de l'aristocratie, fort riche, et de plus médecin. Il est de principe ici que le jeune homme le plus riche doit être instruit, avoir une profession ou une érudition.

On ne compte que sept jeunes gens qui vivent en oisifs. J'ai trouvé chez M. Gautier des hommes et femmes du monde, avec un tour anglais plutôt que français. Il paraît qu'ils vivent un peu comme notre noblesse de province, entre eux, excluant les hommes nouveaux, même riches et bien élevés; ils se marient entre eux; les liens de famille et même de cousinage sont très forts; c'est un monde fermé. A Berne, mêmes mœurs dans les trois cents familles qui descendent des anciens gouvernants. Ils voient au-dessous d'eux le gouvernement et l'influence passer aux classes nouvelles, au radicalisme, c'est-à-dire ici au scepticisme catholique ou protestant, et restent sur leurs collines comme dans une inondation, cantonnés dans leur vie privée, leur ennui, mais supérieurs à notre noblesse à titre de protestants et de gens instruits. — J'aurais beaucoup de détails à noter sur la loi civile, les tribunaux, les impôts, indices de la démocratie qui monte. Mais il faudrait du temps et un long séjour ici. — Je dois trouver au café, à deux heures, MM. Dollfus[1] et Giraud-Teulon[2], qui sont loin d'approuver tout dans le caractère genevois, et qui me renseigneront.

Toujours la même foule et la même bienveillance. — Il paraît que Rochefort[3] assiste à mes lectures.

1. M. Charles Dollfus, né en 1827, un des fondateurs de la *Revue Germanique*, où M. Taine avait donné quelques articles en 1863.

2. M. Giraud-Teulon faisait alors un cours à Genève.

3. M. Henri Rochefort, évadé de Nouméa au printemps de 1874, était venu s'établir aux environs de Genève, d'où il envoyait de

Ce soir, chez M. Carteret, je verrai la fine fleur de la démocratie, pasteurs protestants libéraux, etc. C'est par ces pasteurs, très peu chrétiens, à ce qu'il paraît, mais très anti-catholiques, qu'il a pu se faire une majorité fidèle en exploitant l'ancien levain antipapiste. — Lors du vote populaire sur les lois ecclésiastiques récentes, les catholiques s'étant abstenus, il y a eu 9000 voix persécutrices et 154 tolérantes. Calvin vit toujours.

A M. JOSEPH HORNUNG[1]

Menthon-Saint-Bernard, 19 novembre 1875

Monsieur,

J'arrive bien tard pour vous remercier de votre cadeau ; mais à Genève j'étais si occupé que je n'avais pas le temps de lire; c'est hier seulement, en arrivant ici, que j'ai pu lire les quatre brochures[2] que vous m'avez fait l'honneur de m'envoyer. Les grandes vues

nombreux articles aux journaux de Paris. M. Taine l'avait connu sous l'Empire, chez leur ami commun, le docteur Verneuil.

1. Hornung (Joseph), professeur de droit à l'Université de Genève, exécuteur testamentaire d'Amiel, né en 1822, décédé en 1884.

2. Les sujets de ces brochures sont les suivants : *Pourquoi les Romains ont-ils été le peuple juridique de l'Ancien monde?* Genève, 1847. — *Idées sur l'évolution juridique des nations chrétiennes et en particulier sur celle du peuple Français.* Genève, 1850. — *L'histoire romaine et Napoléon III.* Lausanne, 1865. — *Les couvents et le droit commun.* — Genève, 1860.

que vous présentez sur l'histoire Européenne et notamment sur l'histoire de Rome, sont du plus vif intérêt : je reconnais avec vous que tout le succès de Rome tient aux traités continuels, à la tolérance réciproque des patriciens et des plébéiens ; dans une ville grecque, dans une cité italienne du moyen âge, on s'exterminait ; à Rome, on s'arrangeait pour se supporter, pour transiger, pour vivre ensemble. Peut-être la cause de cette sagesse se trouve-t-elle dans l'origine de la plèbe, si composite et, en outre, si supérieure ; je suppose qu'après la conquête de villes voisines, Rome transportait chez elle les bonnes familles aisées et laissait les moindres sous la garnison qu'elle expédiait à demeure ; de même à Venise si les deux ou trois mille familles d'antique noblesse y avaient transporté une centaine de bonnes familles de chaque territoire ou cité conquis, Chypriotes, Candiotes, Padouans, gens de Zara et de Dalmatie. Grâce à ce système, il se formait, sous la vieille aristocratie romaine, un peuple politique, mais neutre, et je ne sais pas si l'on ne doit pas voir dans ce fait les origines du caractère abstrait et général que Rome a donné à la notion de l'État et à l'organisation du droit.

Sur cette question, vous êtes très Romain, et, tout en reconnaissant avec vous les abus et les inconvénients des couvents, je ne sais si j'oserais vous suivre jusqu'au bout de vos conclusions. La loi française de 1825 me paraît suffisante, et je désire seulement qu'elle soit appliquée exactement. Le vice du système romain sous l'Empire et du système français aujourd'hui, c'est de supprimer ou détruire en germe toutes les associations qui ne sont pas l'État. Ceci a conduit l'empire romain, et ceci conduit la France à n'être qu'une caserne administrative bien tenue et exempte de vol. Sans doute vous ne souffrez pas encore de ce mal, mais nous en souffrons beaucoup, et peut-être cela me rend-il moins hostile aux abus du système contraire. Je n'ai aucune disposition mystique, mais je comprends que des âmes tristes, douces, ferventes, veuillent vivre ensemble, s'astreindre à une règle, abdiquer leur volonté, se cloîtrer; la nature comporte tout, même les catholiques, les frères Moraves, les sentiments des moines bouddhistes; à mes yeux l'État n'est qu'un gendarme contre les brigands de l'intérieur ou les ennemis de l'extérieur, et il a tort quand, ayant assuré la police et la justice, ayant établi les routes et les écoles, il empêche quelques-uns de ses membres de chercher le bonheur ou la paix de l'âme dans le genre de vie, d'association ou de rêve qui leur convient.

M. Giraud-Teulon, avec qui j'ai souvent parlé de vous, m'a dit que votre complaisance est aussi grande que votre savoir, et que je pouvais me hasarder à vous demander un renseignement. Il s'agit de l'impôt progressif sur le capital ou le revenu, tel qu'on le pratique en Suisse, non seulement à Genève, mais encore à Zurich, Berne, etc. Comme cet impôt me paraît une des conséquences extrêmes de la démocratie, je souhaiterais fort en savoir le taux chez vous, et de plus, apprendre sur quelles données il est assis, si la simple déclaration du contribuable fait foi; au cas contraire, quel tribunal fait l'évaluation, s'il y a appel, si, dans la pratique, il n'y a pas des injustices ou des inconvénients notables.

Agréez, je vous prie, Monsieur, avec mes remerciements présents, mes remerciements anticipés, et veuillez recevoir l'expression de mes sentiments très dévoués et les plus distingués.

A M. MARC MONNIER

Paris, 11 décembre 1875

Mon cher Monsieur,

L'*Ancien Régime* vous est adressé aujourd'hui par mon éditeur; acceptez-le en souvenir de toutes vos obligeances, et dites à Madame Monnier que son hôte de Naples et de Genève lui est aussi attaché que reconnaissant.

M. Hachette envoie aussi de ma part l'ouvrage à M. Ader[1], M. Carteret, M. Vogt et M. Hornung. Je vous prie de faire agréer à ces Messieurs tous mes remerciements pour l'accueil trop bienveillant qu'ils m'ont fait. M. Hornung a eu la bonté de répondre longuement à des questions que je lui ai faites sur l'impôt progressif. Les renseignements qu'il me transmet sont précieux et significatifs; si ce principe se développe, nos riches émigreront; je vais en parler à M. Leroy-Beaulieu.

1. Directeur du journal de Genève.

J'ai lu les *Deux amis* de M. Carteret ; c'est aussi instructif pour connaître l'auteur que pour connaître le pays. On reconnaît un homme convaincu, qui a un corps complet de croyances et de tendances : spiritualiste et religieux au fond, ce qui fait contrepoids, et ce contrepoids manque à nos démocrates qui suivent d'Holbach et non Rousseau.

Encore une fois merci....

A M. MARC MONNIER

Paris, 25 décembre 1875

Mon cher Monsieur,

Vous exercez l'hospitalité comme un gentilhomme du XVIIIe siècle ; j'ai été dans vos mains, vous me comblez et recomblez de toutes façons. — Merci de votre trop obligeant article ; vous avez sans doute raison dans votre réserve sur Rousseau ; mais, si je lui suis peu sympathique, ce n'est pas à cause des conséquences pratiques de ses doctrines, c'est à cause de son tour d'esprit et de son caractère. Je n'aime pas ces sortes de dieux manqués, en qui la vanité est monstrueuse et le jugement faux par essence.

Je donnerais de bon cœur des soufflets à Saint-Preux et même à Julie. A mon sens, Rousseau aurait dû naître au XVIe siècle à Genève, ou au XVIIe en Angleterre ; il y aurait fondé une secte ou fait des *revivals* ; son malheur, c'est la disproportion de sa nature et de son milieu.

Hachette me dit que nous ferons une seconde édition en janvier. — Je fais le plan du deuxième volume. (La Révolution.)

Je viens de recevoir une très belle et très complète biographie de H. Heine, amusante comme un roman et instructive comme un livre d'histoire, par W. Stigand, poète et critique anglais que je connais personnellement depuis dix ans. C'est très bien composé et très bien écrit. L'auteur connaît la France et l'Allemagne, aussi bien que l'Angleterre. Croiriez-vous que ni Germer Baillière, ni Hachette ne voulaient entreprendre d'éditer la traduction de ce livre, d'après ce principe qu'on ne lit plus en France, et que Heine y a été un météore étranger? Le traducteur serait une personne qui a connu intimement Heine pendant les deux dernières années de sa vie, qui est allemande, qui a vécu en Angleterre et en Italie, bref Camille Selden, dont vous connaissez sans doute le très beau roman (Daniel Vlady) et qui est un excellent écrivain français. Y a-t-il à Genève un éditeur plus confiant et plus libéral que les nôtres?

Mille respectueuses amitiés à Madame Monnier et à Madame Meyer. Je vous serre la main et vous envoie les compliments et remerciements de tous les miens.

APPENDICE

EXTRAIT DES NOTES PRÉPARATOIRES

POUR

Les Origines de la France contemporaine.

On a vu dans les chapitres précédents toutes les recherches auxquelles se livra M. Taine, tant à la Bibliothèque qu'aux Archives nationales, pour la préparation des Origines de la France contemporaine. Les notes extraites de ses lectures à cette époque rempliraient plusieurs volumes, quoi qu'il possédât mieux que personne l'art de concentrer en quelques pages la substance d'un ouvrage entier. — Mais, à côté de ce travail, il en faisait un plus difficile qui est le véritable fondement de son œuvre : nous voulons parler des essais de plans, des notes de philosophie historique, politique et sociale, sortes de méditations par lesquelles il élucidait sa pensée. — Ces notes sont souvent très condensées et très abstraites, mais elles éclairent d'une vive lumière le travail ultérieur et nous avons pensé qu'il serait intéressant pour le public de voir de quelles fibres solides et serrées ont été tramées les Origines. Nous avons donc choisi quelques-unes de ces pages d'essais et nous les avons classées de notre mieux. Elles étaient éparses en différentes liasses et il est difficile d'assigner à chacune d'elles une date précise. Nous avons choisi de préférence les plus anciennes, celles qui montrent la première conception de l'œuvre et les développements qu'elle a subis, celles qui contiennent le plus d'idées générales et expliquent le mieux la pensée maîtresse qui a présidé à la rédaction définitive.

Quelques-unes de ces pages sont postérieures à 1875, date où s'arrête le présent volume de la *Correspondance*; mais nous avons pensé qu'il valait mieux les présenter en bloc au lecteur.

La France contemporaine.

L'idée fondamentale, c'est que l'État actuel à tous égards, et de même l'État futur, pour un demi-siècle au moins, est une conséquence logique de l'État passé, surtout depuis 89. — Une France a été constituée à cette époque par le Code, (Lois civiles, mariage, paternité), par le Concordat et la persistance d'un catholicisme particulier, par l'organisation politique (départements et centralisation), par l'Université et le système d'éducation casernée, par la littérature qui a suivi comme effet nécessaire (de Chateaubriand à Balzac). — Cette France a comme fonds le caractère général des Français, et des quatre grandes classes françaises (paysans, ouvriers, bourgeois, nobles), caractère manifesté depuis les origines de la nation. — De la combinaison entre ce fonds général persistant et les institutions de 1789-1804 est née la France contemporaine.

De même, vers 1660, il y a une France constituée par le rétablissement de l'autorité royale et la réorganisation du catholicisme, qui aboutit peu à peu à la monarchie, l'ordre, la littérature de Louis XIV.

De même l'Espagne à partir de 1580, sous Philippe II. Les conséquences forcées vont jusqu'à 1700.

De même l'Italie en 1450. — Elle appelle l'invasion et l'on voit d'avance toute son histoire jusqu'à 1800.

Les accidents, les apparitions d'individus comme Napoléon, les caractères des princes régnants, Louis-Philippe ou Charles X, sont des causes secondaires. Les tendances et situations générales subsistent et font leur effet. — Et les accidents ou caractères individuels ne sont très puissants que par leur concordance avec les tendances et les situations générales. — En résumé les perturbations sont petites, et le plus souvent, elles ne sont que des accélérations, des retards, des degrés en plus ou en moins ajoutés aux forces générales.

II

Plan général[1].

(Le trait caractéristique depuis 1700 est la fondation des *sciences morales*).

Chapitre I. De la direction générale du courant régnant en Europe au temps présent : la science depuis Galilée[2]. Applications aux machines et création de la démocratie. (Au xviiie siècle on disait la raison, au xixe on dit la science : tout le progrès des cent ans est là.)

Chapitre II. Du caractère français[3].

Chapitre III. Caractères de cette direction en 1789 en France. — Misère, inégalité, privilèges, oppression. — Contraste avec la culture élégante du bonheur (art, industrie, lettres, les salons), avec la tendance générale

1. Ce plan est le plus ancien de tous ceux qui nous sont parvenus; il doit remonter à 1871, à l'époque où M. Taine pensait n'écrire qu'un seul volume sur la « France Contemporaine ».
2. Voir page 301.
3. Voir page 303.

française (méridionale, païenne, non protestante, anti-Carlyle), avec la théorie philosophique de l'homme né pour être heureux. — Preuve par les mœurs, les intérieurs, les estampes (Moreau, Boilly), règne de l'agréable, de l'épicurisme élégant. Manque de documents positifs et de méthode dans les sciences morales; c'est là le trait essentiel. Conséquences : politique *a priori* avec l'espoir d'une « régénération complète ». — Ajoutez l'esprit théoricien et le besoin d'application brusque du Français. Centralisation déjà, le noble privilégié, parasite de cour et non administrateur local.

CHAPITRE IV. Caractères de la Révolution française, comme conséquences des données précédentes et du caractère général français. — Expulsion des nobles, confiscation des biens nationaux, massacres, révolutions multipliées, dictature, enthousiasme, abolition des petites sociétés intermédiaires, nivellement dans l'État, anarchie et ruine.

CHAPITRE V. Caractère de l'Empire comme conséquence des données précédentes et du caractère français. — Précédents immédiats : l'enthousiasme subsistant, l'amour de la patrie, puis de la gloire, toute une génération militaire. Le caractère français fournit à cela de bons matériaux. Après l'amour de la gloire, le besoin d'avancement.

La ruine des petites sociétés demi-indépendantes intermédiaires, l'habitude du despotisme sous la Convention, permettant à un autre despotisme de s'établir, le bien-être par l'acquisition et la libération de la terre pour les paysans, la bonne administration, la carrière ouverte aux talents.

L'ignorance profonde de l'état et des idées du reste de l'Europe, l'étroitesse d'esprit de l'école philosophique politique subsistante.

Le caractère et l'éducation toute militaire de Bonaparte :

(l'honneur militaire, et le despotisme militaire, la bonne administration de l'intendance, l'habitude de la conquête et de la force).

Indiquer, d'après ces causes, le caractère commun à tous les grands faits de l'Empire : Concordat, Code civil, administration centralisée, recherche des talents, guerres continuelles, à la fin insensées, invasion.

Chapitre VI. Conséquences de ces données générales sous la Restauration, les Orléans, la seconde République et le second Empire, jointes au caractère français et à la Révolution intellectuelle [1].

Vanité nationale et amour de l'excitation produisant l'admiration rétrospective de la Révolution et de l'Empire, partant des chances pour leur rétablissement.

Effet lent de l'abolition des petites sociétés intermédiaires remplacées par le fonctionnaire; c'est-à-dire vide de la vie en province, extinction de l'esprit public, ennui, forces perdues, grossissement démesuré, épicurisme, vie surmenée de Paris. — Peu d'enfants par manque de débouchés, goût du bien-être, manque de stoïcisme.

Erreurs politiques fondamentales : sectes républicaines tâchant de mettre la main sur l'État par violence. Sectes socialistes exigeant que l'État fasse le bonheur de tout le monde.

Prospérité matérielle croissante par une bonne administration probe; paysans laborieux, économes sur leur terre; amour et prévoyance pour ses enfants.

Chapitre VII. Statistique physique et morale actuelle (d'après la statistique de 1866). Distribution de la population. —

1. Conséquences : le Concordat, le système d'enseignement, l'organisation administrative. — Littérature

Degré d'instruction. Caractère et disposition des diverses classes, des divers partis.

CHAPITRE VIII. Des réformes et moyens de guérison.

Les caractéristiques de la France sont les suivantes :

1. Depuis les origines, à travers Louis XI, François Ier, Richelieu (création des charges d'Intendants), Louis XIV, mais surtout par la Révolution et l'Empire, toutes les petites sociétés demi-indépendantes fournissant un intérêt et une occupation, un objet de dévouement, ont été supprimées [1]. — Il ne reste que l'individu avec sa famille intime, et l'État, celui-ci énormément chargé de services.

Conséquences : l'ennui, l'égoïsme, l'indifférence aux affaires publiques, l'extinction d'une quantité de forces vives, la vie de province (*Madame Bovary, Les Deux Poètes, La Muse du département*). — La paternité plus tendre; tout l'amour est reporté sur les siens, sur les enfants. (Peu d'enfants. Pas d'émigration, pas d'effort.)

Réunion à Paris de tous les ambitieux actifs et de tous les hommes supérieurs, ce qui, joint au besoin français d'excitation et de plaisir, donne la vie parisienne telle que nous la connaissons.

Réunion à Paris des ratés et avides, lesquels, grâce au spectacle de l'État entrepreneur du bonheur général, grâce au manque d'expérience en fait de petites associations naturelles, et grâce au souvenir des violentes insurrections, réunis, font des révolutions. (Cause confluente : l'esprit théoricien et l'application immédiate à la française.)

1. Voir Tocqueville.

II. Depuis les origines, surtout par Sully, Colbert, puis de 1760 à 1789, puis par la Révolution et les biens nationaux, et aussi par le Code civil et le partage égal, il y a cinq millions de propriétaires terriens. Ce qui est un grand bien; en effet cela produit : 1° la sécurité pour le petit travailleur; 2° l'excitation à travailler parce que c'est son champ et qu'il veut acquérir; 3° l'excitation à économiser, 4° l'habitude de se suffire à soi-même.

III. Caractéristique générale du siècle : le règne de la science, mais sous des formes inférieures inexactes dès 89 et chez les socialistes.

III

Note pour le premier chapitre[1] : *Le progrès des sciences.*

Quand on essaie de se figurer les forces qui mènent aujourd'hui les événements humains, la principale est celle des sciences. Parmi les moteurs des événements humains, l'un des principaux est l'idée que les hommes se font de l'homme et de la nature.

Ainsi quand cette idée change, le moteur devient autre et pousse dans un autre sens.

Or, une nouvelle idée de l'homme et de la nature est en voie de formation depuis trois siècles, se dessine de plus en plus et, selon toutes les vraisemblances, est destinée à se compléter sans cesse davantage. C'est celle que donnent les sciences physiques et morales, c'est-à-dire les sciences de la nature et de l'humanité. — Cette idée devient et deviendra

1. Voir le plan général, p. 297.

donc un moteur de plus en plus puissant, de sorte que, dans l'étude d'une nation contemporaine, pour bien comprendre le présent et avoir des éléments de l'avenir, c'est elle qu'il faut examiner.

1° Preuve par les événements eux-mêmes.

a) Débuts humbles, isolés en Italie pendant toute la Renaissance, quelques curieux de cabinet font des collections de plantes (Cesalpini), ouvrent, çà et là, un animal (Fallope), ramassent des pierres (Palissy), impriment un manuscrit (Estienne), regardent la façon dont l'eau coule (Vinci). — Ce sont autant de fourmis dans leur trou, isolées, sans importance dans le monde. — Quelques-uns se réunissent (La Crusca, la Société Royale de Londres, notre Académie des Sciences). Ils sont un objet de curiosité pour les grands, comme les prestidigitateurs (Charles II à la Société Royale). Et pourtant ce sont ces petites recherches qui, peu à peu, par leur accumulation, changeront l'idée que les hommes se font de l'homme et de la nature.

b) Copernic et Colomb (il a fallu cent ans pour que le système de Copernic fût accepté. — Pour Colomb, voir les longues conséquences).

Renversement depuis Indicopleutes et Ptolémée.

Stevimus met une file de boules à cheval sur un double plan incliné. — Galilée fait rouler des boules sur un plan incliné et regarde les lampes qui oscillent au bout de leur corde.

Position de Bacon et Descartes comme promoteurs, l'un esquissant la méthode et l'application, l'autre les grands résultats théoriques. Plus tard, Voltaire vulgarise Newton. — Buffon a joué le même rôle.

IV

Le caractère français[1].

Les données sont :

I. *Excitable*; très visible surtout dans les temps de révolution; ils en deviennent fous, sublimes ou féroces. De là, panique ou *furia francese*. Rien du lest anglais ou hollandais, ils sont tout de suite hors d'eux. En cela ils sont tout à fait femmes. Prompts à l'action, au geste, à l'émotion, vifs. tout cela rentre dans la même donnée; car, excitables par de petites choses (vifs), ils le sont trop pour les grandes. C'est l'équilibre délicat et instable d'une balance de précision. L'impatience rentre dans la même donnée. De même le besoin d'amusement, la haine de l'ennui.

II. *Petit module*. Ceci à première vue me semble l'essence même de la race, soit au point de vue du caractère, soit au point de vue de l'esprit.

Là-dedans rentrent : le goût (cuisine, modes et littérature, articles de Paris, etc.); l'esprit (*wit*) : la chanson, le vaudeville, les finesses de la langue, le tact en société, bien plus encore les deux caractéristiques de leur esprit (histoire de la littérature française), à savoir la netteté, l'adresse à extraire vite et aisément les caractères, le besoin de contiguïté des idées, c'est-à-dire l'analyse et le sentiment des proportions et du convenable (La Fontaine, Sévigné, Voltaire, Condillac, Musset). — L'adresse, la dextérité.

L'agréable, le piquant, l'amusant, comme idéal. (Dans l'amour, etc., l'honnête homme de Molière.)

Faible sentiment religieux où Dieu rapetissé, camarade

1. Étude pour le ch. II du plan général, p. 297.

(Béranger). Manque de respect (*awe, wonder*). — Le gamin gentil.

La légèreté, la frivolité, l'incapacité de considérer longtemps avec sérieux les choses graves, les traiter par-dessous la jambe.

La gaieté, la chanson.

La douceur, l'amabilité, le goût du joli.

III. *Sociable*. Ceci entraîne vaniteux, se voir dans les yeux d'autrui, non directement par soi-même.

Sociable est un dérivé; on aime à être en compagnie parce qu'on y a du plaisir; on y a du plaisir parce qu'on y a de l'esprit et de la politesse et qu'on trouve des gens qui en ont. Esprit et politesse rentrent dans le petit module.

Le principe intellectuel est qu'ils ne réunissent ensemble qu'un petit nombre de données; ils écourtent, mais dégagent vite les caractères et sentent exactement leurs rapports.

Petites impressions suffisantes à provoquer des impulsions notables (émotions, actions, gestes), lesquelles suivent et se traduisent juste, à l'instant.

L'agréable (produit ainsi) n'est que la résultante.

V

Note.

Les trois facteurs du présent et de l'avenir étant les suivants : l'autorité sans cesse croissante des sciences positives (vérifiables), le type français (petit module), et l'organisation de 1800 (fonctionnaires, clergé enrégimenté catholique, Université), voyons les conséquences :

Pente aux révolutions et instabilité du gouvernement, par l'insuffisance, encore pour un siècle, des sciences morales; distance des classes lettrées et des classes inférieures, défiance des secondes vis-à-vis des premières. Type français, incapable de voir beaucoup d'idées ensemble, prompt à la systématisation *a priori*, et à l'action violente. Hostilité du clergé catholique à la science, surtout aux sciences morales. Centralisation, manque d'initiative locale et individuelle. Voilà le mal.

Mais, grâce au petit module délicat et exact, aptitude à faire le grand pas dans les sciences, c'est-à-dire à dégager les éléments générateurs d'un ordre de faits (Descartes, géométrie analytique ; Jussieu, classification naturelle des plantes; Lavoisier, la balance et la nomenclature en chimie ; Bichat, les tissus; Haüy, la classification des cristaux par les angles ; Cuvier, les organes en tant qu'utiles; Geoffroy-Saint-Hilaire, les parties en tant qu'éléments d'un type). A mes yeux, dans les sciences morales, ces éléments sont les types psychologiques (généraux ou individuels) et les éléments des types psychologiques sont les dominantes. — Donc, possibilité de faire très vite des pas très grands dans les sciences morales; si des savants, elles passent au public cultivé et de là aux classes inférieures, l'effet peut être énorme.

Le principal effet sera l'intelligence et par suite la réforme du vice essentiel de nos trois machines morales (Église, État, Université). Ce vice essentiel consiste en ce qu'elles désintéressent l'individu en supprimant son initiative et partant n'utilisent que le minimum de sa force.

VI

Note pour le fond[1].

Le dernier chapitre est la continuation, le pendant du premier.

La cause générale de la transformation moderne, c'est le développement de la science (avec sa méthode et ses conséquences propres). La cause générale de la Révolution française et de notre état social instable, c'est la science hâtive, mal faite, à prioriste, ajoutant sa flamme et son drapeau aux passions de la masse affranchie par la première Révolution, par les machines, et de plus surexcitée par le bien-être[2] qu'ont répandu les machines.

Le remède général, c'est la science bien faite, expérimentale. Il y a là une force incalculable, capable d'agrandissements et d'empire indéfinis. Les preuves de cette force sont accablantes. Même à l'état hâtif et faux, elle a fait la Révolution française, et, sous sa forme bâtarde de socialisme, nos dernières convulsions. — Par une de ses premières applications elle a fait l'Italie et l'Allemagne récentes. — Par ses applications partielles elle a fait le bon gouvernement de l'Angleterre et des États-Unis (qui du reste, par tradition, la pratiquaient instinctivement).

Son nom (barbare) est sociologie. Son titre exact est : application à la conduite des affaires humaines de la science de l'humanité. — Son caractère principal est d'être une histoire, c'est-à-dire un *récit* des divers états successifs d'une même donnée chez le même peuple ou chez différents peuples. Cette donnée est par exemple l'impôt, tel impôt

1. Voir plan général, p. 297.

2. L'effet de la Révolution a été une autre et inégale distribution du bien-être. Son mauvais effet a été la lésion de l'organisation sociale du gouvernement.

(impôts indirects de consommation), l'armée (l'artillerie), l'éducation (publique, régime et enseignements des écoles), la constitution générale (grands pouvoirs publics), la peinture, la littérature, etc., la religion (Église, dogme, culte), la science, etc.

Le principe que j'y apporte, c'est que, quelle que soit cette donnée, les causes de ses modifications sont toujours de la psychologie appliquée, et que ses divers états psychologiques successifs ou contemporains, sont toujours fonctions l'un de l'autre.

Non seulement ce *récit* donne, autant qu'on peut l'avoir, chaque solution partielle sur chaque question ou réforme contemporaine ; mais l'ensemble de ces récits donne l'idée de la marche de l'humanité avec les perspectives d'avenir, et l'ensemble des sciences (par la psychologie et ses conséquences) donne ce que les poètes appellent une foi, une vue d'ensemble de la nature.

Ainsi la réforme totale consiste à remplacer la science nulle ou *a priori*, par la science *a posteriori* avec tous ses procédés (l'attente, l'incomplet, le sentiment des milieux et du développement, etc.).

Et en outre, conformément à la méthode même, et notamment au principe psychologique de la méthode, il y a des moyens d'opérer plus ou moins vite et profondément ce remplacement essentiel, par exemple :

Système des universités autonomes, au nombre de cinq ou six avec une soixantaine de professeurs et *privat-docenten* pour la rivalité.

Enseignement par la pratique en faisant toucher les choses du doigt, les textes, manuscrits, spécimens, machines, expériences.

Exposition par le petit fait (Bastiat, en économie politique, idées de Levasseur sur l'enseignement de la géographie ; Augustin Thierry sur l'histoire, toutes les applications de Stendhal).

Cadre complet des sciences de l'humanité et notamment des sciences historiques dans les Universités (mon idée[1]).

Ceci est un principe qui vaut pour tous les peuples et qui, selon qu'il est plus ou moins pratiqué, marque leur supériorité plus ou moins grande. Le développement et l'application des sciences de l'humanité est un ressort, un instrument de civilisation et de puissance nouveau, et égal dans ses effets au développement et à l'application des sciences de la nature (physiques). — Plus les sciences de l'humanité sont étendues, précises, plus leur méthode est bien comprise, plus leur autorité est reconnue, populaire, plus le peuple qui les entend et les applique tire un grand parti de ses forces morales. On n'a encore tiré parti que des forces physiques; il reste à tirer tout le parti des forces morales. — En cela, si les Allemands ont la supériorité philologique et de mémoire, nous avons celle de la psychologie.

Exemple de questions solubles approximativement dans les sciences de l'humanité.

Quelles sont les conditions d'existence du gouvernement républicain libre? (Assemblées, président électif, Suisse, Amérique, Hollande du XVIe siècle).

Quelles sont les conditions requises pour porter au maximum dans telle ou telle sphère d'action, l'initiative et l'invention humaines? (Athéniens de 450. — Florentins de 1420. — Industrie et commerce de l'Amérique aujourd'hui. — Hollande en 1600.)

Quelles sont les conditions d'existence et de durée de l'Église catholique?

1. M. Taine pensait qu'on pourrait remplacer par un cours de science historique le cours de philosophie des lycées.

A mes yeux, le défaut de la plupart des sciences morales, c'est qu'elles ne sont pas des *récits psychologiques*. — Telles l'économie politique, le droit dans toutes ses branches.

D'autres ne valent qu'en tant que documents pour des récits ou exposés psychologiques : philologie, archéologie, linguistique, état matériel de l'agriculture, des classes ouvrières, etc.

D'autres ne valent que comme conséquences de faits psychologiques : histoire du dogme, de la philosophie.

VII

Note[1] sur le chapitre : *De la Restauration et de Louis-Philippe.*

CONSÉQUENCES DE L'ÉTAT SOCIAL SUR LA LITTÉRATURE ET L'ÉTAT MORAL

Je viens de relire Hugo, Vigny, Lamartine, Musset, Gautier, Sainte-Beuve, comme types de la pléiade poétique de 1830. Comme tous ces gens-là se sont trompés! Quelle fausse idée ils ont de l'homme et de la vie! Leur thème est toujours : « Je désire un bonheur infini, idéal, surhumain, je ne sais pas en quoi il consiste, mais mon âme, ma personne a droit à des exigences infinies. La société est mal faite, la vie terrestre insuffisante; donnez-moi le je ne sais quoi sublime, ou je me casse la tête contre le mur. »

Suivant les caractères et les talents, chacun sur ce thème a fait sa variation propre.

Victor Hugo, première époque : rien de précis, c'est un

1. Voir chapitre VI du plan général, page 297.

simple instrument de musique, plus un doigté neuf et étonnant, au service de toutes les thèses positives, christianisme, humanitaireries, légitimité, Napoléon, République, Louis-Philippe, moralité, licence, etc. — Deuxième époque : dans ce grand creux naturel, la république, le socialisme, le rêve humanitaire de l'abonné du *Siècle*, finissent par occuper toute la place, en même temps que l'instrument se détraque et que le doigté devient celui d'un sourd.

Gautier : à cet égard Mlle de Maupin est admirable. Le thème est : « Je voudrais à mon usage personnel un paradis composé de tous les idéaux de la peinture et de la sculpture réalisés, avec volupté positive et décor oriental, plus une pointe d'émotions dramatiques. Mais, même ce paradis de sultan artiste ne me suffirait pas, je suis un dieu exigeant qui avec tout cela s'ennuie! »

Vigny, le prêtre solennel et guindé de lui-même; Musset, l'avide et nerveux gentilhomme gamin, épressant l'orange pour la jeter tout de suite; Sainte-Beuve et les autres, pères ou fils de *Volupté*, tous les drames d'Hugo ayant pour but la sensation excessive et la commotion subite, inattendue, rentrent dans le même genre. — De même la première manière de George Sand, *la Peau de chagrin* de Balzac.

Ce qui se dégage et survit dans tout cela, c'est l'histoire, la psychologie des caractères environnants (portions de George Sand, Balzac, Stendhal, aboutissant à Dumas fils, Augier, Flaubert, Champfleury et tout le réalisme récent; Cousin dans la portion historique de sa philosophie, Guizot, Michelet, Thierry, Vitet, portions même de Hugo et Dumas père, et le nombre étonnant de monographes et critiques dont Sainte-Beuve et Renan sont les meilleurs types).

Combien l'éducation scientifique et historique change le point de vue! Matériellement et moralement, je suis un atome dans un infini d'étendue et de temps, un bourgeon dans un baobab, une pointe fleurie dans un polypier prodigieux qui occupe l'océan entier, et génération par génération émerge, laissant ses innombrables supports et ramifications sous la vague; ce que je suis m'est arrivé et m'arrive par le tronc, la grosse branche, le rameau, la tige dont je suis l'extrémité; je suis pour un moment et sur un point l'aboutissement, l'affleurement d'un monde paléontologique englouti, de l'humanité inférieure fossile, de toutes les sociétés superposées qui ont servi de supports à la société moderne, de la France de tous les siècles, du XIXe siècle, de mon groupe, de ma famille. Je n'ai pensé, je ne pense que d'après le groupe de faits reçus et de directions établies autour de moi. De telles idées rabattent les exigences et rattachent la volonté de l'individu à quelque chose de plus étendu, de plus durable, et de plus précieux que lui. Sa famille, sa patrie, l'humanité, la science, etc. Comme conseil pratique, elles lui disent que ses exigences sont ridicules, que pour le bonheur tel quel auquel il peut aspirer, l'indication essentielle est donnée par ses instincts, que ses instincts prédominants sont indiqués par l'histoire, que dans le monde actuel civilisé toutes les chances sont pour que ses principaux besoins (dont la profondeur lui est inconnue à lui-même) soient un métier et un ménage, l'un et l'autre capables d'extension ou d'embellissement par la vue de leur utilité, par les agréments environnants de politesse, d'art, de science, etc.

VIII

Idées et notes.

Le fait dominant, essentiel, qui résulte pour moi de mes lectures aux Archives, c'est qu'à partir du 5 mai 1789 et bien auparavant (d'après la disposition des esprits prouvée par les cahiers des bailliages) l'État était dissous, entrait en décomposition; il n'y avait plus de gouvernement possible: c'est comme une maladie générale qui éclate à tous les points du corps social, incessamment, dans toute la France; aucun palliatif, terreur ou douceur, n'y fait; le mal est organique, dans chaque molécule vivante; il faut que la longue crise s'accomplisse jusqu'au bout; destruction de l'ancien gouvernement et de toute la hiérarchie, anarchie parfaite et universelle, terrorisme, encore l'anarchie après Thermidor et sous le Directoire; rien ne pouvait reconstituer l'État, sauf l'armée qui, dès 1794, s'était reformée. La dictature militaire était inévitable, notre mauvaise chance est d'avoir eu un trop grand dictateur, Napoléon au lieu de Moreau ou Pichegru, qui auraient été des Monk. — Ici la solution possible qui a manqué ne peut pas être prévue avec précision. Pichegru aurait essayé une restauration, avec l'aide de Barras et des pourris. Augereau et les violents auraient essayé un autre 18 fructidor. Moreau avec Desaix et les purs aurait tâché de faire vivoter une république modérée. Peut-être les armées se seraient-elles affrontées, et il y aurait eu une guerre civile d'armées; mais certainement ou presque certainement les Bourbons seraient revenus au bout de quatre ou cinq ans. A ce moment[1] les émigrés étaient bien bornés, avaient une idée bien fausse de la France : ils auraient aussi mal gouverné qu'en 1814; mais l'orgueil démocratique et les situations gagnées pendant la Révolution auraient été moins forts, et probablement, apportant la paix intérieure et même extérieure (comme Napoléon et plus que lui), ils auraient bénéficié comme Charles II de la reconnaissance publique, sauf à être plus tard expulsés par les Orléans, comme les Stuarts par Guillaume III. Mais ces prévisions de détail sont trop incertaines, on ne doit insister que sur les lignes générales et sur les

1. Voir la fin des *Mémoires de Mallet du Pan*.

conséquences de la dissolution de l'État, bien autrement forte et profonde en 1789, qu'en Angleterre en 1640. Cette dissolution est unique dans l'histoire moderne, sans analogue comparable qui puisse guider l'historien ; car non seulement elle a renversé toute la hiérarchie politique, mais elle a chassé ou proscrit la classe supérieure tout entière, et confisqué les propriétés.

L'essence de la Révolution française étant donc la dissolution entière de l'ordre social, la ruine pendant dix ans de tout gouvernement (sauf le paroxysme de la Terreur), l'abolition foncière dans tout individu de la confiance et de l'obéissance, bref l'*anarchie* ; c'est à cette idée centrale qu'il faut tout rapporter : 1er livre, les causes sociales, intellectuelles, morales de l'anarchie ; 2e livre, l'histoire de l'anarchie elle-même ; 3e livre, la reconstitution d'un gouvernement et le sens de cette reconstitution.

Cette anarchie reçoit elle-même un tour spécial et original de la théorie qui la provoque : 1° de la théorie que l'homme est une raison abstraite ; 2° de la théorie que l'homme primitif, inculte, populaire, est bon. — Pareillement cette reconstitution de l'État reçoit un tour spécial et original par deux circonstances : 1° parce qu'elle est militaire, empruntée aux idées et pratiques de la caserne ; 2° parce que la théorie posant que l'homme est une raison abstraite, règne toujours.

IX

Note.

Dans cette étude de la France de 1789 à 1870, deux points sont à remarquer :

I. Il y a pendant cette époque une transformation générale de l'Europe, dont celle de la France n'est qu'une portion, et définissable par un trait essentiel qui est : l'accroissement et l'établissement de la science par les méthodes expérimentales, la science ayant un avenir indéfini, et prenant de plus en plus l'autorité de la religion au détriment de celle-ci, s'étendant sur des territoires nouveaux, notamment sur tout le monde moral (histoire, philologie). — Les applications de la science sont les machines, et par suite le bien-être, par suite encore l'élévation du niveau de la foule. — Les sciences et la démocratie. — Cela est visible en Angleterre, en Allemagne, en Italie, en Amérique et même en Russie comme chez nous. La direction de l'avenir est dans ce sens. — (L'Angleterre est tout à fait lancée dans ce mouvement depuis quarante ans.)

II. Cette transformation s'opère en France en rencontrant des caractères spéciaux, d'abord une race d'un tempérament et d'une tournure d'esprit spéciaux (manifestés par toute son histoire et toutes ses œuvres), ensuite une situation spéciale (Aristocratie et Monarchie mauvaises en 89, Révolution, théories politiques régnantes et tranchées, état violent).

Voilà les éléments constitutifs du présent et de l'avenir.

Comme puissance modificatrice de la courbe ainsi préparée, il y a une force nouvelle visible dans la guerre d'Indépendance de l'Amérique, dans celle de la Sécession, dans la formation de l'Allemagne et de l'Italie contemporaines : c'est la force des idées scientifiques ou demi-scientifiques ayant pour objet le monde politique et moral; ces idées prêchées, propagées, devenant populaires, deviennent une force active capable d'accroissement illimité. — A l'état cru et non scientifique, elles font des horreurs et stupidités (Juin 1848, Mai 1871). C'est l'enfant qui demande la lune à sa bonne et lui jette sur la robe un paquet d'allumettes enflammées parce qu'elle ne la lui décroche pas.

Deux points sont à étudier dans le caractère français : 1° Le côté intellectuel (Voir *La Fontaine* et le 1er volume de l'*Histoire de la Littérature anglaise*) ; 2° le côté moral, passions et volonté (je n'en ai pas encore cherché les caractères et les éléments).

Le trait universel et marquant qui me frappe dans nos politiques (députés, journalistes) est toujours celui que marquait Burke en 1791 : Gens dont l'éducation est insuffisante et trop peu spéciale, avocats, écrivains, commerçants, n'ayant que des idées trop étroites ou trop générales, arrivant aux affaires avec un principe abstrait, de la bonne volonté, parfois du courage et du dévouement, mais point du tout hommes d'État et ne soupçonnant même pas ce qu'il faut savoir pour en être un (Assemblées de 1848, de 1871).

Le principe de guérison est le même que le principe de maladie. Il s'agit de perfectionner la science, et de répandre cette science perfectionnée. — Le perfectionnement nouveau consiste à laisser là l'*a priori*, la philosophie pure et déductive, les méthodes mathématiques de reconstruction sociale (Polytechniciens). Un signe de ce perfectionnement est la tendance nouvelle de la jeunesse à différer ses idées de l'ensemble, sa philosophie, à apprendre à fond la philologie ou la physiologie, à s'installer dans une science spéciale pour arriver plus tard aux conclusions générales, et à estimer cette science surtout comme spécimen, méthode, discipline d'esprit. — C'est ce qui fait la littérature depuis Balzac et les observateurs du détail significatif ; c'est la théorie du petit fait (Stendhal). (Voir mon *La Fontaine*, mon *Saint-Simon*, l'*Introduction* de l'Histoire de la littérature anglaise). Tout cela par opposition aux généralités classiques du XVIIe et du XVIIIe siècle, Rousseau et les discours de la Révolution). — Autre perfectionnement : c'est l'histoire qui conduit à la politique ; ne pas partir des mathématiques, de la physique, ni même de l'économie politique *a priori*. Les sciences historiques et non logiques font un groupe à part, ayant leur méthode, engendrant certaines habitudes d'esprit indispensables, entre autres l'*insight* psychologique. Le problème politique est une de leurs applications, comme la médecine est une application des sciences naturelles. Les moyens de solution, la puissance et la certitude d'application sont limités.

Réponse générale : on ne peut guère plus influer sur la constitution sociale d'un État que sur la constitution physiologique d'un individu ; l'hygiène est l'essentiel ; il n'y a pas de panacée universelle, le Raspail médecin vaut Raspail politique.

X

Notes pour le fond.

Il me semble que je commence à me figurer assez nettement l'état des esprits pendant la Révolution française.

Il est clair pour moi qu'à partir de Thermidor et du Directoire, on a eu horreur des Jacobins, Conventionnels, Terroristes, pour le mal qu'ils avaient fait, et les violences, coups d'État, déportations, qu'ils faisaient encore. D'où le 18 Brumaire. On avait horreur du régime qui, sous le nom de liberté, était la dictature anarchique avec chance fréquente de révolution. On sentait que le régime sous lequel on vivait était la dictature instable. — De là, Bonaparte avec ce qui a suivi.

La cause en est donc la tyrannie de la Convention, et la

cause de cette tyrannie est l'idée que la Convention avait tout droit, toute autorité pour modeler la vie humaine entière suivant sa conception du bien absolu. Coupons le cou à ceux qui résistent, même en pensée, à la moindre chose.

Remarquez que telle est aussi l'essence de la Constituante, 89-91. — Elle aussi est partie de ce principe qu'elle était la nation, la volonté générale, qu'elle avait droit de tout faire (abolition des droits féodaux sans rachat, constitution civile du clergé, confiscation de tous les biens du clergé).— Ce qu'il y a de plus grave, c'est qu'elle a cru qu'il suffisait de décréter pour faire.

De même dans toutes les insurrections (14 Juillet, 20 Juin, 10 Août, 31 Mai, et plus tard les insurrections sous Louis-Philippe, 24 février, 15 mai, juin 1848, 4 septembre 1870, 31 octobre 1870, Commune de 71). — De même aussi les coups d'État militaires et autres. Le principe admis par les insurgés révolutionnaires ou autoritaires est celui-ci : « Je suis le représentant du droit, de la volonté générale, de la nation dans sa volonté à elle connue ou inconnue, partant j'ai tout droit, même de tuer qui me résiste. » — (Même principe chez les assassins de princes, Louvel, Fieschi, etc.)

L'origine est dans Rousseau. Voyez, dans Arthur Young, cet abbé qui parlait sans cesse de la régénération de la France, entendant par là la perfection théorique; voyez aussi la Constitution de Sismondi au collège : « Tous les Français seront vertueux, tous les Français seront heureux ». Les théoriciens et les insurrections partent du même principe : la souveraineté du but.

D'une manière générale : « Telle idée est vraie, juste, a droit d'être appliquée; je l'applique envers et contre autrui. »

La conséquence en est l'individu, ou la minorité, ou la majorité, despote au nom de son idée personnelle. Napoléon disait à une députation de commerçants : « Mon petit doigt en sait plus sur les affaires commerciales que toutes vos têtes réunies. » Tous ont plus ou moins pensé comme lui : voyez encore aujourd'hui nos républicains de droit divin.

Quelles sont les racines psychologiques d'une pareille idée ?

L'orgueil, l'amour-propre, le désir fondé ou non de s'admirer, de se croire du génie, de se croire en possession de la vérité et en cela supérieur aux autres hommes, d'être un révélateur, un sauveur du genre humain, un fondateur du bonheur universel. Ce sentiment-là a été beaucoup dans les auteurs de la Révolution, surtout dans les armées, où tous se croyaient les libérateurs du genre humain. — Encore aujourd'hui, dans son club ou sa mansarde, un faiseur de projets politiques est heureux de se croire en possession d'une si belle vérité. Par une conviction politique ou sociale, on acquiert à ses propres yeux une importance de prophète et de Messie.

Le manque de critique : nul sentiment de la méthode propre aux sciences politiques, difficulté ou impossibilité de se mettre au point de vue d'autrui, esprit étroit, éducation insuffisante et purement théorique.

Aptitudes aux idées générales et aux méthodes déductives. Ceci est tout français.

Plus précisément : L'idée en question a été une idée générale abstraite, un principe s'appliquant à tous les hommes, fondé sur la conception pure de la nature humaine. C'est ce qu'on a rédigé sous le nom des *Droits de l'homme*. De là son caractère de propagande religieuse au delà des frontières. De là le fanatisme avec lequel elle a été défendue et attaquée. De là l'enthousiasme qu'elle excite encore. — Elle est une sorte de dogme religieux. — (« Périssent les colonies plutôt qu'un principe ! »)

A ce titre elle est un produit de l'esprit classique (de Malherbe à Delille) lequel a été surtout éclatant et dominateur en France, et qui consiste dans la raison oratoire, laquelle considère non l'individu concret, mais l'homme en général en soi, et déduit toutes les conséquences de cette conception. On peut considérer la Révolution française comme le point culminant, l'application complète et finale de l'esprit classique (Robespierre, tous les législateurs de 89-91 ; tout le style de la Révolution est classique). — Saisir une idée générale abstraite très vite, nettement, fortement avec écourtement et suppression de tous ses entours naturels, puis construire par voie déductive toutes les conséquences de ce principe, voilà bien en effet la marche instinctive de l'esprit français, aveugle aux entours supprimés [1].

Par exemple : la conception abstraite de l'homme dans le code, la croyance que la Constitution, expression de la volonté générale, étant faite, tout marchera bien, etc. Idée de la raison, de la loi naturelle, comme devant être souveraine, et par déduction, application, faire le Code, la Constitution.

Autre racine psychologique : Le manque d'équilibre du Français, sa facilité irlandaise à s'exalter, à devenir fou furieux. Pleurer d'attendrissement, hurler, danser, chanter, puis tuer, voilà l'état habituel de la Révolution. — Une nation ressemble à un cerveau humain ; les individus sont autant d'idées ; même quand il y en a quelques-unes de sensées, elles sont annulées, la masse prédomine, fait tourbillon (Voir Psychologie). La nation française a une prédisposition à la folie enthousiaste, tendre, fiévreuse avec quelques idées fixes dangereuses. La Révolution a été l'époque du grand accès.

Ut freneticus cum fit pugil et medicina urget.

1. Tocqueville, 211. « Les cahiers réclament l'abolition systématique et simultanée de toutes les lois et usages ayant cours dans le pays. »

— Toutes les grandes révolutions sont l'œuvre d'une forme d'esprit spéciale excessive et maladive. L'esprit classique est dans son genre analogue à la *foi* des quatre premiers siècles ; c'est une croyance irrésistible, systématique, un état psychologique nouveau, original, complet. De même les Puritains à la Révolution d'Angleterre.

XI

Deuxième idée sur le fond.

La Révolution française est finie à l'Empire et par l'Empire. La Société est faite et assise ; les conséquences sont les suivantes :

1° L'installation de l'égalité ; suppression des primes à la grande ambition (sauf un instant sous Napoléon pour les militaires qui deviennent maréchaux et rois) ; plus de grandes vies, à un certain degré toutes les hautes facultés et les désirs à longue portée s'étiolent. Plus d'universités indépendantes, de noblesse héréditaire acquise ou possible, avec place aux affaires politiques, plus de grandes associations à fonder, de grande influence locale à établir. — La forme de la société fait des bourgeois et des fonctionnaires, pour qui tout est petit et viager. — Il n'y a qu'une place vraiment digne d'une ambition, celle d'évêque.

2° La centralisation qui achève et produit, même dans les petits et les médiocres, notamment chez le provincial, l'immensité du vide et de l'ennui. — A Paris l'excitation et le plaisir, l'égoïsme épicurien ou dilettante.

Le type heureux que cette forme sociale développe complètement, c'est : 1° le paysan ayant ou acquérant de trois à dix mille francs en terre, collé à la terre, bien protégé par les gendarmes, ayant de bonnes routes; 2° l'homme de cinquième ou sixième ordre, petit commis ou fonctionnaire borné par nature et végétant dans un bureau comme plumitif, mécaniquement; 3° le bourgeois paresseux, dînant bien et se promenant le soir; 4° l'artiste, l'écrivain, l'intrigant de Paris. — Toutes les autres grandes vies, celle d'un *country-gentleman* anglais, d'un grand marchand et industriel américain, d'un fondateur et créateur dévoué de choses utiles au public, sont barrées.

XII

Note.

Le public, encore plus que le gouvernement, a eu des idées fausses depuis 89. — Le journaliste les écrit, et le gros ou petit bourgeois les approuve ou les tolère; voici quelques-unes de ces idées :

Il faut que nous jouions un grand rôle en Europe, que nous ne soyons pas traités légèrement par la Russie ou l'Angleterre.

Il faut que nous délivrions les peuples opprimés, la Grèce, la Belgique, la Turquie, la Pologne, l'Italie.

Il faut que nous aidions les libéraux partout où ils essaient de s'emparer du gouvernement, en Italie, en Espagne.

Il est beau de faire des expéditions brillantes, lointaines, pour conquérir, coloniser, ou faire des actions d'éclat, en Algérie, en Cochinchine, en Chine, au Mexique[1].

Autres idées encore pires :

Il faut que le gouvernement donne à tous l'éducation, les

1. Le paysan qui me dit à propos de la guerre d'Italie : « On a montré que les Français étaient encore des hommes. »

moyens de parvenir, un emploi, une retraite en cas de maladie ou d'âge.

Il faut qu'il supprime l'intérêt de l'argent, qu'il fournisse des capitaux aux travailleurs, qu'il rende tout le monde heureux.

Mais la pire de toutes les idées est celle qu'exprimait M. de Lamartine en disant : « La France s'ennuie ». Cela signifiait : « Il faut que le gouvernement occupe et intéresse le public, par des innovations, des actions grandes et brillantes », — sous-entendu qu'elles coûteront peu et réussiront bien toujours.

Une pareille thèse a pour soutien le raisonnement intérieur suivant :

Moi, particulier, je ne veux pas donner d'argent, prendre de la peine; tout au plus je consens à donner 1, 10, 20, 50 francs par an de plus au percepteur. — Cela donné, mon imprésario, qui s'appelle le Gouvernement, me fournira tous les matins par le journal une nouvelle intéressante, qui défraiera ma conversation et m'occupera comme un roman ou un acte d'opéra. — De plus, comme Français, je serai fier de son héroïsme.

De même l'homme qui prêche le socialisme (supposé qu'il ne soit pas lui-même un pauvre avide ou un ambitieux détestable, ou un théoricien infatué) laisse au fond en lui-même et à l'état latent le raisonnement suivant : « Il est très fâcheux, très injuste que des ouvriers soient sans ouvrage, que des pauvres soient sans pain, que le peuple ait tant de peine à vivre. — Moi, je n'ai pas trop, je ne veux pas donner un quart de mon gain ou revenu, je charge le gouvernement d'être généreux et fraternel à ma place, en oubliant qu'il ne peut l'être que par les contributions qu'il m'imposera. »

S'il était fortement et sincèrement fraternel ou héroïque, il ferait à l'instant une petite société où il verserait sa cotisation, pour des fusils aux Grecs ou des secours aux pauvres. Il aime mieux se décharger sur cet être abstrait, l'État.

XIII

Note.

A partir de 1815, c'est surtout la littérature qui donne le document essentiel, qui dénote exactement l'état psychologique.

1° Le bien : Elle a fait abstraction de l'intérêt social, de la morale. De là des combinaisons absolument originales, philosophiques (les drames d'Hugo), et surtout un roman d'espèce supérieure (Balzac, Stendhal), n'ayant souci que de la grande vérité. (Voir mon étude sur Thackeray.) Analogie avec l'époque de Shakespeare.

2° Le mal : Même cause. Elle est presque toute non morale, parfois immorale, et habituellement anti-sociale. Effet analogue de la grande peinture italienne, fondée sur le même principe et provoquée par des circonstances analogues, la prédominance de l'individu, dans la dissolution de l'État. — Le dernier symptôme, c'est Dumas fils et Flaubert.

Au point de vue littéraire, dans la poésie pure, le fond a manqué, ils sont tous *shallow*, ce sont des musiciens, des exécutants plus ou moins habiles sans convictions profondes, sans profondes réflexions ou études à la Schiller, à la Gœthe. Hugo n'est qu'une cymbale, une grosse cloche, et Lamartine une harpe éolienne. Musset seul est vrai, mais malade.

Conclusion : notre état social, intellectuel et moral, ressemble beaucoup à celui de l'Italie en 1550. Mais nous avons en plus la science, avec la contagion scientifique du dehors. Il s'agit de ne pas subir la restauration catholique du Concile de Trente et de saint Pie V.

La règle est de faire comme George Sand qui est arrivée à la morale, ou Sainte-Beuve qui est arrivé à la science, après avoir été, l'une, une révoltée, l'autre, un dilettante.

XIV

Idées pour le livre.

Les lois et les institutions doivent être considérées à deux points de vue.

1° Dans leur principe et leur but apparent : par exemple le suffrage universel ou très étendu a pour but de donner le pouvoir à la majorité numérique.

2° Dans leur effet réel : par exemple le même suffrage, surtout s'il est accompagné du scrutin de liste, a pour effet d'écarter les gens délicats, bien élevés, qui répugnent au charlatanisme grossier, seul moyen d'être le candidat des foules, et de donner le pouvoir aux *politiciens* bruyants et intrigants.

Le point de départ vrai est que, dans l'intérêt bien entendu de la communauté, le pouvoir doit être aux mains des plus capables et des plus honnêtes. Le but des lois et institutions est donc de provoquer ceux-ci à chercher le pouvoir, de leur donner le moyen de l'obtenir, d'attirer sur eux la confiance publique pour qu'ils le conservent. Et par pouvoir, j'entends non seulement le pouvoir central, mais aussi les pouvoirs locaux (maires, juges de paix, conseillers généraux et municipaux, préfets, sous-préfets, juges au civil et au criminel, percepteurs, receveurs, directeurs d'administration, aussi bien que le Roi, le Président de la République, les sénateurs et députés). Ainsi pour juger, dans un pays et un temps donnés, la façon dont les chefs deviennent chefs (élection par suffrage plus ou moins large ou restreint, hérédité, achat, tirage au sort, concours, etc.), il faut regarder uniquement l'effet utile, l'effet le plus utile étant la nomination des plus capables et des plus honnêtes, avec cette seule considération que par effet utile on entend non seulement l'effet actuel, mais l'effet pendant une longue suite d'années; car il se pourrait que tel mode de désignation, le meilleur en ce moment, pût être très mauvais à la longue, tant à propos des gouvernants qu'à propos des gouvernés.

Révolution française. C'est la révolte des ânes et des chevaux contre l'homme. Il est vrai que pendant deux siècles ils avaient été traités comme des ânes et des chevaux.

Deux altérations essentielles de l'homme, produites par la monarchie de Louis XIV et conduisant à la Révolution.

1° Elle a détruit partout la faculté congrégative : Port-Royal[1]; les Protestants et leurs assemblées poursuivies par les dragons jusqu'en 1755 et au delà; petits groupes féodaux. (Le père de Saint-Simon et le grand-père de Mirabeau).

2° Elle a détruit la volonté, l'initiative originale et personnelle par la vie de salon et les modèles de salon. (Voir Stendhal, *Racine et Shakespeare*, contraste de Dumouriez à Cherbourg et du duc de Brissac).

1. Voir, dans le troisième volume de Sainte-Beuve, la visite de Harlay.

Utilité morale des petites sociétés subordonnées[1] surtout libres ou demi-libres : les types sont Port-Royal, la terre de Mirabeau, et à l'étranger les mœurs anglaises, hollandaises, américaines, celles de Venise et de Florence en 1300 et 1400.

1° L'individu prend intérêt à quelque chose de plus large que soi, sa confrérie, sa *junte*, son *Verein*, sa vicomté. — Dans une trop grande société comme la France, l'intérêt national est trop rarement senti et par trop peu. Il aboutit à l'égoïsme pur, avec patriotisme intermittent et de tête.

2° La sphère d'action étant proportionnée aux facultés d'un individu ordinaire, il a une passion de plus et très intense. Preuve, l'Américain qui laisse le tiers de sa fortune à son association, au détriment de ses enfants.

3° Par la même raison, il a un champ d'activité nouveau et reçoit une culture bien plus ample. Opposition du charpentier anglais à un paysan français, habitude de la parole publique, etc.

4° Les classes se rapprochent.

5° Acquisition d'expérience, en fait de société, de gouvernement, d'argent, etc. D'où, préparation politique.

6° Il y a emploi de plusieurs éléments moraux annulés autrement, l'orgueil, la générosité, le besoin d'agir et de se perpétuer.

XV

Du suffrage universel et de la volonté nationale.

Deux sortes d'états de la volonté. (La volonté en psychologie est la tendance résultante définitive.)

1. Omettant la question de bonne administration, de moindre dépense, etc.

1er état : La volonté s'exprimant par un vote, une action précise, un oui ou un non, par la nomination de tel individu. C'est la pointe de la pyramide.

2e état : La pyramide moins sa pointe, c'est-à-dire les tendances ou désirs profonds, intimes, qui, lorsqu'ils sont éclaircis, conscients, aboutissent à telle volition, nomination, vote qui les exprime, mais qui souvent n'y aboutissent pas.

Par suite, lorsqu'on parle de la volonté nationale ou générale, il faut distinguer entre les deux états de la volonté. Vous pouvez avoir un vote (1er état), très différent du 2e état. Surtout quand il s'agit d'un engagement à long terme, comme l'acceptation de telle dynastie ou constitution.

Il y a deux sortes d'associations.

1° Les associations artificielles, ordres religieux, sociétés de commerce, d'industrie, de bienfaisance, etc. Dans celles-ci, point d'engagement antérieur, inné ; l'engagement est tout arbitraire ; on n'y entre que par la volition expresse (1er état).

2° Les associations naturelles, famille, état, religion. Dans celles-ci, il y a un engagement antérieur, inné, parfois (famille) indestructible, en tant que physiologique. Engagement signifie tendance et désir à y rester, devoir d'y rester, en vertu d'une dette contractée par les bienfaits reçus.

Dans l'association naturelle, les règles sont autres que dans l'artificielle.

1° L'engagement n'a pas besoin d'y être exprimé par vote, suffrage ou écrit. Il est tacite.

2° Il est indéfini en étendue, car le but n'est pas nettement indiqué par un contrat précis, écrit ; de plus, la grandeur de la tendance ou passion à maintenir l'association, comme la grandeur de la dette contractée envers elle, sont presque infinies.

3° Il est indéfini en durée : mêmes raisons.

4° La volonté qui le constitue est principalement la volonté du 2e état.

5° La majorité des personnes qui y sont comprises ne peuvent avoir à son endroit que des volontés du 2ᵉ état. Ordinairement c'est une minorité (Sénat romain, aristocratie vénitienne), parfois un seul individu (monarchie héréditaire féodale) qui aux volontés du 2ᵉ état, peut joindre des volontés du 1ᵉʳ état. Le principe régulateur est de fait que cette minorité ou cet individu soit obligé par situation à avoir des volontés du 1ᵉʳ état concordantes avec celles du 2ᵉ état, qui sont celles de la majorité.

Tout cela conclut contre le Contrat Social de Rousseau et la Déclaration des Droits de l'homme.

Rousseau considère toujours l'État comme une association artificielle, n'existant et n'ayant de droits que par la volonté expresse (1ᵉʳ état). Il ignore la psychologie de la volonté, et l'histoire réelle politique. En dehors de la volonté expresse, il y a les volontés tacites, tendances, désirs, dont la volonté expresse n'est que la résultante; en dehors de l'association artificielle, il y a la naturelle, et l'État en est une.

De même pour les Droits de l'homme. En dehors de ses droits ou créances, il y a ses devoirs ou dettes par lesquelles il débute. A 20 ans, il a des dettes par rapport à toutes les associations naturelles, entre autres envers l'État, grâce auquel il a vécu. Il a de plus, en qualité de Français, une volonté passionnée dont souvent il n'a pas conscience, et dont une guerre, une invasion, un séjour à l'étranger lui donnera conscience, volonté qui est un attachement à la France. Il est engagé envers la France, de volonté et de devoir.

Quant aux droits positifs, par exemple celui d'accepter par oui ou par non la Constitution, de nommer directement les députés ou le chef du pouvoir, etc., ils sont limités par ce principe qu'on n'a pas le droit de faire ce qu'on est incapable de faire, par exemple de voter sur une question qu'on n'entend pas, sur des candidats qu'on ne connaît pas. C'est le principe qui exclut les mineurs, les déments, les femmes.

XVI

Qu'est-ce que l'État?

Question fondamentale sur laquelle, à chaque instant, on est censé avoir une théorie, pour juger les théories et actes supposant des théories :

Qu'est-ce que l'État en fait et que doit-il être?

Par exemple, Rousseau (Contrat Social) pose ainsi le Contrat Social :

(II-178). « Aliénation totale de chaque associé avec tous ses droits à toute la communauté. » .

(179). « Chacun de nous met en commun sa personne et toute sa puissance, sous la suprême protection de la volonté générale, et nous recevons en corps chaque membre, comme partie indivisible du tout. » — La seule raison qu'il donne, pour justifier une pareille forme de société, est celle-ci : « Trouver une forme d'association qui défende et protège, de toute la force commune, la personne et les biens de chaque associé et par laquelle chacun, s'unissant à tous, n'obéisse pourtant qu'à lui-même et reste aussi libre qu'auparavant. »

(196). « Il importe donc, pour avoir bien l'énoncé de la volonté générale, qu'il n'y ait pas de société partielle dans l'État, et que chacun n'opine que d'après lui-même. Telle fut l'unique et la sublime institution du grand Lycurgue. »

(197). « Comme la nature donne à chaque homme un pouvoir absolu sur tous ses membres, le pacte social donne au corps politique un pouvoir absolu sur tous les siens. »

Mon point de vue est absolument contraire. Dans l'État, comme dans toute Association, on n'aliène qu'une part limitée de sa personne et de son bien. Il est bon qu'il y ait à côté de l'État toutes sortes d'associations indépendantes :

églises, sociétés de commerce, de charité, de science, de propagande politique ou autre.

En fait, chaque État, ayant une forme, une constitution, des lois spéciales, a un but spécial. Reste à savoir, en droit, s'il a raison d'avoir ce but. — Y a-t-il une méthode qui nous montre l'État idéal, ce que doit être l'État? C'est une association et une association est d'autant plus parfaite qu'elle atteint mieux son but.

Donc, qu'est-ce que le but de l'État? Est-ce le bonheur de ses membres? Est-ce leur noblesse morale? Est-ce la possibilité de jouer un rôle important, dominateur, d'effectuer quelque grande œuvre dans l'histoire? (Juifs).

Chacun peut répondre d'une façon différente, selon ses préférences intimes. Veuillot répond : c'est de faire que tous les citoyens soient bons catholiques, serviteurs de l'Église et du Pape.

Renan répond : c'est que chaque citoyen ait la plus haute noblesse morale possible.

En somme, ces réponses ne signifient rien, chacun répondant d'après ce qui lui semble le plus important.

L'avantage pour les autres sociétés, c'est qu'elles ont un but très déterminé, et que chaque membre est libre d'y entrer ou non. Ainsi la Société médico-psychologique, telle société de bienfaisance, telle compagnie de chemins de fer. Pour l'État, il n'en est point du tout de même ; le but est vague et l'on y entre de force, dès qu'on naît, avant de se connaître et de rien savoir. D'autres sociétés sont pareilles à cet égard, par exemple l'Église, la famille.

Nous pouvons donc diviser les sociétés en deux classes : 1°, celles qui sont formées volontairement, par un acte d'adhésion expresse de chaque membre, avec intelligence nette du but à atteindre ; ce but étant bien déterminé et défini. Ce sont les sociétés artificielles ; 2°, celles qui sont dans le cas contraire et qu'on nomme naturelles.

Dans les naturelles, par exemple dans la famille et l'État,

l'individu pendant toute son enfance contracte une dette, on le nourrit, on l'élève, on lui fait part d'un trésor de bonnes choses matérielles et morales accumulées, souvent (État) par une longue série de générations. Probablement le droit de l'État et de la famille se réduit à exiger le paiement de cette dette.

Pour bien raisonner sur cette matière, il faudra prendre des sociétés aussi éloignées que possible : l'État du Dahomey et les États-Unis contemporains, Genève sous Calvin ou l'Écosse au XVIIe siècle et la France contemporaine, la famille féodale avec ses sentiments héréditaires et la famille française moderne, les flibustiers du XVIIe siècle, les Mormons, et l'ancienne Compagnie anglaise des Indes.

Le principe me semble celui-ci : 1°, que chaque membre, au moment où il entre dans la société ou à l'âge de raison, y entre librement par un acte tacite ou exprès de sa volonté; 2°, que dans la sphère où il est contraint, il reconnaisse qu'il paie justement une dette contractée par lui, et qu'ainsi son adhésion autorise la contrainte; 3°, que le but de la société soit très défini et assez peu complexe pour que, s'il y en a plusieurs, arriver à l'un n'empêche pas d'arriver à l'autre (Principe de Macaulay, *On Gladstone*). (A mon gré, ce but est de se protéger contre les bandits du dehors et du dedans. L'instruction, les cultes, la charité, l'opéra sont en dehors. Cette protection implique l'armée, la gendarmerie, la police, les tribunaux, l'impôt, rien de plus et tout au plus en outre, des encouragements aux autres sociétés qui, indirectement, aident à atteindre le but indiqué.)

Vous m'opprimez et me volez si, considérant l'État à la façon d'une aristocratie ou de Louis XIV, vous vous proposez comme but de jouer un grand rôle éclatant, prépondérant en Europe. Moi, Pierre ou Paul, je ne souhaite pas de rôle, je ne donnerais pas un écu pour que ma nation l'ait. — (La seule excuse est quand la majorité de la nation, comme l'Espagne en 1600 et la France en 1672, aime passionnément la gloire de son roi et ce rôle. — Mais la minorité qui n'y tient pas est volée.)

De même, si aujourd'hui vous allez rétablir le pape, si vous entretenez l'opéra. De même, si vous payez les cultes (la seule excuse est que vous muselez ainsi le clergé catholique). De même pour l'instruction, sauf les excuses suivantes : Pour l'instruction primaire, vous diminuez par l'instruction plus générale les crimes et les vols. Pour l'instruction supérieure, je ne trouve de légitime qu'un encouragement, des subventions à des universités indépendantes comme fournissant les découvertes, les méthodes, et augmentant le nombre de gens capables, ce qui sert indirectement le but de l'État.

Même règle pour les lois civiles; vous pouvez tolérer les substitutions, et prouver qu'elles vous fourniront une pépinière d'hommes d'État, etc.

Le principe universel est l'État limité par un but visiblement et forcément désiré au plus haut chef par tous, but palpable, visible aux plus grossières intelligences, et n'élargissant son action que progressivement, à mesure que les intelligences élargies comprennent l'utilité des buts subsidiaires comme moyens d'atteindre le but principal.

De cette façon nous aurons la société la plus *juste*, c'est-à-dire la plus consentie par une adhésion plus universelle et plus répétée par chacun, à chaque instant de la vie, celle qui respecte le plus la volonté de l'individu. — De plus aussi la meilleure, en ce sens qu'on atteint mieux un but que plusieurs, par la subordination des moyens à la fin et de l'accessoire au principal. — Enfin, la plus propre à exciter l'initiative et l'activité de l'individu, puisqu'elle lui remet le soin de créer toutes les autres associations.

Ceci posé comme idéal, il faudra voir la conception de la société en 89, 92, 1804, 1815, 1830, chez les socialistes, sous

Napoléon III, aujourd'hui, et en général l'idée régnante du Français sur l'État. Il faudra marquer la différence entre cette idée et l'idéal.

Raisons pour notre définition du but de l'État.

1° Dans ce qu'elle affirme, elle est acceptée par tous les théoriciens; ce qu'elle nie n'est affirmé que par quelques-uns et nié aussi par Locke et toute l'école libérale individualiste.

2° Ce but a une chance presque infaillible d'être toujours accepté par presque tous.

3° Ce qu'elle affirme (protection contre les brigands du dehors et du dedans) a toujours été en effet son but, et historiquement, les sociétés à mesure qu'elles sont devenues plus florissantes, l'ont eu toujours pour principal objet. Les plus florissantes sont aujourd'hui celles qui n'ont que cet objet principal. Ruine ou stagnation de celles qui en ont un autre parallèle (l'Espagne, l'ancienne Rome, le judaïsme, les États mahométans).

4° Tout autre but est rejeté par une minorité ou a chance de l'être, au bout d'un temps (jouer un grand rôle, l'État-sœur de charité, la religion-but).

5° Raison de Macaulay : on fait mieux quand on n'a qu'un but.

6° Si l'on admet aussi un autre but, chaque secte ayant un idéal peut imposer le sien et faire insurrection.

7° Initiative plus grande si les autres buts sont laissés à d'autres sociétés.

Deux idées fausses sur l'État en France.

1° Il doit jouer un rôle glorieux, faire de grandes choses, être civilisateur, chevalier errant (Conquête de l'Algérie, expédition d'Italie, guerres de Chine et du Mexique).

2° Il doit pourvoir au bonheur, au bien-être de tous, être sœur de charité pour les pauvres, Mécène pour les artistes. — Tort énorme de ceux qui lui imposent ces sortes d'emplois, Juin 1848, mai 1871.

XVII

Limitation des droits de l'État.

Ordinairement un gouvernement limite les droits qu'il s'arroge.

Même les gouvernements despotiques comme Louis XIV, Napoléon, le Czar.

Même les gouvernements en danger, Cromwell, Frédéric II.

Même les barbares conquérants ou fanatiques, les Sultans arabes ou turcs.

Motifs de cette limitation spontanée :

Quelquefois un reste de sentiment de la justice : Louis XIV consultant des docteurs et théologiens pour savoir s'il a le droit de mettre l'impôt du dixième. — Plus souvent un sentiment de prudence; ne pas vexer les gens inutilement : les Sultans laissant aux chrétiens leur culte moyennant un tribut; Cromwell protégeant les Cavaliers et churchmen dans la vie privée; Napoléon prenant arbitrairement des fils de légitimistes, mais pour Saint-Cyr, non pour être simples soldats. — Leur but est de ne pas ajouter gratuitement au mécontentement.

Dans le contrat social au contraire, théorie de l'État absolu : l'homme idéal constitué d'après l'homme abstrait admis au commencement, des unités égales et réduites à un minimum, par suite lois civiles, éducation, culte, fortunes, conditions. (Voir Robespierre et Baudot.)

Motifs des gouvernants égoïstes, même absolus: Atteindre leur but qui est de garder leur pouvoir, donc ne pas révolter en blessant inutilement des points sensibles.

Motifs des politiques désintéressés : Inconvénients de donner plusieurs buts égaux et distincts à la même institution et notamment d'assigner au Gouvernement, chargé de protéger les personnes et les propriétés, un autre but égal. 1° Si le second but est égal, en beaucoup d'occasions il atteindra moins bien le premier. Par exemple, s'il se propose de propager une religion, il persécutera (négativement ou positivement) ceux de ses sujets qui ne la professeront pas, partant les blessera dans leur personne ou leur propriété, partant manquera sur ce point à son office primitif. — De même, s'il institue un genre d'éducation obligatoire; de même s'il se fait industriel ou commerçant et écrase en cela ses rivaux privés. 2° Son mode d'action est déterminé par sa structure : d'une part son mode d'action est général, il commande par règles universelles, de loin; à ce titre il est moins propre que l'individu à savoir ce qui convient à l'individu; le père s'entend mieux que lui à l'éducation de son enfant, le commerçant à son commerce, la commune aux affaires locales. — D'autre part son mode d'action est la force exercée par ses gendarmes; à ce titre, il n'est pas propre aux effets qui se produisent par la persuasion; s'il favorise par force une religion, il fera des hypocrites. 3° Même s'il s'entendait mieux que les individus à leurs affaires propres, l'inconvénient final et total serait énorme, car son ingérence universelle et absorbante réduirait les individus à l'état d'automate; or, l'initiative et la volonté propre sont des valeurs de premier ordre.

XVIII

L'État limité.

Une fois posé le désir historique de limiter le domaine de l'État[1], voici les *avantages* qui rendent *supérieure* la société où l'État est limité.

(*a*) L'État, c'est par définition la communauté employant la force physique pour imposer ses volontés[2]. Mais il n'y a là qu'une définition théorique. En fait, ce n'est jamais la totalité de la communauté, mais seulement une portion ou mieux la majorité, parfois la minorité, parfois un seul individu, le reste étant violenté. Et, si l'on prend une période un peu longue, comme le parti régnant change, chaque portion de la communauté, chaque individu est violenté à son tour.

(*b*) Avantages de l'État limité sur l'État illimité.

(I) Plus le domaine de l'État est étendu, plus il lui faut de fonctionnaires, de gendarmes et d'impôts; chaque branche d'ingérence nouvelle nécessite un surcroît d'employés et de dépense. — Donc économie d'autant, s'il est limité, et économie maxima s'il est limité le plus possible, cela pouvant être fait sans l'État.

(II) Agir de loin, par règles générales, et extérieurement. — Dans tous les systèmes d'action (sauf la protection des personnes et des propriétés), à savoir agriculture, industrie

1. *Procédé* : Montrer à chaque paragraphe les *inconvénients* de l'État illimité et les *avantages* de l'État limité, les deux croissant à mesure qu'il s'agit d'une société plus complexe.

2. Application de ce besoin moderne : la Hollande en 1572, l'Angleterre de 1640-1689, les États-Unis en 1773.

et commerce, relations de famille et de société, éducation et mœurs, religion, art et philosophie, l'individu, étant plus près de lui-même, sait mieux ce qui lui convient, y est poussé par des besoins ou affections plus fortes, partant est plus propre à exécuter bien la fonction. — Cela est d'autant plus marqué, que le système d'action est plus compliqué et que l'individu est d'une nature plus riche et plus développée, ce qui est le cas dans la civilisation moderne. — L'État illimité, à la façon des Anciens ou du Paraguay, suppose des individus très simples engagés dans des systèmes d'actions très simples.

Bref le fonctionnaire, faisant exécuter une loi générale, envoyée de haut et de loin, sait moins bien que l'individu ce qui est bon à l'individu en fait de travail, échange, gain, relations de famille et de société, œuvre d'art, de philosophie, de religion, surtout si l'œuvre et l'individu sont compliqués. Au contraire, il y a invention si l'individu est libre, en dehors des cadres si lourds à changer ; de là, le progrès.

(III) Agir par contrainte. — Le fonctionnaire étant substitué à l'individu, celui-ci n'agit que par crainte, puis mécaniquement, d'où suppression en lui de l'initiative, soit intéressée, soit généreuse.

XIX

Conditions de la Société en général.

Être en société permanente avec d'autres individus (quelle que soit la société : famille, État, Église, commune, Association volontaire privée, etc.), est à plusieurs égards, pénible ; il y a contrainte, répression de soi par soi ou par autrui, sacrifice d'argent, de temps, etc.

Il faut donc, pour que la société dure, un motif, un besoin

permanent plus fort que la peine et la répugnance indiquées. — Effectivement, on voit les sociétés naître et durer sous la pression sensible, éprouvée par tous les membres, d'un besoin permanent[1], notamment, dans les États nouveaux, le besoin d'être protégé dans sa vie et sa propriété. — De même, dans la société la plus naturelle, la famille, besoin physique sexuel, services spéciaux de l'homme et de la femme, tendresse pour l'enfant, *helplessness* de l'enfant, etc.

Toute société comprenant des gouvernants et des gouvernés, un chef et des subordonnés, ce besoin fondateur et conservateur prend deux formes, l'une chez le chef, l'autre chez les subordonnés. Chez le chef, il faut qu'il y ait en dehors de l'égoïsme auquel il est enclin, en dehors de la tendance à exploiter à son profit l'obéissance des subordonnés, l'idée permanente et dominante du but social, le désir de parer au besoin en vertu duquel l'Association s'est construite. Tel le vrai père de famille, le bon pontife, le bon roi, le bon gérant ou administrateur d'une compagnie. Chez les subordonnés il faut qu'il y ait, non seulement une inclination à se sacrifier plus ou moins pour la communauté, mais encore de la confiance pour le chef, de la déférence, de la *loyalty*. — Bref, pour que la société dure et atteigne son objet, il faut dévouement plus ou moins grand du chef et des subordonnés à la communauté, et de plus confiance et déférence des subordonnés au chef.

La difficulté consiste donc à produire et à maintenir ces sentiments. Comment ils se produisent, cela se voit tout de suite; il suffit que quelque danger extrême et prolongé, quelque besoin sensible éprouvé tous les jours, montre l'association comme indispensable, tourne incessamment les yeux vers le salut commun, prouve quotidiennement à l'individu que son salut individuel ne peut être obtenu que

1. Ensuite l'expérience manquante dure à l'état de souvenir, tradition, préjugé héréditaire, plus ou moins fort selon la tournure de l'imagination.

par son dévouement à la société. — Reste à maintenir ces sentiments. Or, précisément au bout d'un temps, le but social, par exemple la sécurité étant obtenue, la source du dévouement semble devoir tarir; ni le chef, ni les subordonnés ne voient plus quotidiennement la nécessité de se dévouer les uns aux autres; le chef est tenté de devenir un exploiteur, et les subordonnés sont tentés de le regarder comme tel, même quand il ne l'est pas.

Jusqu'ici les meilleurs procédés employés pour maintenir les dévouements sont :

1° Dans le chef, la propriété héréditaire ou transmissible à sa volonté de son office de chef. Plus la communauté est prospère, plus il est grand et puissant; son intérêt se confond pour lui avec l'intérêt commun; on disait que le roi contracte mariage avec la France. — Autre procédé : préparer le chef pour son office, en le prenant tout petit, en dirigeant toute son éducation dans ce sens; par exemple, le petit gentilhomme de douze ans, préparé à être militaire, ou l'héritier du domaine et de l'atelier, préparé par l'association avec son père à être agriculteur et patron.

2° Dans les subordonnés, l'imagination respectueuse et enthousiaste confondant le chef avec la communauté et faisant de lui plus ou moins une idole; par exemple le Tsar, le roi de Prusse, l'empereur d'Autriche, l'ancien roi de France. De même, le père dans la famille; le Pape dans l'Église; le noble héréditaire dans son canton.

Ce sont là les moyens de l'Ancien régime; pour empêcher le chef de tomber dans l'égoïsme, on avait inventé en plus, en Angleterre, le contrôle d'autres pouvoirs considérés par l'imagination populaire comme aussi légitimes que le sien, le Parlement, etc. Le procédé moderne consiste à supposer que le sentiment de la communauté nationale peut subsister, sans l'attache idolâtrique à un individu concret, à une famille héréditaire, et s'attacher à des chefs élus, surtout quand ils sont distants et que l'habitude d'obéir est très ancienne.

Au total, le système d'association, sous l'Ancien régime européen, était fondé sur les principes suivants :

1° Adaptation des sociétés[1] proportionnées à la limitation de l'imagination et de l'expérience de l'individu, en sorte qu'il avait quotidiennement le sentiment social, par suite du danger visible de se trouver seul. (De là l'autorité paternelle et la discipline domestique, la vie municipale, les corporations). *Formule : proportion de la société à l'individu.*

2° Procédés pour attacher l'individu à son rôle social et l'y approprier, entre autres, l'office devenu propriété et objet d'intérêt privé (royauté, rang nobiliaire, domaine et atelier héréditaire), et de plus préparation de l'héritier dès l'enfance. *Formule : privilège prix de la fonction*, ou plutôt : *situation privilégiée spécialisant et préparant* à la fonction. Ces principes ont été altérés et détruits en partie en France, avant 1789, par l'exagération du pouvoir royal et de la vie de cour. — Ils sont attaqués directement dans le régime moderne, par les tendances suivantes :

1° Exagération du rôle de l'État que l'on charge de tout faire et auquel, en raison de sa grandeur, l'imagination quotidienne ne s'intéresse plus.

2° Influence prépondérante du nombre, suffrage universel, autorité légale et effective de l'ignorance, de la légèreté d'esprit, du charlatanisme, des courtes vues de l'individu se bornant au présent, à son intérêt personnel viager.

3° Par suite, affaiblissement du sentiment social quotidien, l'individu, enfant, femme, domestique, ouvrier, natif résidant d'une commune, gouvernant élu, riche en valeurs mobilières, étant dégagé de l'engrenage intérieur et pro-

1. Le fait essentiel, c'est que ces sociétés dans l'ancienne forme sont naturelles, créées par tâtonnements.

voqué, par la facilité des communications et du déplacement, par l'éducation publique mise à portée de tous, par l'intervention de l'État dans la vie privée et locale, à se faire une vie individuelle à part.

XX

Principes sur les sociétés.

Une Société ou Association est un concours de plusieurs individus coopérant pour atteindre un but déterminé.

Il y a deux mécanismes extrêmes d'association : 1° Celui dans lequel l'autorité vient d'en haut, le chef supérieur nommant les inférieurs qui commandent aux particuliers. — Elle est au maximum, quand le chef supérieur n'est nommé par personne et est perpétuel (autocrate), et indique le maximum de confiance des administrés. (Infaillibilité papale; Czar autocrate père des Russes, droit divin). — 2° Celui dans lequel l'autorité vient d'en bas, les particuliers nommant le chef supérieur et les chefs inférieurs; elle est au maximum quand les chefs inférieurs et supérieurs, nommés pour le moins de temps possible, sont restreints le plus possible dans leur autorité, par une constitution préalable qui leur interdit de légiférer sur tels et tels sujets, par referendum (Suisse) ou décision directe des citoyens (États-Unis). — Elle indique alors le minimum de confiance des administrés. — Entre ces deux mécanismes, il en est un troisième (Monarchie constitutionnelle, certaines formes républicaines), qui est mixte; le chef supérieur héréditaire ou à long terme, nommant une grande portion des chefs inférieurs, mais étant contrôlé par une ou plusieurs assemblées électives.

Toute société peut être comparée à une machine, locomotive, moissonneuse, presse à imprimer, etc., laquelle est d'autant plus parfaite en son espèce, qu'elle atteint le plus sûrement et le plus complètement un but déterminé. — C'est pourquoi aucun mécanisme n'est bon en soi, mais seulement par rapport au but à atteindre.

Dans une agglomération d'hommes, plusieurs buts sont donnés. — Il faut donc, si l'on veut les atteindre, qu'il y ait plusieurs machines coexistantes distinctes, chacune avec son mécanisme approprié.

Pour construire une machine, il faut des matériaux préexistants. — De même pour une association. Ces matériaux pour une association sont des volontés humaines, et par suite des ressorts de volonté humaine, lesquels sont des intérêts communs, des croyances communes, des situations communes. De là, des groupes naturels préexistants qu'il faut, non détruire, mais utiliser. — Parmi les groupes naturels préexistants, il y en a de tout formés, et qui constituent des sociétés existantes et anciennes[1].

Les caractéristiques de l'œuvre de l'Assemblée Nationale ont été les suivantes :

1° Détruire autant que possible les sociétés préexistantes; ne pas utiliser les groupes naturels distincts de volontés, et même tâcher de les détruire. (Lois contre les Corporations,

1. De là le plan : Quand on construit une constitution, il faut utiliser les matériaux existants.

Loi du passage des états féodaux à la monarchie absolue, puis parlementaire, avec République à l'horizon.

Cause : La transformation des volontés, capacités, habitudes, est graduelle et lente.

Non seulement ils ne les utilisent pas, mais ils les détruisent autant que possible et les rendent réfractaires.

1° En général, destruction des groupes anciens. Abolition de la noblesse; les nobles seront abandonnés à la *mob*.

2° Le Clergé : Ordres monastiques. Biens du Clergé. Constitution civile.

abolition de l'Université, des provinces, des Parlements, des ordres monastiques et de chevalerie, spoliation de l'Église); faire effort pour uniformiser tous ces matériaux, par suite rendre hostiles à perpétuité certaines tendances et groupes.

2° Ne pas admettre d'autres sociétés que l'État, collatérales à lui, distinctes.

3° Imposer à celles de ces sociétés qu'il est forcé de tolérer, son propre mécanisme qui lui paraît le seul bon.

4° Adopter comme mécanisme le plus faible de tous, celui qui atteint son but le moins sûrement et le moins exactement (2e espèce) et l'introduire dans toutes les sphères de son action (par exemple dans l'armée et la gendarmerie). Faiblesse particulière de ce mécanisme pour atteindre le premier et principal but de l'État, à savoir la protection des personnes et des propriétés. — Faiblesse excessive dudit mécanisme dans la Jacquerie générale existante.

Cela posé, il faut regarder de près la machine, c'est-à-dire une association quelconque, et les conditions générales qu'elle doit remplir pour être efficace. Les principales sont :

I. Une seule tête dirigeante, sans quoi point de cohérence ni de suite dans les mesures prises pour atteindre le but. — Il faut un général en chef à toute armée, un directeur à toute entreprise.

II. La tête dirigeante, son état-major et son conseil s'il y en a un[1], tous capables, ayant la spécialité, l'éducation, l'honorabilité, l'intelligence au maximum, c'est-à-dire l'élite de l'association.

III. Des contrepoids ou répressions contre l'omnipotence

1. Fautes essentielles. 1° Avoir détruit l'autorité centrale. — 2° Avoir créé l'omnipotence locale.

qui en toutes mains, dans celles d'un individu, d'une assemblée, d'une majorité conduit aux folies ou aux vices (de là entre autres la nécessité d'association collatérale indépendante ou à peu près).

Aucune de ces conditions n'est remplie dans la Constitution de 1791. Pour la première, point de tête dirigeante par l'affaiblissement du roi, qui n'a pas l'initiative des lois; de plus point de ministère effectif ralliant la majorité de la Chambre, puisqu'un député ne peut être ministre ; point de direction par le roi, ni les ministres, ni l'Assemblée, puisque les fonctionnaires sont élus.

Pour la seconde, tous les chefs et sous-chefs locaux et généraux (sauf le roi et ses ministres si nuls), à l'élection, choisis presque sans conditions d'éligibilité par la multitude, restant très peu de temps en place ; nulle indépendance, ils sont nommés par coteries grossières, leurs places sont peu désirables aux gens d'élite.

Pour la troisième, l'Assemblée presque sans contrepoids par l'affaiblissement du roi; dans chaque département ou commune, faible contrepoids aux abus du pouvoir des administrateurs, puisque le roi ne peut que suspendre leurs arrêtés. Contrepoids nul à la majorité (ou minorité) bruyante et active qui vote seule, et choisit à son goût tous les administrateurs et magistrats disposant de la force armée.

Au total la Constitution établit l'omnipotence de la portion fanatique, agissante, grossière de la nation.

XXI

Stipulations du pacte social.

Des associés étant donnés, expérimentalement, si l'on regarde dans l'histoire les différentes sociétés humaines et notamment les primitives, on trouvera qu'ils ne s'associent qu'en présence et sous l'impulsion d'un *danger*, et à l'effet de s'en préserver. En général et dès l'origine, il s'agit pour eux : 1° de n'être pas tués, pillés, emmenés en captivité par un ennemi extérieur : donc il faut une armée; 2° de n'être pas tués, pillés, blessés, battus par un brigand intérieur : donc il faut une gendarmerie; 3° un peu ultérieurement, de couper court aux différends des associés, lesquels différends, non apaisés, amèneraient entre eux des voies de fait et des violences : donc il faut des tribunaux.

Armée, gendarmerie, tribunaux plus ou moins réguliers, improvisés, temporaires, voilà les organes essentiels élémentaires de l'Association.

(Exemples : Formation des États-Unis d'Amérique contre l'Angleterre.

Formation de la bande féodale contre les Normands et les brigands.

Formation des royaumes espagnols contre les Maures.

Formation de la France une contre les Anglais.)

Plus généralement, on peut réduire les organes élémentaires de la société civile à deux successifs :

1° Une force publique, troupe armée contre les ennemis du dehors et les brigands du dedans.

2° Ultérieurement des tribunaux pour apaiser les différends entre associés.

Je me trompe. Il y a d'autres buts primitifs, même dans

l'association civile, par exemple, chez les Arabes de Mahomet, établir par la conquête le règne d'Allah, chez les Grecs et les Romains primitifs, adorer ensemble des dieux communs. — En fait, les stipulations réelles varient suivant le but qu'on se propose; ce but varie selon le besoin du temps, selon ce que les associés en question trouvent le plus désirable, ce qui signifie qu'il varie arbitrairement et infiniment.

Il semble donc qu'on ne puisse trouver un but général commun à toutes les sociétés. Quant au but idéal, ce n'est pas la peine de le chercher, le désirable en soi n'étant qu'une généralité vague et variant selon toutes les circonstances de temps et de lieu.— Pour un Thug, le but idéal était de tuer le plus possible; pour un nihiliste, il est de démolir le plus possible.

Il faut donc faire abstraction du but, comme chose arbitraire, dans l'examen de l'association. Si au lieu d'association, je dis association *civile*, j'exclus simplement le but religieux, je ne précise pas; pour préciser je suis obligé de restreindre arbitrairement ce mot *civil*, à ne l'employer que pour signifier la protection des personnes et des biens.

Reste l'essence de l'association, quel que soit son but; c'est une fourniture de services (quelle qu'en soit l'espèce), par chacun des associés, pour obtenir un but désiré par tous. Ainsi chacun gagne à cela et énormément. C'est donc un marché avantageux pour chacun, partant désirable, désiré par lui, voulu par lui. *Ce marché sera d'autant plus avantageux, désirable, désiré et voulu par chacun qu'il lui prendra moins et lui donnera plus*[1]. Voilà l'idéal du marché ou échange, abstraction faite du but que les contractants se proposent en le faisant.

Supposons maintenant que le but désiré et voulu soit la sûreté des personnes et des propriétés, ce qui est effectivement le plus grand désir parmi les peuples civilisés mo-

1. La théorie de l'impôt équitable dérive de ce principe.

dernes, et l'un des plus grands chez presque tout peuple[1]. Pour atteindre ce but, quel sera le marché le plus avantageux possible pour les associés?

Le seul moyen pratique connu c'est une force publique (troupe armée), protégeant les personnes et les propriétés.

[Examiner] ici les conditions de variation, la race et le caractère national, la religion, le degré de civilisation, les précédents historiques, la situation mutuelle des différentes classes, les alentours extérieurs. Selon la différence de ces conditions, [il y a des] différences dans la nature de la force publique, de son chef, de son recrutement, de son entretien, etc., et plus généralement dans la nature et la distribution des pouvoirs publics. Selon que ces conditions seront telles ou telles, le marché le plus avantageux sera tel ou tel. — De là les diverses constitutions; de là aussi la variabilité de chaque constitution; quand les conditions changent, la constitution doit changer dans le même sens.

(A) On aurait alors le plan suivant :

1° Un contrat social existe en fait dans tous les États où le gouvernement n'est pas intolérable et absolument malfaisant, notamment dans les principaux États de l'Europe depuis quatre cents ans, et notamment en France avant 89.

2° Forme de la volonté (théorie des deux volontés) qui le conclut. (*a*) Services rendus à l'individu par le Gouvernement jusqu'à 21 ans, constituant une dette pour cet individu, et services qu'il lui rend tous les jours ensuite. (*b*) Le marché est très avantageux pour lui, et la volonté profonde l'accepte. (*c*) Patriotisme et attachement fréquent, réel en 89 au chef visible du gouvernement, le roi. (*d*) Habitude produisant une inclination de la volonté profonde.

1. Pas chez les Zaporogues, les flibustiers, les puritains.

(B) Ce contrat est un échange de services différents par des contractants différents. Donc il est utile avec des différences.

XXII

Du mode de gouvernement.

Injustice profonde du suffrage universel et en général de l'organisation démocratique.

Si l'on compare l'État à une compagnie industrielle d'actionnaires, il est absurde que celui qui n'a que mille francs à engager dans l'affaire ait une voix égale à celui qui y a mis un million. — Si on le compare à un navire frété et transportant ses armateurs, il est absurde que pour le choix du capitaine et du port à atteindre, l'armateur qui a mis dedans une barrique, ait autant de voix que l'armateur qui y a cent barriques semblables. — D'autant plus que, dans les frais de gestion, paiement de l'équipage, de l'assurance, la construction du navire, etc., le second armateur (par l'impôt proportionnel) paie cent fois autant que l'autre. L'injustice parfaite serait que, selon l'idéal démocratique, l'impôt fût progressif.

Après réflexion, je trouve que la comparaison de l'État à un navire est tout à fait exacte, beaucoup plus que celle d'une compagnie d'actionnaires. Supposez un navire comme le Great-Eastern qui voyage indéfiniment de port en port et dans différentes mers, et dont tous les habitants, passagers et matelots, sont les armateurs[1]; ils y sont intéressés à deux points de vue : 1° Inégalement comme armateurs, con-

1. Supposons-le, comme certains bateaux chinois ou hollandais, où l'on se marie, on naît, on contracte, etc., bref où l'on passe sa vie de génération en génération.

tribuant plus ou moins à l'équipement et à la cargaison les uns pour un million, les autres pour cent mille francs, mille francs, vingt francs, un franc, d'autres enfin pour rien, n'ayant fourni aucun capital. 2° Inégalement comme entreteneurs, c'est-à-dire comme contribuant à payer les réparations, l'assurance, le charbon, l'équipage, chacun, si la loi est juste, proportionnellement à son capital d'armateur, mais ici tous payant, même ceux qui n'ont aucun capital de ce genre, par des taxes de consommation, un impôt sur le revenu ou salaire, des corvées aux pompes ou ailleurs. 3° Également, comme ayant leur vie et honneur également en danger en cas de naufrage ou de prise, et par conséquent ayant tous un droit égal d'être consultés, dans ces grands cas, [parce qu'ils ont] une chance égale d'encourir certains risques.

On peut suivre la comparaison du navire encore plus loin, et y voir en abrégé toute l'histoire de France. Le fondateur primitif a été un roi de la mer, à l'époque barbare où il n'y avait que des barques à deux voiles, qui se couraient sus les unes les autres, c'est Robert le Fort ou Hugues Capet : Avec sa bande de braves (*milès*, nobles) il a peu à peu conquis une cinquantaine d'autres barques, et les démolissant, employant leurs bois, agrès et équipages, moitié de force, moitié de gré, il a fini par construire le grand vaisseau actuel avec toute sa population incluse. Jusqu'en 1789, lui et ses fils ont été considérés comme les propriétaires et capitaines héréditaires du vaisseau, avec les fils des braves primitifs comme état-major héréditaire. Ce système dure encore dans d'autres vaisseaux, par exemple en Prusse; et il est juste jusqu'à un certain point, du moins dans certains cas. C'est le système du privilège et du commandement héréditaire, excellents en cas de guerre habituelle, les chefs risquant toujours leur vie, et le passager, seulement l'argent tiré des autres.

Autre système, celui où l'armateur, possesseur et bailleur

de fonds, domine. Parmi les hôtes du vaisseau, plusieurs, en nombre plus ou moins grand, officiers ou simples passagers, par leur part de prise ou leur habileté commerciale, ont acquis la majeure partie de la valeur, soit de la cargaison, soit du navire qu'ils ont réparé, radoubé, rebâti, etc. Alors le point de vue auquel tout est conduit est purement économique. Le capitaine n'est plus qu'un capitaine ordinaire de navire marchand; toute l'autorité est au Conseil des bailleurs de fonds, des armateurs, et pour chacun à proportion de sa mise. On peut le conserver héréditaire, alors c'est un roi constitutionnel comme Louis-Philippe, ou le faire électif, alors c'est un grand pensionnaire comme les De Witt ou Heinsius.

Dernier système, le plus injuste et le plus malfaisant de tous — celui où le matelot, le passager sans le sou, les vendeurs d'allumettes et de cirage, le peuple et la populace, bref le nombre domine. Alors le point de vue auquel tout est conduit est socialiste, et habituellement (sauf aux États-Unis) le procédé par lequel tout est conduit est la huée, le tapage, la révolte perpétuelle, avec fausses manœuvres, voies d'eau, faux atterrissements, mauvais résultats financiers, accidents graves au navire. — Quand il est bien conduit, par ce système, il aboutit à mettre presque toutes les charges sur les riches et à donner de plus grosses parts aux pauvres.

En résumé le Gouvernement le plus juste et le plus capable de bien gérer la chose publique doit cumuler ces trois systèmes et faire usage de ces trois forces :

1° De la royauté héréditaire et de l'aristocratie héréditaire qui fournira le capitaine et le meilleur état-major, si elle reçoit l'éducation appropriée, car elle a l'intérêt et l'éducation supérieure. 2° De l'influence de la classe riche ou aisée, car elle est la plus intéressée dans toutes les questions de bon emploi du capital et à la réussite de la spéculation. 3° De l'influence du nombre, car il est un élément de force, et une recrue, par sélection, des membres des deux autres classes ou forces.

XXIII

De l'État.

Quand on cherche le but de l'État on tombe à peu près dans la même difficulté que lorsqu'on cherche le but d'un art, la peinture ou la musique, car dans les deux cas chacun peut imaginer ce but, selon ses préférences personnelles. Je puis dire par exemple que le but de la peinture, c'est la couleur, ou le dessin (Titien, Raphaël), l'expression de l'âme (Ary Scheffer), ou du caractère (Hogarth), le réel (les Flamands), ou l'idéal (Raphaël), etc.

De même je puis dire que le but de l'État c'est le soulagement et l'éducation des pauvres (Démocratie), ou la production et la mise au pouvoir des plus nobles types humains (Aristocratie), ou la domination (Rome), ou le bonheur des belles fêtes (Athènes), ou le maintien de telle loi religieuse (les Juifs, les Musulmans, l'Espagne), etc. — Et de même que chaque critique se fait une esthétique propre, de même chaque politique se fait une théorie de l'État personnelle.

Il faudrait donc trouver un moyen de sortir du point de vue subjectif pour entrer dans l'objectif. Je l'ai fait pour la peinture, tâchons de le faire pour l'État.

Pour la peinture, la littérature, la sculpture, nous avons employé le procédé suivant : tous ces arts poursuivent un même but, qui est de représenter des hommes (je prends en gros la définition, voyez le traité spécial). — Mais chacun de ces arts a ses matériaux, ses moyens propres, et n'a pas ceux des autres. Ainsi la peinture a des couleurs et des lignes sur une toile plate ; la sculpture a des solides, la littérature des phrases écrites qu'elle transcrit, des raisonnements, réflexions, descriptions, récits. — Or, l'on voit tout de suite que telle espèce de moyens atteint directement et complètement tel but, et non tel autre. Ainsi la peinture et la sculpture obtiennent directement et complètement la représentation du corps humain simultané, et indirectement, incomplètement, celle des émotions, idées, paroles humaines successives; c'est l'inverse pour la littérature. Ainsi la musique obtient directement la représentation des émotions et indirectement, incomplètement, celle des idées formulées, des phrases prononcées, etc.

On conclut de là le but de la peinture par opposition à celui de la littérature et réciproquement, d'où l'on tire l'explication du blâme contre la littérature descriptive de Gautier, Flaubert et même Leconte de Lisle, contre la peinture de Hogarth, d'Ary Scheffer, de Cornélius et même contre la sculpture ou peinture trop peu réelles du Moyen Age. On a ainsi un principe objectif d'approbation ou de blâme, concordant avec l'approbation générale donnée à telle ou telle école, et expliquant pourquoi elle n'a pas réussi, ou n'a réussi qu'à moitié. Ce principe est qu'un art manque son but, lorsqu'il se propose un but qui n'est pas directement dans ses moyens et que tel autre art atteindrait mieux que lui.

Appliquons cela aux diverses formes d'association, dont les principales sont la famille, les sociétés volontaires de tous genres, la religion, l'État. Elles ont toutes un but commun, comme les divers arts en ont un; mais comme chaque art, chacune d'elles a ses matériaux, ses procédés spéciaux qui, dans ce but commun, lui délimitent un but spécial.

Les matériaux spéciaux sont telles ou telles créatures humaines douées de tels ou tels sentiments les unes par rapport aux autres; pour la famille c'est le père, la mère, l'enfant, avec leurs différences de sexe, d'âge, leur relation physiologique et les sentiments qui s'ensuivent.

Pour l'État, c'est un groupe d'hommes dans un territoire plus ou moins compact et fermé, en opposition avec d'autres groupes analogues, ayant vécu plusieurs siècles ensemble sous un nom commun et ne voulant pas sortir de ce groupe. Pour la religion ce sont des groupes épars dans un ou plusieurs continents, ayant une croyance, c'est-à-dire un système poétique du monde, lequel système aboutit à une direction morale. — Pour les associations volontaires, chacune d'elles a son but défini d'avance par son programme énoncé et elles se divisent en trois grandes classes selon la nature des sentiments qui animent leurs membres : l'intérêt personnel (compagnies industrielles) ; le zèle pour autrui (philanthropie); le zèle pour des choses abstraites (science, art, etc.).

Non seulement ces diverses sociétés ont des matériaux différents, mais elles ont des intérêts, des passions, qui peuvent [être] différents et même opposés.— Quoique nous cherchions le but de chacune, ceci n'est pas une pétition de principe, car, abstraction faite de savoir si telle société a tel but, il est évident qu'il y a divers buts, que les hommes désirent n'être pas conquis par leurs voisins, exercer leur religion, gagner de l'argent, avoir une femme et des enfants, etc. — La question se réduit donc à savoir, ces divers buts existant en fait, quelles sont les conséquences si une société s'en propose plusieurs ou un seul.

Ici s'applique complètement le principe de Macaulay, à savoir qu'une machine atteint d'autant moins bien son but qu'elle se propose un plus grand nombre de buts et plus divergents, parce que chaque but n'est atteint qu'aux dépens des autres. — Par exemple, le but de l'État a été sacrifié au but de la religion par la Révocation de l'édit de Nantes; le but de la religion catholique a été sacrifié au but de l'État par la Constitution civile du clergé et les lois de 1792 contre les insermentés; d'autre part le but de l'éducation a été sacrifié au but de l'État par l'organisation de l'Instruction publique sous Napoléon Ier. D'une façon générale, il est mauvais que l'État entreprenne autre chose que la sûreté des personnes et des propriétés (en entendant par autre chose quelque chose de très distinct et non étroitement connexe). Cela devient très visible, si l'on réfléchit que l'État n'agit que par le Gouvernement, c'est-à-dire par une ou plusieurs personnes ayant un vif intérêt à garder le pouvoir et à y faire arriver leurs amis[1] : par exemple si l'État entreprend la charité, les chemins de fer, les constructions de luxe, les dons de luxe, le Gouvernement donne injustement des secours, bâtisses, réseaux de chemins de fer, tableaux, dons pour les églises aux communes et départements qu'il veut se rendre favorables dans les élections. — D'autre part, supposons qu'à la façon socialiste, l'État entreprenne la charité, l'assurance à tous du travail et du bien-être, alors sa charge devenant bien plus grande et plus difficile, quand il cesse de pouvoir la remplir, on se révolte (juin 1848) et, par la chute ou le danger du Gouvernement, la sûreté extérieure, la position européenne de la France est compromise (faiblesse actuelle de la France).

Je vois encore d'autres inconvénients qui résultent de la nature des matériaux. Par exemple, le ressort dans la famille comme dans les Institutions philanthropiques, c'est l'affection, la bonté, bref le sentiment sympathique. — Dans les associations volontaires industrielles ou commerciales, c'est simplement le désir du gain. — Dans l'État de fait, par exemple dans l'État appelé France actuellement, c'est en partie un besoin de sécurité (intérêt pur), en partie un certain sentiment d'espèce sympathique et dévouée (le patriotisme). — Tel ressort existant en fait, il serait très mauvais de faire exécuter par lui ce qui n'est très bien exécuté que par tel autre ressort. A ce titre, il est mauvais par exemple que l'État entreprenne l'art, ou la charité, ou la religion.

1. Placement des amis politiques dans toutes les places du second but, à l'Opéra, aux chemins de fer, etc.

La méthode à suivre est donc à peu près indiquée par le plan suivant :

1° Il y a en général dans toute société, et en particulier dans une société donnée, différents buts (c'est-à-dire objets des désirs principaux) [1].

2° Chacun de ces buts ou plusieurs de ces buts ensemble sont poursuivis par telle ou telle société.

3° Cette société est composée de tel groupe d'individus ayant tels mobiles ou désirs principaux.

4° En général, pour que le but soit atteint, il faut : 1° qu'il soit unique, incapable d'entrer en conflit avec d'autres buts ; 2° qu'il soit conforme au mobile, désir, ou groupe de désirs principaux de la société, ou groupe d'individus qui le poursuit.

XXIV

Note générale sur le droit.

(A) Pour chaque individu moderne, ce qu'il y a de plus *précieux*, c'est son âme, sa volonté personnelle avec tous les sentiments profonds, compliqués, qui l'engendrent. Je tiens d'abord et avant tout, à ma conscience, à mon honneur, à mon indépendance. En fait, ce sentiment existe, et toute l'histoire, depuis le Christianisme, a contribué à le former.

(B) D'autre part, ce sentiment est justifié par plusieurs raisons positives.

I. Théoriquement, il faut ici, comme dans toute recherche

1. Il y a des sociétés où, en fait, tel désir principal est nul ou presque nul : le sentiment de la famille à Sparte, tous les désirs, sauf l'idée religieuse, chez les Juifs avant Jésus-Christ.

des choses idéales et morales, partir de la notion du *bien*. Est bien ou bon tout ce qui est l'objet d'une tendance consciente ou inconsciente, tout fait auquel d'autres sont subordonnés comme moyen, par exemple dans un animal, la conservation de sa forme spécifique par l'exercice de ses fonctions de nutrition et autres; la force, la santé dans un homme, la conversation et le développement de son intelligence, la conservation et le maintien de sa volonté.

Or, la volonté, le vouloir, comparé aux autres fonctions de l'homme, est le terme final, la résultante à laquelle toutes les autres aboutissent, la flèche du sapin, à laquelle aboutit tout l'effort de la végétation. D'où il suit que ce vouloir est non seulement pour lui, mais en soi, la portion la plus précieuse de lui-même et que, s'il y a quelque chose de respectable dans l'homme, c'est d'abord, et au-dessus de tout, ses vouloirs ou volontés spontanés. De là le mot : « L'esclavage est une forme de la mort »; en effet, la contrainte est la suppression du vouloir spontané.

II. Pratiquement, en considérant la volonté individuelle non plus comme un but, mais comme un moyen, elle est précieuse comme le moyen le plus efficace d'atteindre d'autres buts, qui sont : (a) La prospérité matérielle, la réussite dans l'agriculture, l'industrie, le commerce, etc. (b) La bonne tenue de la famille, des associations et de la société en général. (c) Le développement de l'art, de la science, de la religion. — En effet, l'individu, étant plus près, sent mieux que tout autre ce qui lui convient, ce qu'il peut faire.

(C) De là la notion de l'État : le but que les associés se proposent est de faire respecter chaque volonté, en tant qu'elle ne contraint pas une autre volonté; la formule est : inviolabilité de chaque volonté, sauf le cas où elle en viole une autre[1].

1. Il y a des étrangers, des brigands et des disputants.

Conséquence générale, limitation du mandat de l'État; il n'a dautre mandat que de maintenir l'inviolabilité des volontés, il ne peut contraindre que pour cela. Car s'il contraint en autre chose, il manque à son objet principal; et de plus, comme il n'exprime jamais que la volonté d'une majorité en autre chose, il violente la minorité dans cette autre chose.

Difficulté terrible. Établir une machine de contrainte pour faire respecter la liberté, et une machine de contrainte qui, dans la meilleure hypothèse, ne représentera jamais que la volonté d'une majorité! On ne peut la résoudre qu'en réduisant au minimum le domaine où s'appliquera cette machine.

TABLE DES MATIÈRES

CHAPITRE I

LA GUERRE

CHAPITRE II

LA COMMUNE

CHAPITRE III

APRÈS LA GUERRE

CHAPITRE IV

L'ANCIEN RÉGIME

APPENDICE

NOTES PRÉPARATOIRES POUR LES ORIGINES DE LA FRANCE CONTEMPORAINE

54081. — Imprimerie Lahure, rue de Fleurus, 9, Paris.

55772. — Imprimerie LAHURE, 9, rue de Fleurus, à Paris. — 8-1905.

www.ingramcontent.com/pod-product-compliance
Ingram Content Group UK Ltd.
Pitfield, Milton Keynes, MK11 3LW, UK
UKHW021940200726
13856UKWH00005B/288